Der Baukredit

Von

Dr. Karl F. Stöhr
Diplomingenieur in München

1921

München, Berlin und Leipzig
J. Schweitzer Verlag (Arthur Sellier)

Druck von Dr. F. P. Datterer & Cie., München-Freising

Vorwort.

Ich habe in meiner Abhandlung die Absicht gehabt, einige Klarheit und Übersicht über die Art und den Weg zu geben, auf dem der für das Rechts- und Wirtschaftsleben so wichtige „Baukredit" in Erscheinung tritt. Ferner habe ich versucht, die äußerst umfangreichen Baukreditquellen unter Scheidung nach Erwerbs- und gemeinnützigem Kredit in zwei große Gruppen zu zerlegen, die ihrerseits in eine Reihe von Einzelgruppen zerfallen. Nachdem die Praxis eines Finanziers, sei es eine Bank oder ein Privater, nicht an engherzige gesetzliche Regeln und Vorschriften gebunden ist, die Bankgeschäfte in steter Abhängigkeit von der wechselnden Konjunktur sind und die Bedürfnisse auf einzelnen Gebieten des Geldmarkts sich oftmals über Nacht ändern (Beleihungsform, Zinsfuß, Tilgungsart usw.), ist es aber ein Ding der Unmöglichkeit, die Kreditquellen scharf nach obengenannten Gesichtspunkten zu unterscheiden und gegenseitiges Übergreifen und Ausnahmen gehören nicht zu den Seltenheiten.

Das Wort „Baukredit" entstand in der Praxis und ist seines fließenden Begriffes halber weder gesetzlich präzisiert worden, noch ist ein Gesetz entstanden, das sich ausdrücklich damit befaßt. Das BauforderG. vom 21. Juni 1909, das zum Schutz der Sicherung der Bauhandwerker verabschiedet wurde, hat sich mit der Sicherstellung des Baukredites, aber nicht mit dessen genauer Definition und Anwendungsform befaßt.

Als „Baukredit" wird in Kreisen der Bauhandwerker, Unternehmer und Bauleute im allgemeinen lediglich der kurzfristige Kontokorrent-Kredit verstanden, dessen Aufnahme oftmals als Zeichen von Zahlungsunfähigkeit betrachtet wird und deshalb mit unangenehmem Beigeschmack behaftet ist. Ich habe mich von dieser Auffassung völlig freigehalten und der Lehre bedeutender Realkreditpolitiker angeschlossen, die unter Baukredit den kurz- oder langfristigen Kredit zum Bauen verstehen mit der Begründung, daß der weitaus größere Teil der kurzfristig aufgenommenen Kredite ohne weiteres in langfristige übergeleitet werden und die Kreditgeber kurzfristige Kredite gewöhnlich nur dann geben, wenn deren Sicherstellung durch eine Hypothek verbürgt ist. Außerdem hat der Kreditnehmer selbst begründetes Interesse, den hoch verzinslichen Kontokorrent-Kredit, der überdies mit kurzfristiger Zurückzahlung verbunden ist, im Interesse seines Unternehmens und seines Privatbudget möglichst bald in die Form einer langfristigen Tilgungshypothek mit niederem Zinssatz überzuführen.

Der „Baukredit" hat in den letzten Jahren, vor allem durch Ausbildung des gemeinnützigen Kredites eine wesentliche Bedeutung gewonnen, besonders nachdem der Staat selbst als Hauptkreditgeber in den Vordergrund gerückt ist und die Grundstücks- und Bauspekulation, die gewöhnlich die Baukreditgebung in die Hände von Wucherern legte, zum größten Teil ausgeschaltet wurde.

Tübingen, den 12. Dezember 1919.

Stöhr.

Inhaltsverzeichnis.

B. Beschaffung und Sicherung der gemeinnützigen Baukredite.

C. Kreditverbesserungsvorschläge.

Literaturverzeichnis.

H. Albrecht - B. Dernburg, Geld für Kleinwohnungen. Groß-Berliner Verein für Kleinwohnungswesen, Heft II, Berlin 1915.
Bälz P., Wie bauen wir heute billige Kleinhäuser und Kriegerheimstätten? Eßlingen 1916.
Behrens P, Vom sparsamen Bauen, Verlag der Bauwelt, Berlin 1918.
Berthold, Geldbeschaffung für die Errichtung von Arbeiterwohngebäuden auf dem Lande.
Beuster F, Die Finanzierung neuer Vororte, Berlin 1916. — Städtische Siedelungspolitik nach dem Kriege, Berlin 1916.
Carthaus V., Zur Geschichte und Theorie der Grundstückskrisen in deutschen Großstädten mit besonderer Berücksichtigung Berlins. Dissertation Tübingen, Jena 1916.
Conrad J, Grundriß der pol. Ökonomie, I. und II Teil, Jena 1915, 1919.
Dannenbaum, F, Deutsche Hypothekenbanken, Berlin 1911.
Deumer, R, Das Hamburgische Hypothekenkreditwesen, Hamburg 1917.
Drost H., Die Sicherung der Bauforderungen nach dem BGB., insbesondere nach § 648, Dissertation Heidelberg, Heiligenstadt 1906.
Eber K, Staat und Realkredit in Deutschland, Berlin 1918.
Eberstadt R, Handbuch des Wohnungswesens, Jena 1917.
Ehrlich P, Wirtschaftliche Bedeutung des HypothekenbankGes. Berlin 1919.
Eickemeyer W., Zur Frage der zweiten Hypothek beim privaten Wohnungsbau und -besitz in Deutschland, Berlin 1913.
Flohr R, Die rechtliche Natur des Baugeldes, Dissertation Greifswald 1917.
Fuchs C. J., Volkswirtschaftslehre, Sammlung Göschen, Bd. 133, Berlin und Leipzig 1918. — Zur Wohnungsfrage, Leipzig 1904. — Die Wohnungsfrage vor und nach dem Kriege, München und Leipzig 1917. — Die Wohnungs- und Siedlungsfrage nach dem Kriege, Stuttgart 1918. — Kriegerheimstätten und Wohnungsfürsorge (Vortrag der Gehestiftung zu Dresden, Bd. 9, Heft 3), Leipzig 1918. — Artikel über die Wohnungsfrage in Conrads Handbuch der Staatswissenschaft.
Gatzen A., Der städt. Kleinwohnungsbau und die Einbeckung seiner heutigen Mehrkosten, München 1918.
Goldbaum, W., Wie sichere ich meine Bauforderung, Berlin 1910.
Hagelberg, Kommentar zum Reichsgesetz über die Sicherung der Bauforderungen, Berlin 1910.
Holzer, O., Denkschrift über die Verhältnisse auf dem Wohnungsmarkt der Stadt Augsburg im Kriegsjahr 1918, Augsburg 1918.
Humar, J., Die Selbsthilfe des Hausbesitzers, München 1917.
Jaeger, E, Die Wohnungsfrage, Bd. I und II, Berlin 1902.
Janker J., Der Entwurf eines Gesetzes über die Sicherung der Bauforderungen, seine geschichtliche Entwicklung und bisherige Kritik, Dissertation Erlangen, München 1909.
Krähling Th., Der Baugeldvertrag nebst Baugeldverwendungspflicht. Dissertation Heidelberg, Köln 1911.
Luther, Wohnungs- und Siedelungspolitik nach dem Kriege, Münster 1916.
Muthesius, Kleinhaus und Kleinsiedlung, München 1918.

Nußbaum A., Deutsches Hypothekenwesen, Tübingen 1913.
Pfeiffer E., Eigenes Heim und billige Wohnungen, Stuttgart 1896.
Polenske K., Forschungen zur Bodenreform, III. Bd, Jena 1910.
Reichstagsverhandlungen, Sten. Berichte und Drucksachen.
Scheidt, Handbuch für Baugenossenschaften.
Schulte F, Die Hypothekenbanken, München und Leipzig 1918.
Schulz E., Die Baugeldverwendungspflicht, die Gründe ihrer Entstehung und ihre gesetzliche Ausgestaltung, Glückstadt 1912.
v. Schelhorn, Ansiedelungsgesetz, Ansbach 1918.
Simon, Reichsgesetz über Sicherung der Bauforderungen, Leipzig 1909.
Sombart W., Der moderne Kapitalismus, Bd I und II, München und Leipzig 1916
Stierstorfer K, Neue Gedanken und Vorschläge zur Reorganisation des Realkredites, München 1916
Terhalle F., Die Kreditnot am städtischen Grundstücksmarkt, Jena 1916.
Wagner M, Neue Bauwirtschaft, Schriften des deutschen Wohnungsausschusses, Berlin 1918.
Wagner, Tätigkeit der Stadt Ulm auf dem Gebiete der Wohnungsfürsorge für Arbeiter und Bedienstete, Ulm 1903.
Wohnungsfürsorge in Augsburg durch Großindustrie, Baugenossenschaften, Verkehrsverwaltung, Stadtgemeinde
Wopfner, Verkehrswissenschaftliche Vorträge, München 1910.

Zeitschriften:

Deutscher Ökonomist.
Bankarchiv.
Heim und Scholle.
Zeitschrift für Wohnungswesen in Bayern.
Schriften des westfälischen Vereins zur Förderung des Kleinwohnungswesens in Münster.
Die Bauwelt.
Die Deutsche Stadt (herausgegeben von der Deutschen Gesellschaft für Kommunalwesen).

Geschäftsberichte und Verträge von Hypotheken-Banken, private und öffentliche Versicherungsanstalten, Sparkassen, Baugenossenschaften u. dgl.

Einleitung.

Die schnelle und durchgreifende Entwicklung unseres Handels, unserer Industrie und Technik haben vor dem Weltkriege unsere Finanzleute in nicht geringem Maße damit beschäftigt, wie die im Rückstand gebliebene Wohnungsfrage, besonders für die minderbemittelten Klassen, am schnellsten und besten eine Regelung finden könnte. Der Krieg hat alle diese Probleme zurückgestellt, nachdem die ganze Volkskraft und die Staatsfinanzen lediglich für Waffen-, Munitions- und Ausrüstungsbeschaffung eingespielt waren; die Wohnungsfrage mußte aus Finanz- und bautechnischen Gründen (Baumaterialienknappheit) und Menschenmangel fast völlig von der Karte gestrichen werden; man konnte zur Not davon absehen, nachdem der größte Teil der Männer im Felde stand, deren Familien zu Verwandten zogen und so eine Reihe von Wohnungen überflüssig geworden war.

Aber mit dem Ende des Krieges ist es neben Lebensmittel- und Rohstoffbeschaffung, Wiederaufnahme des Handels und der Industrie zum Wiederaufbau unseres Wirtschaftslebens eine Kardinalfrage für unseren Staat geworden, für die heimgekehrten Männer und deren Familien Wohnstätten zu schaffen, in denen sie ein menschenwürdiges Unterkommen finden können. In der neuen Reichsverfassung vom 11. August 1919 hat der Staat in Art. 155 den Willen kundgegeben, jedem Deutschen eine gesunde Wohnung und den deutschen Familien, besonders den kinderreichen, eine ihren Bedürfnissen entsprechende „Wohn- und Wirtschaftsheimstätte" zu sichern, wobei den Kriegsteilnehmern bei dem zu schaffenden Heimstättenrecht besonderes Augenmerk zugewendet werden soll. (Näheres s. Reichsverfassung vom 11. August 1919, Art. 10, 155, 156.)[1])

Da aber gerade jetzt unübersehbare Schwierigkeiten sich jeglichem Bauen infolge der hohen Löhne, der geringen Arbeitslust und des geradezu katastrophalen Kohlen- und Baumaterialienmangels entgegenstellen, die Finanzen des Staates die denkbar schlechtesten sind, wird die Lösung der Baugeldfrage besonders vordringlich (zwar zunächst rein theoretisch) und wir werden erst,

[1]) Im Sinne dieser Paragraphen der neuen Reichsverf. ist eine „Verordnung des Reiches zur Behebung der dringendsten Wohnungsnot" vom 15. Jan. 1919 bzw. 9. Dez. (RGBl. Nr. 237 S. 1968) ausgegeben worden.

wenn wir eine Gesundung unserer sozialen und wirtschaftlichen Verhältnisse verzeichnen können, eine endgültige (praktische) Lösung dieser Frage ins Auge fassen können.

Baukredite und Baugelder sind Darlehen, die von einer juristischen oder privaten Person gegen bestimmte Sicherung und Verzinsung an Einzelpersonen oder Gesellschaften zur Errichtung eines Baues gegeben werden; es handelt sich dabei in erster Linie um Wohnungsbau, nachdem die öffentlichen Bauten durch den Staat gedeckt werden. Die Frage des Industriebaues soll hier der derzeitig geringen Wichtigkeit halber nicht näher betrachtet werden. Uns interessieren die Baugelder, die zur Errichtung des Wohnungsbaues vonnöten sind. Zunächst wollen wir einen kurzen Blick auf die Ursachen unserer teilweisen schlechten Wohnungsverhältnisse in den Großstädten werfen.

Die Frage erhöhter Bautätigkeit wurde durch den Zuzug von Menschen aus der Provinz nach den Städten geschaffen, der eine unmittelbare Folge des gewaltigen Aufblühens von Handel und Industrie seit den 70er Jahren war. Für diese Neuankömmlinge waren keine Wohnungen vorhanden, sondern mußten erst ins Leben gerufen werden.

Mit dem Aufschwung von Handel und Industrie ging in gleichem Schritt ein erhöhter Anspruch auf dem Gebiet der Hygiene, mit der es in den Städten teilweise sehr schlecht bestellt war; man brauchte Gebäude für das geistige und körperliche Wohl und die Erziehung der Menschen. Die Hygiene verlangte den Bau von Kanalisationen, Krankenhäusern, Waisen- und Kinderheimen, das geistige Wohl die Anlage von Schulen und Theatern, das körperliche die von Hotels, Speisehäusern, Turnhallen, Bäder und dergleichen. Für all diese Zwecke war Geld nötig, das auf den Markt gebracht werden mußte, um in der Hand Unternehmungslustiger alle diese Gebäude erstehen zu lassen. Unter den hauptsächlichsten Geldgebern sind Banken aller Art, Staat, Gemeinden und Private zu nennen, jedoch geben diese kein Darlehen ohne Sicherstellung durch Gegenwert und diese besteht nun zunächst in dem Bauplatz. Boden, Gebäude und die aus letzteren erhältliche Rente stehen in unmittelbarem Verhältnis zueinander, der Wert eines Grundstückes wächst mit der verbesserten Gattung und der Lage eines daraufstehenden Gebäudes zum Zentrum einer Stadt. Man nennt den letztgenannten Wert den „Verkehrswert eines Grundstückes", der ins Unermeßliche steigen kann (in Großstädten Nordamerikas bis zu 50000 Dollars per Quadrat-Fuß der Frontlänge eines Gebäudes). —

Von größter Bedeutung für die heutige Volkswirtschaft ist die Erbauung und Beleihung von Kleinhäusern für die weniger bemittelte Bevölkerung. Durch das Aufblühen der städtischen Industrie wurde eine Unmenge von Arbeitskräften, die bis dahin im Ackerbau beschäftigt waren, nach den Städten und Industriezentren geholt, um dort zu Hunderten und Tausenden tagsüber in den Fabriken beschäftigt zu werden. Entgegen früheren Zeiten vor Entwicklung der Manufaktur und Fabrik, in denen die den Zünften angehörige Handwerkerschaft in dem jeweiligen Wohngebäude ihres Meisters auch ihr Gewerbe ausübte und gleichzeitig wohnte, mußte jetzt von seiten der Stadt- und Gemeindeverwaltung Unterkunft für eine gewaltige Masse von Fabrikarbeitern geschaffen werden. Leider hat es in Deutschland sehr lange gedauert, bis von seiten des Staates die Frage der Unterbringung der Neuankömmlinge ernstlich in Betracht gezogen und geeignete Vorsorge getroffen wurde. Die erste Art der Unterbringung war daher in den meisten deutschen Groß- und Mittelstädten ein Zusammenpferchen in ungesunden, unschönen Mietskasernen in den Vorstädten, die in Eile vom Privatkapital geschaffen worden waren. Diese Kasernen entstanden auf Grundstücken, die von der sogenannten Spekulation in großen Mengen im Umkreise der Stadt zu billigem Geld aufgekauft und lange Zeit zurückgehalten worden waren, um dann an zahlungsunfähige Bauunternehmer zu hohem Preise abgegeben zu werden. Zu diesem übermäßig erhöhten Bodenpreis kamen noch eine Reihe von Steuerbelastungen, unsinnige Baukosten infolge prunkhafter Ausschmückung der Außenseite des Gebäudes, so daß der Hauseigentümer, der gewöhnlich schon tief verschuldet war, gezwungen wurde, sich durch hohe Mieten an seinen Inwohnern schadlos zu halten, lediglich um die Zinsen für die Belastung des Hauses aufbringen zu können. Der Mieter seinerseits war zur Aufnahme von Aftermietern und Schlafgängern gezwungen, um sich die Mittel zur Zahlung der hohen Wohnungsmiete zu verschaffen. Eine Folge des engen Zusammenlebens[2]) in diesen Miethäusern war ein schlechter Gesundheitszustand der Inwohner, die viel unter Krankheiten zu leiden hatten und schwächliche, arbeitsunlustige Nachkommen zur Welt brachten; diese Behausungen bedeuteten eine Brutstätte des verelenden Proletariats. Ausbrechende Seuchen[3]) forderten in diesen Mietskasernen die meisten Opfer und boten den Ärzten große Schwierigkeiten bei deren Bekämpfung. Das Unvermögen, den Mietzins aufzubringen, zwang den Arbeiter vielfach, seine Wohnung zu wechseln, womit oftmals ein Wechsel des Arbeitsplatzes verbunden war. So kam in erster Linie die deutsche Metall-, Berg- und Textilindustrie, für die ein möglichst einheitlich eingelernter und ansässiger Arbeiterstand von allergrößtem Werte sein muß, auf den Gedanken, für ihre Beamten und Arbeiter in unmittelbarer Nähe ihre Betriebe geräumig und wohlgefällig gestaltete, in Gärten liegende Häuser anzulegen, in denen sie ihre eingesessenen Angestellten unter teilweiser pekuniärer Beteiligung derselben unterbrachten. Arbeiter und Kleinbeamte schlossen sich in der Folgezeit zusammen, um mit Unterstützung von aller

[2]) Schulte, Hypoth.-Banken S. 468.
[3]) Jäger, Die Wohnungsfrage, Berlin 1902, S. 27.

Art Geldinstituten, Privaten und aus eigenen Mitteln auf dem Wege der Genossenschaft wohlgefällige, preiswerte Heimstätten zu schaffen. Auch der Staat begann mit allen möglichen Mitteln zu helfen, Mißständen, die sich bei der Kapitalbeschaffung herausgebildet hatten, durch Gesetze entgegenzutreten (BaufordG. vom 21. Juni 1909), die Wege für Geldvermittlung von seiten der Bankinstitute zu regeln (HypBankG. vom 13. Juli 1899, RGBl. 99 S. 375—392, VAG. vom 12. Mai 1901, RGBl. 01 S. 139—173, SparkassenG. vom 23. Juli 1912, GS. 1913 S. 3) und auf die Gemeinde einen Druck auszuüben, zum Zwecke der Kleinhausbauten billigen Baugrund und Baukredit zur Verfügung zu stellen.

A. Beschaffung und Sicherung der Baukredite im Allgemeinen.

I. Kapitel.

Allgemeine Betrachtung über Kredit.

a) Was ist Kredit, Kreditgeschäft?

Wird beim Abschluß eines Kaufes oder Verkaufes der verlangte Preis nicht gleich bezahlt, sondern gestundet, so sprechen wir von einem Kredit und ebenso, wenn eine Geldsumme leihweise einem Dritten überlassen wird. „Kredit" ist also Überlassung der Nutzung einer Geldsumme im Vertrauen auf späteres Bezahlen oder Zurückbezahlen.[1])

Andererseits nennt man Kredit das Vertrauen, das man jemanden schenkt in der Annahme, daß er seinen eingegangenen Verpflichtungen nachkommen wird. Unter „Kredithaben" versteht man die Möglichkeit, auf Grund des Vertrauens gegen das Versprechen der Gegenleistung Vermögensteile anderer freiwillig zur Benützung zu erhalten.[2])

Ein „Kreditgeschäft" besteht also auf unserem Gebiet in der Hingebung von Werten gegen ein Zahlungsversprechen oder in der Gewährung von Darlehen in Geld, sei es zum Kauf eines Grundstückes, dessen landwirtschaftliche Verbesserung oder Bearbeitung oder zur Errichtung eines Gebäudes auf demselben gegen Versprechen der Verzinsung und der seinerzeitigen Rückzahlung des Darlehens. Das Versprechen allein wird jedoch dem Darlehensgeber nicht genügen, drei Momente sind es, die er als die Grundlagen zur Kreditgewährung voraussetzt:

Zunächst die Leistungsfähigkeit des Schuldners, der nach seinen Vermögensverhältnissen, seiner geschäftlichen Tüchtigkeit, nach den allgemeinen Konjunkturen und dem Gang seines Geschäftes für zahlungsfähig gelten kann. Der kreditgebende Rentner oder die Bank ist geneigt, dem Grundbesitzer ein Hypothekendarlehen zu geben, wenn sie voraussetzen, daß das verpfändete Gut einen höheren Wert hat, als die kreditierte Summe beträgt, so daß sie zu jeder Zeit durch den gerichtlichen Verkauf des Gutes ihr Darlehen zurückerhalten können.

[1]) Fuchs, Volkswirtschaftslehre S. 11.

[2]) Conrad, Grundr. d. pol. Ökonomie I. T., S. 117.

Ferner muß eine berechtigte Annahme für den guten Willen des Schuldners vorhanden sein, daß er seinen Versprechungen nachkommt.

Schließlich muß der Darlehensgeber die Zuversicht haben, daß der widerstrebende Schuldner zur Erfüllung der Zahlungsverpflichtung gezwungen werden kann, wenn seine Leistungsfähigkeit vorliegt. Hiezu dient ein gutes Gerichts- und Vollstreckungsverfahren und die Zuverlässigkeit der Richter, welche den Gläubiger auf Grund des Gesetzes zu unterstützen haben, seine Forderung durchzusetzen. Da bei unserem verwickelten Geschäftsverkehr vielfach Meinungsverschiedenheiten im Betreff des Schuldverhältnisses eintreten können, so ist in unserer Zeit die Entscheidung des Gerichtes und die Unterstützung durch dasselbe zur Aufrechterhaltung des Rechtes von höchster Bedeutung

b) Welche verschiedenen Kreditarten gibt es?

Man unterscheidet kurz- und langfristige Kredite, je nachdem wie Kreditgeber und -nehmer sich bei Abschluß des Geschäftes geeinigt haben; abhängig ist die Kreditdauer von der Art des Kredites, der wirtschaftlichen Lage des Kreditnehmers und des kreditierten Objektes. Das Geschäfts-(Vertrags-)Verhältnis bleibt bei Kreditoperationen bestehen, bis das Zahlungsverhältnis erfüllt ist, was bei langfristigen Krediten (Hypotheken) erst nach Jahren geschehen kann. Nachdem derartige geschäftliche Verbindungen nicht vereinzelt sind, sondern in großer Anzahl in unserer Wirtschaft auftreten, so hat sich damit eine besondere Form der Volkswirtschaft ausgebildet (Kreditwirtschaft), die gleichen Schritt mit der Geldwirtschaft geht; durch die Kreditorganisationen wird das Geld immer entbehrlicher gemacht.[3])

Eine weitere Analyse der Kreditarten scheidet diese in Kreditgeschäfte im weiteren und solche im engeren Sinne. Die Kreditgeschäfte im weiteren Sinne sind den Leuten im allgemeinen als solche nicht bewußt; ich erinnere an Pacht eines Grundstücks, Miete einer Wohnung oder eines Zimmers und an den Wochenlohn eines Arbeiters. Kreditgeschäfte im engeren Sinne nennt man Darlehen in Form von Geld oder Waren.[4])

Alle vorkommenden Kredite scheiden sich in öffentlichen oder privaten Kredit; den öffentlichen Kredit finden wir bei Staats- oder Kommunalanleihen.

Ferner unterscheiden wir Produktions- und Konsumptionskredit. Eine kurze Betrachtung der beiden letzten Arten nach ihrer Vergangenheit ist von Interesse. Produktionskredit hatte im Mittelalter keine Bedeutung, es fehlte an Kapital und die Produktion wurd in primitivster Weise durchgeführt; sie basierte auf Verwertung der Naturkräfte, insbesondere des Grund und Bodens in

[3]) Fuchs, Volkswirtschaftslehre S. 31

[4]) Conrad, Grundr. d. pol. Ökonomie I. T., S. 119 ff.

Verbindung mit der Arbeitskraft. Darlehen wurden nur in Zeiten der Not begehrt, um den Konsum fortsetzen zu können. Der Schuldner befand sich in einer bedrängten Lage und konnte durch das Darlehen keine Nutzung gewinnen, während der Gläubiger durch Fortgabe des Kapitals keinen Schaden erlitt, da er es nicht produktiv verwenden konnte. Deshalb ist es begreiflich, daß nach kanonischem Rechte Zinsbezug als Wucher angesprochen wurde, weil Geld nicht Geld erzeuge und es andererseits eine Härte sei, den Schuldner zu zwingen, mehr zurückzubezahlen, als er empfangen hatte, da er doch mit dem Darlehen nicht produziert hatte. Mit dem Einsetzen einer modernen auf Geldwirtschaft sich aufbauenden Kultur trat der Produktionskredit mit zunehmender Bedeutung in Erscheinung, während der Konsumptionskredit als unwirtschaftlich in das Hintertreffen geriet.

Je nach der Art der gebotenen Sicherheit unterscheidet man zwischen Real- und Personal-Kredit.

Personalkredit liegt bei einem Darlehen auf Handschlag oder Schuldschein vor, wobei lediglich die Person des Schuldners und dessen Vermögen bürgt; bei Realkredit wird das Vertrauen in die Person des Schuldners durch ein Pfand besonders unterstützt (dingliche Sicherung), an welches sich der Gläubiger halten kann, wenn der Schuldner seinen Verpflichtungen nicht nachkommt. Dies kann durch Faustpfand oder in Form einer Hypothek geschehen sein. Im ersteren Falle bekommt der Gläubiger ein Faustpfand sofort in die Hand (z. B. eine Uhr, ein Möbelstück, Wertpapiere bei Lombarddarlehen), das er veräußern kann, wenn der Schuldner nicht zahlt, um sein Darlehen dadurch wieder in die Hand zu bekommen. Im Falle der Hypothek verbleibt das Pfandobjekt in den Händen des Schuldners, während der Gläubiger erst dann seine Hand darauf legen kann, wenn der Schuldner nicht zahlt und das Gericht ihm zur Seite steht. Ein Haus- oder Gutsbesitzer, der ein Darlehen auf Hypothek genommen hat, kann neben Weiterbewirtschaftung den Besitz vererben und verkaufen, wobei der Rechtsnachfolger seine Verpflichtung ipso iure übernimmt. Erst wenn der Schuldner die Verzinsung des Darlehens unterläßt, kann der Gläubiger zu Gericht gehen, um durch teilweise Veräußerung von Gegenständen des Schuldners sich schadlos zu halten; genügt das nicht, ist Kündigung des Darlehens erfolgt und kann das Kapital nicht zurückbezahlt werden, so kann der Darlehensgeber die Subhastation des beliehenen Gutes bei Gericht veranlassen. Als Tilgungsform für Realkredit eignet sich die unkündbare Hypothek in Gestalt der Amortisationshypothek.[5])

Personalkredit findet Anwendung, wenn Darlehen auf kürzere Zeit gefordert werden und Zeitverlust und Kosten bei einem Kreditgeschäft vermieden werden müssen; diese Kreditform wird

---

[5]) Deumer, Hamburger Hypothek- u. Kreditwesen S. 33.

nur stattfinden, wenn der Darlehensgeber den Darlehensforderer persönlich gut kennt, mit ihm in kaufmännischem Verkehr steht, wobei die Kreditierung Wochen und Monate währt und ein Geschäft das andere ablöst. Wenn zwei Kaufleute gegenseitig ihre Finanzen genau kennen und ebenso Banken die Zahlungsfähigkeiten ihrer Kunden wissen, die bei ihnen ein Kontokorrent haben, so genügt ein Schuldschein in Wechselform; Realkredit würde sich hiebei viel zu umständlich gestalten.

Nach diesen Betrachtungen über Kredit im allgemeinen, Kreditart und Form, die den Zweck hat, uns die ethymologische Bedeutung des Wortes „Baukredit" und dessen wirtschaftliche Zusammenhänge mit anderen Kreditarten zu entwickeln, wollen wir das Wort selbst einer genaueren Untersuchung unterziehen bzw. feststellen, in welche der oben angeführten Kreditarten er sich einreihen läßt.

II. Kapitel.
Was sind Baukredite? Wer ist Baugeldempfänger, Geber und dergleichen?

a) Was sind Baukredite im weitesten Sinne?

Der Name „Baukredite" besagt, daß damit Kredite gemeint sind, die zum Zwecke der Herstellung eines Baues oder Bauwerkes gehören, die in Städten und auf dem Lande errichtet werden. Nachdem jedoch, wie schon in der Einleitung der Arbeit erwähnt, der Hausbau mit dem Grundstücke, auf dem er steht, engste wechselseitige Beziehungen unterhält, andererseits das Grundstück für das Bauwerk und umgekehrt Gewähr leistet und wertbestimmend ist, so wird sich eine Betrachtung der einzelnen bei dem Landwirt und Städtebauer vorkommenden Kreditarten nötig zeigen. Von Krediten für andere Bauarten, wie Berg- und Waldbau und dgl. Bauformen wird der Kürze halber nicht gesprochen werden, um so mehr als diese Baukredite gewöhnlich als reine Betriebskredite zu bezeichnen sind.

1. Bei der Landwirtschaft.

In der Landwirtschaft können wir Grund-, Bau- oder Meliorations- und Personalkredit als vorkommend nennen, denen bei der städtischen Bauwirtschaft Boden-, Bau- und Betriebskredit gegenüberstehen mag. Die genannten sechs Kreditarten können wir schlechtweg als Baukredite im weitesten Sinne bezeichnen, da sie teilweise von einander abhängig sind, teilweise ineinander greifen, während Baukredit im eigentlichen Sinne das Baugeld bezeichnet, welches in Form eines Darlehensvertrages an einen Darlehensnehmer zum Zwecke der Errichtung eines Bauwerkes gegeben wird. Die Verhältnisse des landwirtschaftlichen Kredits näher zu beleuchten, erübrigt sich in unserem Falle als zu weit gehend.

Was nennt man nun Boden-, Bau- und Betriebskredit beim städtischen Bausystem?

2. Beim Städtebau.

Bodenkredit.

Eine physische oder juristische Person beabsichtigt, ein Grundstück in oder außerhalb einer Stadt zu kaufen, mit der Absicht, darauf ein Haus zu bauen, hat jedoch nicht die nötigen Barmittel in der Hand; sie läßt sich von einem Privatkapitalisten oder einer Bank ein Darlehen geben, zu dessen Sicherung grundbuchamtlich eine Hypothek auf das zu kaufende Grundstück eingetragen wird, die im Laufe der Jahre verzinst und zum Teil amortisiert werden muß.

Baukredit.

Baukredit ist ein Darlehen, das einem Bauplatzinhaber, einem Bauunternehmer oder einem Dritten gegeben wird, der beabsichtigt, ein Haus zu bauen und dem die nötigen Mittel hiezu fehlen; es gibt verschiedene Formen des Baukredites, auf die a. a. O. mehr eingegangen wird. Die Leihfrist kann lang oder kurz sein, je nachdem eine Hypothek aufgenommen wird oder nicht.

Betriebskredit.

Ist ein Bau schon teilweise fertig und benötigt der Unternehmer noch Baugelder bzw. Zwischenkredite, so bekommt er dieselben kurzerhand gegen wechselmäßige oder lombardmäßige Sicherung oder gegen Aufnahme einer kurzfristigen sogenannten Diskonthypothek;[1]) der Betriebskredit wird aus Gründen der Zweckmäßigkeit in den überwiegenden Fällen in den Anlage-(Real-) Kredit umgewandelt.

Aus den vorhergehenden Betrachtungen über Kreditarten kann festgestellt werden, daß „Baukredit"

1. kurz- und langfristig,
2. Privatkredit (kann auch öffentlicher Kredit sein, der jedoch wirtschaftlich als Privatkredit in Erscheinung tritt),
3. Produktionskredit,
4. Real- und Personalkredit

sein kann.

Diese Tatsachen näher zu beleuchten, wird Aufgabe der folgenden Ausführungen sein.

b) Was sind Baukredite im engeren Sinne?

BauforđG. vom 21. Juni 1909 sagt in § 1:

„Baugeld sind Geldbeträge, die zum Zwecke der Bestreitung der Kosten eines Baues in der Weise gewährt werden, daß zur Sicherung der Ansprüche des Geldgebers eine Hypothek oder Grundschuld auf dem zu bebauenden Grundstücke dient oder die Übertragung des Eigentums an dem Grundstück

[1]) Deumer, Hamburger Hypotheken- u. Kreditwesen S. 49.

erst nach gänzlicher oder teilweiser Herstellung des Baues erfolgen soll. Als Geldbeträge, die zum Zwecke der Bestreitung der Kosten eines Baues gewährt werden, gelten insbesondere:

1. solche, deren Auszahlung oder nähere Bestimmung der Verwendung nach Maßgabe des Fortschreitens des Baues erfolgen soll,
2. solche, die gegen eine als Baugeldhypothek bezeichnete Hypothek gewährt werden."

Man kann Baugeld im wirtschaftlichen und gesetzlichen Sinne unterscheiden. Für beide ist eines gemeinsam, daß die Gewährung der Baugeldbeträge auf Grund eines Darlehensvertrages geschieht, dessen Wesen darin besteht, daß der Darlehensnehmer dem Darleiher das Empfangene in Sachen von gleicher Art, Güte und Menge zurückzuerstatten hat (§ 607 BGB.). Von seiten des Darlehensgebers muß beim Baugeldvertrag die Hingabe von Geldbeträgen, nicht von anderen vertretbaren Sachen erfolgen. Nach der herrschenden Meinung wird in der Darlehenshingabe der Abschluß des eigentlichen Darlehensvertrages und in der Vereinbarung zur Hingabe eines Darlehens ein Vorvertrag des eigentlichen Hauptvertrages, ein pactum mutuo dando gesehen,[2]) hiernach liegt in dem Akt der sachlichen Hingabe die Begründung des Schuldverhältnisses, so daß der Darlehensvertrag als Realvertrag aufgefaßt wird. Nachdem der Hauptbestandteil des Baugeldvertrages eine Zweckbestimmung bedeutet, so nennen wir den Baugeldvertrag ein Zweckdarlehen.

1. Wirtschaftliche Bedeutung.

Das Baugeld hat eine hohe wirtschaftliche Bedeutung; die Gebäudeproduktion, besonders in der Stadt, würde nur langsam und in für die Volkswirtschaft geradezu schädlichem Tempo vor sich gehen, wenn nicht das Baugeld unternehmungslustigen Bauherrn und Spekulanten die Möglichkeit geben würde, Gebäude in Vorrat für den allgemeinen Wohnungsmarkt zu schaffen. Die Leute, die hinreichend Geld haben, um sich ein Haus bauen zu können, sind nicht allzu zahlreich, und wenn sie es haben, so legen sie begreiflicherweise mehr Wert auf ein Einfamilienhaus, als auf ein Miethaus, das ihnen unter Umständen mehr Sorge macht, während es verhältnismäßig geringen Gewinn abwirft. Ebenso liegt Baugeld lediglich im wirtschaftlichen Sinne vor, wenn Geld zur Bestreitung der Baukosten gegen irgendwelche andere Sicherung als das bebaute Grundstück, ohne Sicherung oder ohne dingliche Sicherung verliehen wird.

2. Rechtliche Bedeutung.

Das Hauptmerkmal des Baugeldes im gesetzlichen Sinn ist die Verwendungspflicht zur Befriedigung von Personen, die auf

---

[2]) Schulz, Baugeldverw.-Pflicht S. 61.

Grund eines Werk-, Dienst- oder Lieferungsvertrages an der Bauherstellung beschäftigt sind (BauforderG. § 18).

Baugeld sind also Geldbeträge, die in Erfüllung des Baugeldvertrages gewährt werden oder deren Hingabe den Abschluß eines Realdarlehensvertrages darstellt. Baugeld ist aber m. E. auch Geld, das für gewisse mit dem Bau in losem Zusammenhang stehende Ausgaben oder zur Befriedigung von Gläubigern aufgenommen werden kann, für das die gesetzliche Verwendungspflicht nach § 1 BauforderG. nicht besteht und das durch das Grundstück dinglich gesichert wird. Gesetzliches Baugeld im rechtlichen Sinne liegt aber nicht vor, wenn zwischen Baugeldgeber und Baugeldnehmer kein Baugeldvertrag abgeschlossen oder zu spät abgeschlossen wurde.

3. Unterschied zwischen uneigentlichem und eigentlichem Baugeld.

Die Bankinstitute treffen eine Unterscheidung zwischen uneigentlichem und eigentlichem Baugeld, die sich ihnen durch die Praxis aufgedrängt hat. Uneigentliches Baugeld nennen sie diejenigen Gelder, die für andere mit dem Neubau zusammenhängende Zwecke als für Bestreitung der reinen Baukosten bestimmt sind, eigentliches Baugeld dagegen die lediglich zur Errichtung eines Neubaues erforderlichen, vom Darlehensnehmer gewünschten Barmittel.

Das uneigentliche Baugeld dient zur Ablösung der Vorhypothek, Deckung der Ansprüche der Gläubigerin (Bank) auf Zinsen, Provisionen, Taxgebühren, Gerichts- und Notariatskosten im Pauschalbetrage, sowie der einschlägigen Stempelgebühren. All diese Beträge sind in voller Höhe in Rechnung zu setzen. Die Taxgebühren sind mit dem 14fachen Betrag der Einzelabgabegebühr einzusetzen, eine Maßnahme, die die Praxis ergeben hat. Ferner sind die Zinsen vom ganzen Baukapital ohne Rücksicht auf Zeitpunkt der Ratenzahlungen, auf die ganze Vertragsdauer (8—9 Monate) in Rechnung zu setzen; die Unkosten-Kaution ist so hoch einzuschätzen, daß Ausfälle nach Möglichkeit vermieden werden. Die Gesamtsumme aller hier genannten Beträge ergibt das nicht eigentliche Baugeld, zu dessen Sicherung das Bankunternehmen sich eine Hypothek an erster Stelle ins Grundbuch eintragen läßt, die die „nicht eigentliche Baugeldhypothek" genannt wird; daneben sichert sich die Bank für das auf Grund eines Darlehensvertrages gegebene reine Baugeld die „eigentliche Baugeldhypothek".

Die Form der Eintragung der Baugeldhypothek ist verschieden, je nachdem der Kunde der Bank gleichzeitig Baustelleneigentümer ist oder nicht. Ist er zugleich Eigentümer und Baugeldnehmer, so belastet die Bank das Grundstück in üblicher Weise mit einer ersten Hypothek und der Notar muß von den Bankkunden eine genaue Abschrift des Darlehensvertrages vorgelegt erhalten, die einfache

Angabe des vollen Betrages genügt nicht. Besteht zwischen dem Eigentümer des Grundstücks und dem Darlehensnehmer keine Identität, so hat der Eigentümer die Hypothek zu bestellen, nicht der Bankkunde. Man sagt, der Eigentümer bestellt eine Hypothek auf fremde Schuld, was unter entsprechender Verständigung des Notars zu erfolgen hat. Trotzdem fällt dem Eigentümer kein Anspruch auf Auszahlung der Darlehensvaluta zu, die dem Bankkunden allein vorbehalten ist; die Quittungen der Bank sind sinngemäß abzufassen.

Es ist vorgekommen, daß ein Kunde letztgenannter Art bereits früher eine Baugeldhypothek auf das Grundstück aufgenommen bzw. sich gesichert hat, für die er jedoch noch keine Zahlung erhalten hatte.

Diese noch nicht valutierte Baugeldhypothek ist in Wirklichkeit eine Eigentümergrundschuld (siehe BGB. § 1191 Abs. 1), weshalb der eingetragene Hypothekengläubiger über die Hypothek nicht ohne weiteres durch Zession verfügen kann.

Die Bank hat nun gegebenenfalls den Antrag auf Löschung dieser nicht valutierten Hypothek im Grundbuch zu stellen; ist die Löschung ohne weiteres nicht zu erreichen, so kann die Zession nur entgegengenommen werden, wenn gleichzeitig der Eigentümer in besonderer notarieller Urkunde seine Genehmigung hiezu erteilt. Erst nach Vollziehung dieser Formalitäten kann von der Bank an eine Gewährung des Baugeldes herangetreten werden.

c) Wer ist Baugeldempfänger, -Gläubiger, -Geber?

Baugeldempfänger ist im allgemeinen derjenige, der auf seinen Antrag hin von irgendeiner Seite Geldbeträge erhält, die zur Bestreitung der Baukosten gehören, zu deren Sicherung der Baugeldgeber sich eine Hypothek auf das zu bebauende Grundstück (Baugeldhypothek) eintragen läßt. Baugeldempfänger im Sinne des BauforderG. wird derjenige sein, dem Geldbeträge zur Bestreitung der Baukosten zur Verfügung gestellt werden, der sie dann gemäß § 1 Abs. 3 des Ges. nur an diejenigen Personen als Zahlung gibt, die an der Herstellung des Baues auf Grund eines Vertrages beschäftigt sind, wobei das Baugrundstück dingliche Sicherung leistet. Dieses Recht und diese Pflicht des Baugeldempfängers kann entweder unmittelbar aus der Vereinbarung mit dem Baugeldgeber stammen, oder es kann vom ersten Baugeldempfänger weiter übertragen werden; hiebei muß aber der erste Baugeldempfänger dem Dritten gegenüber betonen, daß es sich um Baugeld im Sinne des Gesetzes handelt und daß derselbe auf Grund eines Vertrages die Verpflichtung seines Vormannes einzugehen hat.

Baugeldempfänger kann auf Antrag des Baugeldgebers eine dritte, nicht durch einen Bauvertrag gebundene bzw. am Bau selbst völlig unbeteiligte und uninteressierte Person sein, die als „Treuhänder" die Baugeldauszahlung nach Maßgabe des Baugeldgebers, gewöhnlich in sog. Bauraten auf Grund eines Bauvertrages den Baugläubigern anweist bzw. anweisen läßt. Dieser Treuhänder braucht jedoch nicht, wie BaufordG. § 35 sagt, vom Amtsgericht bestimmt zu sein, sondern es genügt ein vom Baugeldgeber gewählter, gesetzlich vereidigter Bausachverständiger.

Wer ist Baugläubiger?

Die gesetzliche Definition ist im BaufordG. § 18 aufgestellt, der besagt:

„Baugläubiger sind die an der Herstellung des Gebäudes auf Grund eines Werk- oder Dienstvertrages Beteiligten sowie diejenigen, welches zur Herstellung des Gebäudes Sachen geliefert haben, sofern die Werk-, Dienst- oder Lieferungsverträge von dem Eigentümer der Baustelle oder für seine Rechnung geschlossen worden sind. Dem Eigentümer der Baustelle steht gleich, wer den Bau mit Zustimmung des Eigentümers als Bauherr ausführt."

Zu diesen dortselbst näher bezeichneten Baugläubigern treten als weitere Baugläubiger nach § 19 des Gesetzes die sogenannten Nachmänner, d. s. Handwerker, Lieferanten oder Arbeiter, die einen Auftrag am Bau vom Eigentümer, seinem Vertreter und dgl. erhalten haben.[3]) Der Handwerker, Lieferant oder Arbeiter ist jedoch nur Baugläubiger im Sinne des § 18, wenn der Eigentümer des Bauplatzes bei der Auswahl des Unternehmers leichtsinnig oder dolos war, d. h. einen unzuverlässigen, unehrlichen Unternehmer nahm, sei es, daß er es wußte, oder nach Lage der Dinge wissen mußte.[4]) Dabei ist es gleichgültig, ob die Nachmänner unmittelbar mit dem ersten Unternehmer abschließen oder ob sich ein Zwischenunternehmer findet. Bedingung ist nur, daß zwischen dem Grundstückseigentümer oder Generalunternehmer und den Nachmännern eine Kette von Verträgen besteht, die sich sämtliche auf die Herstellung des Gebäudes beziehen. Baugläubiger selbst können aller Art von Personen sein, die auf Grund eines Werk-, Dienst- oder Lieferungsvertrages an der Herstellung des Gebäudes beteiligt sind, wie Unternehmer, Baumeister, Architekt, Ingenieure, Baumateriallieferanten, Fuhrwerksbesitzer, Handwerker, Arbeiter und dgl.

Wer sind Baugeldgeber?

Baugeldgeber finden sich in den Reihen der Kapitalisten, die gegen Erzielung eines prozentualen Gewinnes bereit sind, Geldbeträge zu Bauzwecken zur Verfügung zu stellen, um dieselben produktiv zu verwenden; es können dies Privatkapitalisten, Banken aller Art, Versicherungsanstalten und Sparkassen und dgl. sein.[5]) Auch Baumateriallieferanten können in Kreditform Baugeld

[3]) Polenske, Bodenreform S. 9
[4]) Simon, Reichsges. über die Sicherung der Bauforderung S. 58.
[5]) Eickemeyer, Frage der II. Hyp. S. 28

geben, indem sie die Materialien unter Stundung der Bezahlung zum Bau liefern. Ausnahmsfälle sind es, die man erwähnen kann, daß z. B. ein Vater seinem Sohne oder seiner sich verheiratenden Tochter Baugelder ohne Zinsforderung und Sicherung zur Verfügung stellt. Schließlich finden wir in neuester Zeit, besonders bei Genossenschaftsbauten, daß Reich, Staat und Gemeinde die Bauüberteuerungssumme (den sog. verlorenen Bauaufwand) aus eigenen Mitteln tragen; nähere Ausführungen hierüber folgen später.

Die in Betracht kommenden Summen werden vom Land- bzw. Reichstag oder dem Magistrat einer Stadt genehmigt und den Baugenossenschaften und dgl. ausbezahlt.

d) In welcher Form werden Baukredite gegeben?

Nach der Art der Sicherung und Tilgungszeit der Schuld lassen sich Baukredite in kurz- und langfristige unterscheiden (Personal- oder Realkredit); nach Höhe der Verzinsung der Schuld in Erwerbs- und gemeinnützige Kredite, wobei der Erwerbskredit kurz- oder langfristig sein kann, während der gemeinnützige Kredit der Natur der Sache entsprechend nur langfristig gewährt wird.

1. Kurzfristige (Kontokorrent)-Kredite und langfristige (hypothekarische) Kredite.

Der kurze Kredit wird als Kredit in laufender Rechnung als Kontokorrentkredit gewährt, der von dem Übernehmer mit 1% über dem Reichsbanksatz (Lombardsatz) zu verzinsen ist (rd. 6¼%) nach dem Stande vom 1. Januar 1920 und nach Fertigstellung des Hauses nach ¼jähriger Frist im Kontokorrent gekündigt werden kann. Eine sehr gebräuchliche, besonders auch im Bauhandwerk übliche Form des Personalkredites ist die Wechselform. Der Baumaterialienhändler liefert seine Waren zum Bau gegen Eingehen eines 3 Monatsakzeptes durch den Bauunternehmer; falls Letzterer seine Schuld sofort in bar begleichen will, läßt sich der Baulieferant als Prämie 2% Diskont in Abzug bringen.

Die weitaus häufigere Form ist die langfristige, bei der das Darlehen auf eine Reihe von Jahren gegeben wird, was bei den sog. Amortisationshypotheken bis zu 50 Jahre in Anspruch nimmt. Eberstadt sagt in seinem Werke „Handbuch des Wohnungswesens", daß zu den beiden Hauptgebieten des Wohnungswesens: Bodenparzellierung und Hausform als Drittes der Realkredit hinzukommt. Die Verbindung zwischen diesen drei Gebieten ist eng und unlösbar. Die Einrichtung des Realkredites erfüllt heute zwei gänzlich verschiedene Aufgaben,[6]) einerseits die Investierung von Produktivkapital in einem Grundstück (Kapital wird immobilisiert) und die Herausziehung von Rentenkapital aus dem Boden (der Bodenwert wird mobilisiert). Im ersten Falle benötigt der Grund-

[6]) Eberstadt, Handb. d. Wohn.-Wes. S. 371 ff.

eigentümer oder der Bauunternehmer Kapital, das er nicht hinreichend zur Ausführung eines Gebäudes besitzt, in letzterem Falle benötigt der Bodeneigentümer Geld, um eine Verpflichtung gegenüber Dritten decken zu können oder er hat auf dem Grundstück eine Wertsteigerung erzielt, die er realisieren möchte.

Im ersteren Falle wird auf das Grundstück eine Baugeldhypothek eingetragen, in letzterem Falle wird das bebaute oder unbebaute Grundstück mit einer Gebäude- bzw. Grundstückhypothek belastet. Für unsere Betrachtung kommt lediglich der erste Fall in Frage, bei dem Baugeld in langfristiger Kreditform gesichert ist, wobei das gegebene Darlehen im Falle einer ersten Hypothek mit $4^1/_3$—$4^3/_4$ % verzinst wird, während die Verzinsung einer zweiten Hypothek nach einem wesentlich höheren Zinsfuß (5—6 %) geschieht, wozu gewöhnlich noch ein entsprechender erstmaliger und sich häufig wiederholender Provisionsabzug erfolgt.

Die Unterscheidung zwischen erster und zweiter bzw. dritter Hypothek beruht auf der Rangordnung und hat nichts mit der grundbuchlichen Numerierung zu tun. Eine jede hypothekarische Eintragung erhält im Grundbuch eine neue Nummer, so daß die erste Hypothek z. B. die Nummer 5 haben kann, wenn Nr. 1—4 gelöscht bzw. im Range zurückgetreten sind. Erste und zweite Hypotheken sind oftmals grundbuchlich nicht eine einheitliche Hypothek, sondern bedeuten eine Gruppe von homogenen Hypotheken, die infolge ihrer Gleichwertigkeit als eine geschlossene gleichrangige Hypothek erachtet werden. Die sog. Baugeldhypothek ist, obschon sie gewöhnlich an erster Stelle steht, keine erste Hypothek im technischen Sinne, die sie erst wird, wenn sie durch eine definitive erste Hypothek nach Abschluß des Neubaues abgelöst wird.[7] Die normale erste Hypothek pflegt bis zu $^2/_3$ des Grundstückswertes einzunehmen, während die normale zweite Hypothek sich auf die von der ersten Hypothek freigelassenen Wertteile des Grundstückes bis zur Grenze von 75—80 % des Grundstückswertes erstreckt. Der Rest ist, soweit er nicht durch andere Hypotheken absorbiert wird, Kapital des Eigentümers, das vor dem Kriege sich nach dem aus dem Rentenertrage des Hauses ergebenden Betrage mit 5 % verzinsen und einen Überschuß ergeben sollte, der das Entgelt für die Arbeit und das Risiko des Eigentümers darstellt. Der Zinsfuß der ersten Hypothek ist im Durchschnitt 1—2 % niedriger, als derjenige der Nachhypotheken, da im Zinsfuß der Letzteren eine Risikoprämie enthalten ist. Daraus ist ohne weiteres ersichtlich, daß der Grundstückseigentümer bestrebt ist, einen möglichst großen Posten als erste Hypothek zu erhalten; außerdem kann im allgemeinen die erste Hypothek vom Gläubiger erst nach 10 Jahren (und mehr), die zweite schon nach 5 Jahren gekündigt werden. Die Fälligkeitsbedingungen sind bei den ersten Hypotheken viel zahl-

[7]) Nußbaum, Deutsches Hyp.-Wesen S. 194.

reicher und schärfer als bei den zweiten, da bei den gewaltigen Summen, die bei den ersten Hypotheken auf dem Spiele stehen, größte Vorsicht geboten ist. Der Umstand, daß als erste Hypothek oftmals große Summen gegeben werden müssen, hat dazu geführt, daß die ersten Hypotheken auf städtische Grundstücke nur von sehr kapitalkräftigen Geldgebern ausgeliehen werden, die sich mit einem relativ niedrigen Zinsfuß begnügen und ihr Kapital lange Zeit festlegen können; viele Bankinstitute erblicken sogar in einer möglichst langen hypothekarischen Anlage ihrer Gelder eine große, willkommene Sicherheit der von ihnen verausgabten Pfandbriefe und Schuldscheine, die einer langfristigen Amortisation unterliegen (z. B. in Württemberg: Landessparkasse und Württembergischer Kreditverein). Die zweiten Hypotheken stammen größtenteils aus dem Privatkapital, womit zusammenhängt, daß die Amortisationshypothek fast nur bei ersten Hypotheken anzutreffen ist, weil sie sich bei dem privaten Geldgeber geringer Beliebtheit erfreut.[8])

2. Erwerbs- oder gemeinnützige Kredite.

Erwerbskredite unterscheiden sich von gemeinnützigen Krediten dadurch, daß bei ersteren der Darlehensgeber sein Kapital nur zum Zwecke der produktiven Nutzung bzw. Verzinsung auf den Markt bringt, während bei der zweitgenannten Kreditart neben der Nutzung des Kapitals, die hier wesentlich geringer ist, das gemeinnützige Moment maßgebend ist, das kapitalschwachen Schuldnern in physischer und juristischer Gestalt ermöglichen soll, auch mit ihrem verhältnismäßig geringem Einkommen die Darlehensschuld für ein errichtetes Heim im Laufe der Zeit zum Abtrag zu bringen. Erwerbskredite geben Privatkapitalisten und alle Arten von Banken, während gemeinnützige Kredite von Staat und Kommune, gewissen Geldinstituten und teilweise von Privaten (Großindustriellen) zum Zwecke der Erbauung von Kleinwohnhäusern gewährt werden.

Gemeinnützige Kredite kommen in Form von ersten und zweiten Hypotheken auf den Markt, die fast ausschließlich unkündbar sind, dafür aber sämtlich den Charakter von langfristigen Tilgungshypotheken tragen; Kreditnehmer sind vornehmlich gemeinnützige Baugenossenschaften. Von den Instituten, die hiebei erste Hypotheken bis zu 60% des Schätzungswertes von Gebäude und Bauplatz beleihen, seien genannt die Sparkassen, private Versicherungsanstalten, Landesversicherungsanstalten, Reichsversicherungsanstalten für Angestellte und Stiftungen.[9])

Zur Illustrierung der von den genannten Instituten geforderten Hypothekenzinsen, Provisionsgebühren und Tilgungssätzen

[8]) Nußbaum, Deutsch. Hyp.-Wesen S. 196 ff.

[9]) Albrecht, Großberliner Verein für Kleinwohnungswesen, Heft 2, Ref. f. Immobiliar-Kreditkommission.

in Prozenten diene nachfolgende Tabelle mit dem Stand vom 1. Januar 1920.

	Hypotheken-Banken %	Spar-kassen %	Priv. Vers.-Anstalt %	Landesvers.-Anstalt %	Reichsver-sicherung %	Stiftungen %
Hyp.-Zinsf. .	4½—4¾	3½—5	4¼	3—4½	4⅛—4⅝	3—4½
Prov.-Geb. .	1—2	—	1	—	—	—
Tilg.-Satz . .	Tilgungssatz nach gegenseitiger Vereinbarung (½—6 %)					

Bei Darlehensaufnahme werden zwischen Bank und Schuldner von Fall zu Fall gesonderte Bedingungen vereinbart.[10])

Daneben geben Staat, Kommunen und einige hiezu gesetzlich ermächtigte Institute, die für die Lebensfähigkeit der Baugenossenschaften so notwendigen zweiten Hypotheken. Unter den organisierten Einrichtungen zur Förderung des Realkredites für die gemeinnützige Bautätigkeit steht an erster Stelle das Reich, die Darlehensbewilligung erfolgt nur an solche Genossenschaften, die ausschließlich oder zu einem Teil für Arbeiter oder gering besoldete Beamte in den Betrieben und Verwaltungen des Reiches Wohnungen beschaffen. Die Darlehen werden nur zur zweiten Stelle und zwar bis 90% der Selbstkosten von Bau, Grund und Boden bewilligt. Das Darlehen ist mit 3% zu verzinsen und mit 1% unter Zuwachs der ersparten Zinsbeträge zu tilgen. Preußen gibt in derselben Art Darlehen bei 3% Verzinsung und 1% Amortisation, Bayern bei 3% Verzinsung und ½% Amortisation (die Darlehensgewährung nur an Gemeinden), Sachsen bei 3¼% Verzinsung und 1% Tilgung; andere Bundesstaaten haben eine ähnliche Einrichtung. Nach den gesetzlichen Bestimmungen sind ferner die Landesversicherungsanstalten berechtigt, bis zu ¼ ihres Vermögens zu zweitstelliger Beleihung von Kleinwohnhausbauten zu verwenden; die meisten Anstalten gehen bis zu 80% des Taxwertes; der geforderte Zinsfuß ist 3—4% bei ½—1% Tilgung. Ansehnliche Beträge sind von einer Reihe von Städten im Wege der direkten Kreditgewährung an einzelne gemeinnützige Vereine und Baugenossenschaften gegeben worden (die Stadt München hat besonders große derartige Aufwendungen gemacht; München hat bis Ende 1912 fast 9 Millionen Mark aus Anleihemitteln [zum größten Teil von der Landeskulturrentenanstalt aufgenommen] für den Bau von Kleinwohnungen in Form von Tilgungshypotheken gegeben. Beleihungsgrenze bis 25% der Herstellungskosten bei einer Verzinsung von 4%). Die zunehmende Kreditnot, der sich zurzeit die private Bautätigkeit gegenübergestellt sieht, hat zur Gründung von städtischen Hypothekenanstalten oder Hypo-

10) Schulte, Die Hypothekenbanken S. 119.

thekenfonds geführt, die mit Vorliebe Häuser mit Kleinwohnungen auf zweite Hypothek beleihen.

3. Bürgschaft.

Eine bedeutsame Unterstützung der allgemeinen diskreditierten zweiten Hypothek, die für den gemeinnützigen Wohnhausbau Lebensfaktor geworden, haben verschiedene Einzelstaaten damit geschaffen, daß sie selbst für die von Geldinstituten und Privaten gegebenen zweiten Hypotheken Bürgschaft leisten und veranlaßten, daß zahlreiche Kommunen und Landesversicherungsanstalten diesem Beispiele folgten (z. B. Preuß. BürgschSicherungsGes. vom 10. April 1918, Preuß. GesSammlung 1918 S. 43, Württemberg. WohnungsbürgschGes. vom 30. Mai 1919, Regierungsbl. f. Württemberg Nr. 19 vom 2. Juli 1919 und dergleichen).

Diese Bürgschaften verhelfen mittelbar zur Belebung und Beschickung des Baugeldmarktes mit den für den reellsten Baugeldgeber unsicheren Baukrediten.

4. Baukredite auf im Erbbaurecht vergebene Grundstücke.

Zum Schlusse sei noch der Beleihung des Erbbaurechtes Erwähnung getan, von der sich Boden- und Wohnungs-Reformer eine wesentliche Besserung der Wohnungsverhältnisse mit günstiger Rückwirkung auf die Bodenverhältnisse erwarten.[11]) Beleihung des Erbbaurechtes ist eine neuere Art des gemeinnützigen Baukredits, die leider noch wenig zur Ausführung kam, was in der bisherigen unerschöpfenden und unzulänglichen Behandlung des Erbbaurechtes in den §§ 1012—1017 BGB. begründet war. Diese sind in jüngster Zeit außer Kraft gesetzt worden und an ihre Stelle ist eine Verordnung des Reiches über das Erbbaurecht vom 15. Januar 1919 (RGBl. 1919 Nr. 14 S. 72) getreten. —

In den 39 Paragraphen dieser neuen Verordnung sind die Verhältnisse des Erbbaurechtes zwischen Erbbauberechtigtem und dem Grundstückseigentümer zur beiderseitigen Befriedigung gelöst worden. Grundstückseigentümer und Erbbauberechtigter können nunmehr Vereinbarung treffen, die dem Letzteren ein Vorrecht auf Erneuerung des Erbbaurechtes nach dessem Ablauf einräumen oder den Grundeigentümer verpflichten, das Grundstück an den jeweiligen Erbbauberechtigten zu verkaufen (§ 2 Ziff. 6 und 7 des Ges.). Ferner kann vereinbart werden, daß der Erbbauberechtigte zur Belastung des Erbbaurechtes mit einer Hypotheken-, Grund- oder Rentenschuld ebenso bei Verkauf des Erbbaurechtes der Zustimmung des Grundeigentümers bedarf (§ 5 des Ges.), wenn jedoch der Grundstückseigentümer ohne ausreichenden Grund sich weigert, darauf einzugehen, so kann die Zustimmung auf An-

[11]) Albrecht, Großberliner Verein f. Kleinwohnungswesen S. 53ff.

trag des Erbbauberechtigten durch das Amtsgericht ersetzt werden, in dessen Bezirk das Grundstück liegt (§ 7 Abs. 3 des Ges.).

Die Verordnung spricht ferner von dem Entgelt des Erbbaurechtes und wiederkehrenden Leistungen (Erbbauzins), der sich nach den Vorschriften des BGB. über Reallasten richtet; der Erbbauzins muß nach Zeit und Höhe für die ganze Erbbauzeit im Voraus geregelt sein (§ 9 des Ges.). Das Erbbaurecht kann nur zu ausschließlich I. Rangstelle bestellt werden, auch kann der Rang nicht geändert werden. Die auf das Erbbaurecht aufgenommene Hypothek darf die Hälfte des Wertes des Erbbaurechtes nicht überschreiten (§ 19 des Ges.); die planmäßige Tilgung der Hypothek muß unter Zuwachs der ersparten Zinsen spätestens 10 Jahre vor Ablauf des Erbbaurechtes endigen (§ 20 des Ges.). Die Grundbuch-Ordnung hat dahingehend eine Abänderung erfahren, daß für das Erbbaurecht ein besonderes Grundbuchblatt (Erbbaugrundbuch) angelegt wird. Sehr wichtig und wertvoll für einen Erbbauberechtigten ist schließlich die Bestimmung in §§ 27 und 32 der Verordnung, daß im Falle des Zeitablaufes des Erbbaurechtes, oder bei Eintreten des Heimfallanspruches auf seiten des Grundstückseigentümers dieser dem Erbbauberechtigten, wenn derselbe den minderbemittelten Bevölkerungskreisen angehört, mindestens $^{2}/_{3}$ des gemeinen Wertes entschädigen muß, den das Bauwerk bei Ablauf des Erbbaurechtes hat. Diese Neuregelung des Erbbaurechtes wird höchstwahrscheinlich die Beleihung im Erbbaurecht in der Folgezeit beleben und schon lassen sich allerorts Anzeichen hiefür feststellen.

Die geringe Zahl der Baukredite, die auf das Erbbaurecht bisher gegeben wurden, beschränken sich mit wenigen Ausnahmen auf Beleihung gemeinnütziger Bauunternehmungen und zwar hauptsächlich durch öffentliche Körperschaften, wie Reich, Staat, Gemeinden und einzelne Landesversicherungsanstalten.

Das Reich hat in neuerer Zeit nicht nur Grund und Boden an einen beschränkten Kreis von Baugenossenschaften abgegeben, sondern die Erbbaurechte bis zu einer Höhe von 8000000 ℳ belehnt. Erbbauzins ist 2% der für den Ankauf und Erschließung des Geländes aufgewandten Selbstkosten. Weitere derartige Darlehen hat das Reich auf durch den preuß. Staat und diverse Gemeinden im Erbbaurecht vergebene Grundstücke bewilligt. Die Beleihung erfolgt auf Grund eines Darlehensvertrages, der bezüglich Beleihungsgrenze, Zins und Tilgungssatz die gleichen Bestimmungen enthält, wie sie im allgemeinen bei Hergabe von Hypotheken auf das Eigentum vom Reiche gehandhabt werden. Die Sicherheit des Darlehens wird durch die sogenannte Rückübertragung gewährleistet, d. h. falls der Erbbauberechtigte seinen Verpflichtungen nicht nachkommt, geht das Erbbaurecht auf den Grundeigentümer über (Eigentümererbbaurecht). Für Verkauf des Erbbaurechtes sichert sich das Reich das Vorkaufsrecht am Erbbaurecht.

III. Kapitel.

Auf welcher Grundlage wird ein Gebäude finanziert? (Rentabilitätsberechnung.)

Der Darlehensgeber, sei es, daß er ein Privatmann oder ein Institut ist, überzeugt sich eingehend, bevor er das Geldgeschäft macht, ob einerseits der Darlehensnehmer kreditwürdig ist und ob andererseits das beliehene Objekt Aussicht auf ein sicheres Unternehmen bietet. Der Kapitalist wird sich durch Auskunftsbüros, Handelskammer und Handwerkskammer, darüber Aufschluß geben lassen, ob der Kredit benötigende Bauunternehmer einige Sicherheiten durch sein Vermögen und besonders in seiner eigenen Person bietet, bzw. ob er ein tüchtiger, ehrlicher und verläßiger Geschäftsmann ist oder nicht. Ist dieser Punkt in Ordnung, so wird das zu beleihende Unternehmen selbst einer eingehenden Betrachtung unterzogen, wobei bei zu erstellenden Neubauten von großem Interesse ist, welche hypothekarische Belastung bereits auf dem zu bebauenden Grundstücke liegt, in welche Gegend das zu bebauende Haus zu stehen kommt, ob es von den Architekten zweckdienlich geplant ist und was der springende Punkt ist, ob nach menschlicher Berechnung das Gebäude nach seiner Herstellung sich rentieren wird. Ein Bauwerk wird sich dann rentieren, wenn die aus demselben zu erzielende Rente, die „Brutto-Rente" genannt, im Jahre höher ist, als die jährlichen Zinsen aus den auf Bauplatz und Bauobjekt lastenden Obligationen (Hypotheken, Annuitätenkapital und dgl.).

Um diese feststellen zu können, werden amtlich vereidigte Bausachverständige, gewöhnlich Architekten und Baumeister, die große praktische Erfahrung im Grundstückswerten und Baukosten haben, von den Bankinstituten beauftragt, eine Rentabilitätsschätzung zu errechnen und zwar auf Grund des zu bebauenden Grundstückes (A), einer auf Grund von Plänen des Architekten für den Neubau erstellten Kalkulation der Baukosten (B) und der jährlich voraussichtlich erzielten Brutto-Renteneinnahme (C), abzüglich diverser Spesen und Kosten, die in das Gebäude verwandt werden müssen. Unter den genannten Spesen und Unkosten versteht man den erwachsenden Aufwand des Hauseigentümers für Ausbesserungen, Umänderungen und nötigen Neuanschaffungen für das Gebäude einerseits, die Auslagen für Steuern und Umlagen andererseits.

Falls diese Schätzung von der den Bau erstellenden Bauunternehmung gemeinschaftlich mit dem Architekten und Bauleiter erstellt ist, so läßt sie die Bank oder der Privatkapitalist durch einen von ihnen gewählten ehrenamtlich verpflichteten Vertrauensmann nachprüfen und je nachdem, ob die Rechnung ein günstiges Ergebnis gibt, treten sie der Baugeldgebung näher oder nicht. Der Baugeldgeber will damit rechnen können, daß er nicht nur mit Mühe seine Zinsen für das geliehene Kapital bekommt, sondern das Geschäft sogar als eine gute Kapitalsanlage betrachten kann; sodann wird der Vertrag zwischen Baugeldgeber und -nehmer aufgestellt und nach Angabe des Bausachverständigen das Baugeld in Raten entsprechend dem Fortschritt des Baues zur Auszahlung gebracht.

Im Nachfolgenden sind zwei Rentabilitätsberechnungen aus der Praxis gegeben; im ersten Fall dreht es sich um den Bau eines Geschäfts- und Wohnhauses in der Altstadt Münchens in der Zeit kurz nach dem Kriege, wobei die Baukosten und die zukünftige Rentabilität des Hauses veranschlagt werden. Im zweiten Falle handelt es sich um ein Familienhaus in einem vornehmen Stadtviertel Münchens (geschätzt vor dem Kriege), wobei das Gebäude bereits vorhanden ist und der Eigentümer Geld zu einem Bauwerk auf demselben Bauplatze benötigt und auf Grund des ersteren Objektes Baugeld von der Bank haben will, der dann dieses Objekt als Sicherheit dienen soll. Wenn im letzteren Falle der Hausbesitzer Geld für ein auf einem anderen Platze geplanten Neubau erhalten will (wobei jedoch angenommen ist, daß das Familienhaus und der dazugehörige Bauplatz annähernd schuldenfrei sind), so wird die Bank auf Grund der summierten Sicherheit aus dem ersten und zweiten Objekt ihre Beleihung geben.[1])

Fall 1.

A. Grundfläche 8880 Quadratfuß à 2,60 ℳ . . .	230 000 ℳ
B. Veranschlagte Baukosten	283 520 „
	513 520 ℳ
Rentenberechnung (Bruttorente)	32 280 ℳ
Hievon ab: rd. 18—20% für Unterhalt, Abgaben, Steuern und dergleichen	5 800 „
C. Netto-Rente	26 480 ℳ
Diese Netto-Rente entspricht zu 4½% einem Kapital von	588 000 ℳ
Hiezu Summe A und B	513 520 „
	1101 520 ℳ
Mittlerer Schätzungswert: $\frac{1\,101\,520}{2}$ = ...	550 760 ℳ
Die Bank gibt auf Grund des obigen mittleren Schätzungswertes bis zu 50% desselben.	
Beleihung: 50%	275 380 ℳ

Fall 2.[2])

A. Grundfläche 24 000 Quadratfuß à 3,30 ℳ . .	79 200 ℳ
B. Gebäudewert 300 qm überbaut, 3720 cbm umbauter Raum à 35.— ℳ	142 000 „
	221 200 ℳ

[1]) Ausführliche Aufstellung im Anhang Anl. Nr. 1.
[2]) Ausführliche Aufstellung im Anhang Anl. Nr. 2.

Übertrag	221 200 ℳ
Rentenberechnung (Bruttorente)	8 500 ℳ
Hievon ab: 25% für Kosten der Ausbesserung, Steuer und dergleichen	2 125 „
C. Netto-Rente	6 375 „
Diese entspricht zu $4^1/_2$% einem Kapital von . .	141 800 „
Hiezu Summe A und B	221 200 „
Gesamtsumme:	363 000 ℳ
Mittlerer Schätzungswert: $\frac{363\,000}{2}$	181 500 ℳ
Die Bank wird auf Grund der Schätzung 50% von 181 500 ℳ Beleihung geben, sohin rund . . .	90 000 ℳ

Aus diesen beiden Beispielen kann man für Bankbeleihung folgende Formel aufstellen:

Mittlerer Schätzungswert $= \frac{\text{Realwert} + \text{Rentenwert}}{2}$, wobei Realwert die Summe der Werte von Bauplatz und Gebäude darstellt, während Rentenwert den kapitalisierten Mietertrag nach Abzug der Unkosten, Lasten und dergleichen bedeutet.

IV. Kapitel.

Wer gibt hauptsächlich Erwerbskredite? In welcher genaueren Form?

1. Hypothekenbanken.

Wie schon vorher erwähnt, kann der Interessent für Baukredite bzw. Baudarlehen dasselbe von Bankinstituten und Privatkapitalisten in Form von Hypotheken und kurzfristigen Krediten zugewiesen bekommen. Die Baukreditbeschaffung für Kleinwohnhausbauten wird ihrer besonderen Bedeutung und Eigentümlichkeit halber a. a. O. besonders behandelt werden; Veranlassung hiezu gibt der Umstand, daß infolge gesetzlichen Eingriffes des Staats in Anbetracht der Wohnungsnot und des Kreditmangels für Kleinbauten, für die einzelnen Institute zu diesem Zwecke Erleichterungen geschaffen wurden, die nur dem „gemeinnützigen" Bau zugute kommen sollen.

Die größte Bedeutung für mittel- und unmittelbare Baukreditgebung haben die Hypothekenbanken;[1]) sie haben seinerzeit teilweise das Baugeldergeschäft in wesentlich größerem Umfange betrieben, wobei einzelne Institute bodenspekulatorische Tendenzen verfolgten, die schließlich die bekannten Grundstückskrisen erzeugten. Seit Inkrafttreten des HypBankG. vom 13. Juli 1909 ist das

[1]) Eber, Staat und Realkredit in Deutschland S. 108. Schulte, Die Hypothekenbanken S. 125.

Baugeldergeschäft der Hypothekenbanken seinem Umfange nach erheblich eingeschränkt worden. Dieses Gesetz hatte den Zweck, Kautelen gegen die Gefahren zu schaffen, die von seiten der spekulativen Hypothekenbanken der Volkswirtschaft drohten. Die Sicherheitsarten scheiden sich in:[2])

1. Schutz der Pfandbriefgläubiger,
2. Schutz vor schädlicher Spekulation in Grundstücken,
3. Schutz vor übermäßiger Verschuldung des Grundbesitzes,
4. Schutz der Darlehensnehmer.

Die Wirkung dieses Gesetzes ist nicht ausgeblieben. Gemäß § 12 des HypBankG. dürfen die zur Deckung von Hypothekenpfandbriefen verwendeten Hypotheken an Bauplätzen, sowie an noch nicht fertiggestellten Neubauten zusammen den zehnten Teil des Gesamtbetrages der zur Deckung der Hypothekenpfandbriefe benützten Hypotheken, sowie den halben Betrag des eingezahlten Grundkapitals nicht überschreiten. Trotz der Strenge dieses Gesetzes stehen nach wie vor die Hypothekenbanken mit Baukreditgebung an erster Stelle. Nach sachverständiger Taxierung betrugen z. B. 1910 die Gesamtanlagen der rd. 40 deutschen Hypothekenbanken in Hypotheken auf städtischem Hausbesitz über 30 Milliarden Mark.[3])

Die Baugeldbeleihung durch Hypothekenbanken vollzieht sich im Deutschen Reiche, abgesehen von einigen kleinen Formverschiedenheiten von Fall zu Fall im wesentlichen in folgender Weise:

Der Baugeldnehmer legt den baubehördlich genehmigten Plan mit Rentabilitäts- und Kostenberechnung für den Neubau bei einem Bankunternehmen vor und stellt gleichzeitig unter Anerkennung der allgemeinen, von dem Bankinstitut festgelegten Darlehensbedingungen einen schriftlichen Antrag auf Gewährung des Baugeldes (näheres über Form und Inhalt eines derartigen Antrages siehe Nußbaum, Deutsches Hypotheken-Wesen S. 289 ff. und prakt. Beispiele für Beleihungsformen am Anhange dieser Arbeit). Die Bank läßt sodann durch einen amtlich vereidigten Schätzer und dgl. die Angaben der Darlehensforderers nachprüfen und erklärt sich, wenn nach Angabe des Vertrauensmannes das Geschäft empfehlenswert und der Bankkunde vertrauenswürdig erscheint, bereit, auf das Unternehmen eine Beleihung bis zu 50% des amtlichen Schätzungswertes zu geben. Diese Schätzungen werden in Württemberg, Baden und Hessen von einem gemeinderätlichen Schätzer, in Bayern bzw. einigen anderen Bundesstaaten durch vereidigte Sachverständige der Banken, in Preußen nach Einführung des Schätzungsamtsgesetzes vom 8. Juni 1918 (Preuß. GesS. Jahrg. Nr. 20 S. 83) von eigenen staatlichen Schätzämtern vollzogen.

---

[2]) Deutsch. Ökonomist, Jahrg. 91 S. 439.
[3]) Eber, Staat und Realkredit in Deutschland S. 108.

Die gemeinderätlichen bzw. vereidigten privaten Schätzer, wie sie in den erstgenannten Ländern sind, fertigen auf Grund der voraussichtlichen Baukosten und Bauzeit eine überschlägig gerechnete Bauratenaufstellung, auf Grund deren seinerzeit mit kleineren Abänderungen die Auszahlung des Baugeldes, je nach Fortschritt des Neubaues erfolgt.

(Siehe Beispiel einer amtlichen Schätzung in Württemberg, Anhang, Anlage Nr. 3.)

Nach Einführung des preuß. Schätzungsamtsgesetzes, das nach § 27 des Ges. erst nach Ablauf von 5 Jahren seit der Beendigung des Kriegszustandes, also im Laufe des Jahres 1924, durch eine neuerliche Verordnung zur Einführung gelangen soll, wird das Schätzungsamt auf Antrag der Bank, des Grundstückeigentümers oder dergleichen die Schätzung vornehmen und die einschlägigen Bauraten in Vorschlag bringen (§ 3 des Schätzungsamtsgesetzes vom 8. Juni 1918). Das Bankinstitut trifft sodann Veranlassung, daß der Darlehensnehmer für das geforderte Darlehen nebst Zinsen eine Hypothek an dem zu bebauenden Grundstücke im Grundbuch des zuständigen Amtsgerichts bestellt und gleichzeitig verspricht, dieser Hypothek die erste Stelle zu verschaffen. Diese Hypothek wird zunächst, da ihre endgültige Größe vor Abschluß des Baues nicht genau festgelegt werden kann, als Sicherungshypothek eingetragen, die seinerzeit nach Baubeendigung in eine Briefhypothek umgeändert wird, wobei das Grundbuchamt den zu erteilenden Hypothekenbrief an die Bank aushändigt. Gleichzeitig mit der Regelung der Frage der Baugeldhypothek wird zwischen Bank und Unternehmer ein Baugeldvertrag abgeschlossen, in dem eingehend die Bedingungen klargelegt sind, unter denen sich das Institut verpflichtet, nach Fortschreiten des Baues nach den bereits genannten Bauraten das Baugeld abzugeben, wenn nicht auf Grund von im Bauvertrag näher angegebenen Begebenheiten die Auszahlung derselben eingestellt werden muß; in diesem Falle ist die Bank berechtigt, die sofortige Rückzahlung der ausgezahlten Beträge zu verlangen.[4]) (Siehe Anhang Anl. Nr. 4, 4a—e). Oftmals verlangen die Bankinstitute, daß der Baugeldvertrag beim Notar zum Abschluß kommt und daß dem Institut eine Baugeldschuldurkunde vom Kunden übergeben wird. Ist das mit der Baugeldhypothek zu belastende Grundstück bereits mit Hypotheken belastet, so verlangt die Bank, daß dieselben im Range hinter die erststellig einzutragende Baugeldhypothek zu treten haben (oftmals bei Restkaufgeld der Fall), oder sie betätigt die Löschung derselben eigenhändig und läßt sich dafür auf den Namen des Baugeldnehmers eine Hypothek an erster Stelle eintragen, die im II. Kapitel (Abschnitt b 3) die uneigentliche Baugeldhypothek genannt wurde.

Erst nach Lösung all dieser Fragen und Aushändigung und Prüfung der Hypothekendokumente durch die Gläubigerin tritt

[4]) Nußbaum, Deutsches Hyp.-Wesen S. 292.

diese an die Auszahlung des geforderten Darlehens heran; dieses wird von der Bankabteilung der Hypothekenbank dem Baugeldnehmer ausbezahlt, während die Hypothekenabteilung für diese Summe während der Bauzeit bürgt; nach Fertigstellung des Neubaues wird das ausgezahlte Geld von der Hypothekenabteilung der Bankabteilung gutgeschrieben und erstere tritt dann in den Besitz der in Form eines Hypothekenbriefes vom Grundbuchamt ausgestellten ersten Hypothek. Andere Hypothekenbanken kontrahieren von Anfang an eine feste Hypothek mit dem Baugeldnehmer, dem sie dann das Baugeld je nach Fortschreiten des Baues in sog. à Contozahlungen gewähren (dem Darlehensnehmer wird bei der Bank ein sog. Kontokorrentkonto eröffnet).[5]) Der Bauunternehmer hatte diese Hypothek der beleihenden Bank mit 4½—4¾ % zu verzinsen und eine einmalige Abschlußprovision von 1—2 % zu entrichten, die bei der Auszahlung des Darlehens zusammen mit den sonst erwachsenen Kosten in Abzug gebracht werden. Die Zinszahlung hat in halbjährigen Raten zu erfolgen, im Falle einer Verzögerung mit der Zinszahlung sind im allgemeinen 5 % Verzugszinsen vom Verfalltage an zu entrichten; außerdem tritt bei Verzögerung von mehr als 4 Wochen nach Verfall eine weitere Erhöhung des Zinsfußes für das betr. Halbjahr von rd. ½ % ein.

Die Auszahlung des Baugelddarlehens erfolgt in Raten nach Fortschreiten des zu errichtenden Baues, wobei sich der Darlehensnehmer dem Urteil, dem Gutachten und Taxen des Bausachverständigen der Bank unbedingt unterwerfen muß; diese Forderung kann von den Bauunternehmern als sehr hart empfunden werden, wenn die Aufsichtsorgane sich peinlichst genau an das Bauprogramm und die Ausführungsvorschriften halten. Die erste Rate ist zahlbar nach Fertigstellung der Kellerdecke, die zweite nach Verlegung der Balken über dem I. Stock, die dritte nach entsprechendem Ausbau des II. Stockwerkes usw.; in der Praxis spricht man vom ersten, zweiten Tramlager. Weitere Zahlungen erfolgen nach Fertigstellung des Rohbaues, Aufschlagen des Dachstuhles und Herstellung der Spenglerarbeiten, Putzarbeiten, Legen der Fußböden, Anschlagen von Tür und Fenster usw. Gewöhnlich werden zum Schluß 5 % Kaution von der Bank bis zum Ablauf einer gewissen Garantiezeit zurückbehalten. Neben diesen materiellen Erfordernissen werden die Zahlungstermine auch dem Datum nach festgelegt, so daß beispielsweise die 4. Rate am 15. März nach Aufstellen des Dachstuhls fällig wird. Die Festsetzung der Kalendertage richtet sich nach den ortsüblichen Erfahrungen hinsichtlich der Zeit, welche für ein normales Fortschreiten des Baues erforderlich ist. Auf pünktliches Innehalten der Termine wird vom Geldgeber nicht nur aus bautechnischen Gründen geachtet, sondern auch deshalb, weil eine verzögerte Bauausführung für das Pfandobjekt

[5]) Ehrlich, Wirtschaftl. Bedeutung der Hyp.-Banken-Ges.. S. 81.

wirtschaftliche Nachteile mit sich bringt. Darum pflegt ein verspätetes Fertigwerden des Baues, wobei eine gewisse Endfrist überschritten wird, für den Geldgeber ein Rücktrittsrecht vom Vertrage zu begründen; der Baugeldgeber läßt sich vertraglich vom Unternehmer für jeden Tag, den der Bau später vollendet wird, eine bestimmte Konventionalstrafe (z. B. 200 ℳ, 500 ℳ) zahlen. Die Höhe der vertraglich festgelegten Baugeldraten kann auf Grund des Gutachtens des Sachverständigen der Bank Änderungen erfahren. Die Raten können eventuell gekürzt werden, wenn die Bauausführung sich als geringwertiger, wie angenommen, zeigt, bzw. wenn die Gesamtsumme der zu bezahlenden Beträge im Grundbuche mit einer Zahl auslaufen würde, die den für das Institut gesetzlich und statutarisch zulässigen Beleihungssatz des Grund- und Bauwertes von 50—60% übersteigen würde. Tritt der Darlehensnehmer vom Vertrage zurück und zwar in der Zeit vor erfolgter erster Ratenzahlung, so hat derselbe der Bank eine Rücktrittsprovision von rd. 2% zu zahlen, außerdem alle dem Institut bis dahin entstandenen Kosten für Ausfertigung und Prüfung der Schuldurkunden und sonstige Kosten zu vergüten.

Neben dieser hypothekarischen Beleihungsmethode geben Aktien-Hypothekenbanken, auch Kontokorrentbanken genannt, sogenannte Kredite in laufender Rechnung (Kontokorrentkredit), die mit 1% über Reichsbanksatz (Lombardsatz genannt) zu verzinsen sind; hiezu tritt rd. 1/4% aus:

1. dem zur Verfügung gestellten Kredit oder } Kreditprov.
2. dem in Anspruch genommenen Kredit oder }
3. von der größeren Kontoseite (Aktiva- oder Passivaseite) oder } Umsatz-Prov.
4. aus dem bestimmt zu fixierenden Betrag (doppeltes oder dreifaches Höchstkreditmaß). }

Die Banken sind bei dieser Beleihungsart mit der Auswahl des Schuldners besonders vorsichtig. Nach Baufertigstellung tritt in der Regel eine vierteljährige Frist ein, dann kann das Darlehen im Kontokorrent vierwöchentlich gekündigt werden. Nachdem der Kontokorrentkredit eine höhere Verzinsung als der hypothekarische Kredit erfordert, außerdem die strengen Kündigungsbedingungen und die Kurzfristigkeit der Kündigungsmöglichkeit des Gläubigers für den Baugeldgeber bedrohliche Folgen annehmen können, so wird derselbe möglichst bald eine feste Hypothek auf das bebaute Grundstück aufzunehmen trachten, um seinen Kontokorrentkredit in einen hypothekarischen umzuwandeln. Nachfolgendes Zahlenbeispiel zeigt eine Art der Zinsenberechnung eines Kontokorrentkredites:

Mittlerer Gebäudeschätzungswert	100 000 ℳ
Beleihung (50%)	50 000 „

Zinsermittlung:

Lombardsatz (1% über Reichsbanksatz):

6% von 50 000 M	3 000 M
+ 1/3 von mindestens 2½ mal des höchsten Kredites 125 000 M	416 „
Gesamtzins:	3 416 M

Der Hamburger Hypothekenmarkt kennt sog. Diskontposten, d. h. zur Deckung eines vorübergehenden Geldbetrages auf 3—6 Monate hingegebene Leihgelder zu einem den gewöhnlichen Hypothekenzinsfuß um 1—2% übersteigenden Zinssatz.[6]) Ihrem Wesen nach sind sie in Diskont gegebene Hypotheken; sie sind als Sicherheit eingetragenen Hypothekenposten für ein kurzfristiges Darlehen zum üblichen Bank- oder Privatdiskontsatz, wobei die Zinsen im Vornherein bei Hingabe des Darlehens abgezogen werden. Der Bauunternehmer greift zu dieser Kreditform, wenn er plötzlich laufende Gelder für Löhne, Materialien und dgl. braucht und nicht die Absicht hat, eine langfristige Hypothek aufzunehmen, da er in Bälde von anderer Seite Geld zu erhalten hofft, um damit die Hypothek wieder heimzahlen zu können.

Ich möchte hier noch erwähnen, daß zufolge § 14 des Hyp.-BankG. die hypothekarischen Darlehen von den Banken in Geld zu gewähren sind; ausnahmsweise können die Darlehen in Hypothekenpfandbriefen zum Nennwert gegeben werden, wenn die Satzung der Bank es gestattet und der Schuldner es ausdrücklich so bestimmt. Die Hypothekenbank setzt die bei der Ausgabe von Pfandbriefen erhobene Talonsteuer dem Baugeldgeber in Rechnung. Die Notenbanken z. B. geben für gewöhnlich Darlehen nur in Form von Hypothekenpfandbriefen aus.

2. Private Versicherungsgesellschaften.

Die Versicherungsunternehmungen sind bis zum Ausbruch des Krieges in steigendem Maße dazu übergegangen, ihre Kapitalien in Hypotheken anzulegen und haben so auch in ihren wirtschaftlichen Funktionen eine gewisse Ähnlichkeit mit den Hypothekenbanken erlangt.[7]) Zufolge § 60 der VSG. vom 12. Mai 1901, RGBl. 139—173 ist den privaten Versicherungsgesellschaften die Beleihung von Bauplätzen und Neubauten, welche noch nicht fertiggestellt und ertragsfähig sind, also das Baugeldergeschäft aus Mitteln des Prämien-Reservefonds (§ 59 VAG.) entzogen. Wir haben jedoch bei dem Vermögen der privaten Versicherungsgesellschaften zu unterscheiden zwischen

1. gebundenem Vermögen, d. i. die den Prämien-Reservefond bildenden Vermögensbestände,

[6]) Deumer, Hamburger Hypothek- u. Kreditwesen S. 49.
[7]) Eber, Staat- u. Realkredit in Deutschland S. 1.

2. freiem Vermögen, d. i. das übrige Vermögen der Gesellschaften.

§ 60 des VAG. handelt nur von den Vermögensbeständen des Prämien-Reservefonds. Die Anlage des freien Vermögens wird durch die Satzungen der einzelnen Versicherungsgesellschaften geregelt. Für Beleihungen aller Art, also sowohl aus dem gebundenen, wie dem freien Vermögen hat die Aufsichtsbehörde der privaten Versicherungsgesellschaften, das Reichsaufsichtsamt in Berlin besondere Beleihungsgrundsätze herausgegeben, welche den Versicherungsgesellschaften als Richtschnur zu dienen haben. In § 9 dieser (für die Beleihung und Ermittlung des Wertes inländischer städtischer Grundstücke) Grundsätze des Reichsaufsichtsamts Berlin heißt es: „Zur Anlegung von Beständen des Prämienreservefonds dürfen Darlehen auf Neubauten, welche noch nicht fertiggestellt und ertragsfähig sind, nicht verwendet werden. Aus dem sonstigen Vermögen sind Beleihungen von Neubauten nur in den Grenzen zulässig, in denen sie durch die Satzung (Gesellschaftsvertrag) oder durch eine von der Aufsichtsbehörde genehmigte Beleihungsordnung (Regulativ) ausdrücklich gestattet sind.“ Nach diesen Grundsätzen sind aus dem freien Vermögen Beleihungen von Neubauten nur in den Grenzen zulässig, die von der Satzung der Gesellschaft oder durch die Anordnung der Aufsichtsbehörde gesteckt sind. Der einschlägige Paragraph der Satzung einer der größten Versicherungsgesellschaften Deutschlands (Allgemeiner Deutscher Versicherungsverein Stuttgart) lautet: „Neubauten, welche noch nicht fertiggestellt und noch nicht ertragsfähig sind, können insoweit beliehen werden, als die einschlägigen persönlichen und sachlichen Verhältnisse (Solvenz des Schuldners, Lage und Beschaffenheit des Grundstücks) keine Bedenken ergeben und insbesondere die demnächstige planmäßige Fertigstellung und die Ertragsfähigkeit des Gebäudes gesichert erscheint. In der Regel muß mindestens der Rohbau fertiggestellt sein; von dieser Bedingung darf nur an solchen Orten abgegangen werden, wo dem Verein die einschlägigen Verhältnisse genau bekannt sind und insbesondere auch eine angemessene Überwachung der Bauausführung gesichert ist.

Auszahlungen auf unvollendete Gebäude sind nur mit Beschränkung auf den mit Zwischentaxen zu ermittelnden jeweiligen Wert des Grundstücks zulässig, wobei überdies bis zur vollständigen Fertigstellung der jeweilige Beleihungsprozentsatz um mindestens 10% zu kürzen ist.“

Nach den Satzungen dieser Gesellschaft können bei Gasthöfen, Krankenhäusern oder anderen zum überwiegenden Teile gewerblichen Zwecken dienenden Grundstücken, wenn sie zum Umbau in Wohnungen geeignet sind, außer dem Wert des Grund und Bodens auch der Gebäudewert nach Abzug der Umbaukosten beliehen werden. Nach der baulichen Vollendung solcher Anwesen bleibt es den Versicherungsgesellschaften unbenommen, die Hypotheken, welche aus dem freien Vermögen gegeben sind, späterhin in den Prämien-Reservefond zu übernehmen. Die Satzungen der übrigen privaten Versicherungsgesellschaften weichen nur wenig von denen der Allg. Deutschen Versicherungsgesellschaft Stuttgart ab und bewegt sich deshalb deren Baugeldgabe in denselben Formen und Grenzen.

Die Formalitäten, denen sich der Baugeldnehmer bei der Geldaufnahme zu unterziehen hat, sind im wesentlichen die gleichen, wie sie bereits bei den Hypothekenbanken im vorhergehenden Kapitel besprochen wurden. Der Baugeldantrag des Klienten wird durch einen amtlichen Schätzer überprüft und eine Bauratenaufstellung erstellt. Diese Unterlagen werden von einer Ausleihkommission, die sich bei der Versicherungsgesellschaft befindet, überprüft und dem Darlehensnehmer ein Darlehen in Höhe von 50% des amtlichen Schätzungswertes zugesagt, wobei die Gesellschaft zur Bedingung macht, daß der Schuldner sogleich beim Grundbuchamt die Eintragung einer erststelligen Hypothek zugunsten der Versicherungsgesellschaft beantragt. Sind auf dem zu bebauenden Grundstücke bereits Lasten eingetragen, so müssen dieselben gelöscht oder deren Rücktritt im Range hinter die Hypothek der Gesellschaft vom Darlehensnehmer bewerkstelligt werden. Die Versicherungsgesellschaft nimmt es selbst in die Hand, sich wegen Löschung dieser fraglichen Vorhypotheken mit den bisherigen Gläubigern auseinanderzusetzen, wobei sie vom Darlehensnehmer die zur Tilgung derselben nötigen Zuschüsse zur Einzahlung an die Versicherungskasse fordert und dessen Zustimmung zur Löschung (gemäß § 27 Grundbuchordnung). Die Bauraten werden nach Fortschreiten des Baues in Höhe von 40% des jeweiligen Bauwertes ausbezahlt und müssen, solange diese à conto-Zahlungen laufen, mit 5% verzinst werden; nach Auszahlung des gesamten Darlehens hat die eingetragene erste Hypothek vom Schuldner mit 4½% verzinst zu werden. Die Rückzahlung der Summe hat nach vorausgegangener Kündigung von 3 Monaten, die sowohl dem Gläubiger, wie dem Schuldner freisteht, nach Ablauf der vereinbarten Rückzahlungsfrist der Hypothek (7, 10 und mehrere Jahre) zu erfolgen. Der oder die Darlehensnehmer, je nachdem es eine physische Person oder eine Gesellschaft (off. Handelsgesellschaft, G. m. b. H., Komm.-Ges. und dgl.) ist, haften für das Darlehen persönlich als Gesamtschuldner, ein Umstand, der schon aus dem Wesen der Hypothek sich ergibt, die eine obligatio ist und außer persönlicher Haftung des Schuldners mit seinem Gesamtvermögen ein Realpfand in der Form des zu bebauenden Grundstücks verlangt; außerdem kann eine Zession für eine Grundschuld oder Hypothek, die das zu bebauende Grundstück bereits belasten, von dem Darlehensnehmer der Versicherungsgesellschaft gegenüber nur vollzogen werden, wenn die Gläubiger dieser Lasten vorher gehört werden und sich einverstanden erklären. Falls der Schuldner mit der Zinszahlung, die halbjährlich zu entrichten ist, ganz oder teilweise länger als 30 Tage nach Verfall im Rückstand ist, so erhöhen sich dieselben für das betreffende Halbjahr um 1/2% aus dem gesamten Darlehen. Der Darlehensnehmer ist verpflichtet, im Falle einer Veräußerung der belasteten Grundstücke dem Versicherungsunternehmen innerhalb eines Monats nach der Auflassung eine Ausfertigung des betreffenden Vertrages mit Nachweis der Schuldübernahme durch den Erwerber in vollstreckbarer Form zuzustellen. Wenn der Darlehensnehmer dies versäumt oder nicht befolgt, wenn eine so bedeutende Verminderung des Grundstückswertes eingetreten, daß selbst nach Abzug etwa gemachter Kapitalrückzahlungen eine den ursprünglichen Darlehensbedingungen entsprechende, mindestens doppelte Sicherheit nicht mehr besteht, wenn ferner der Schuldner seine Zinszahlungen einstellt, die Feuerversicherung der belasteten Gebäude vermindert oder aufhebt, oder wenn vom Gericht der Konkurs über das Vermögen des Schuldners eröffnet bzw. die Zwangsverwaltung der belasteten Grundstücke angeordnet wird, so kann die Gesellschaft die Rückzahlung des Kapitals ohne vorausgegangene Kündigung jederzeit verlangen. Der Gläubiger hat schließlich das Recht, auf Kosten der Schuldner jederzeit durch einen Beamten oder Bevollmächtigten den Zustand der belasteten Objekte untersuchen und die über ihre Verwaltung geführten Bücher und Belege, insbesondere die Mietverträge einsehen zu lassen. Auch während des Baues hat der Beauftragte der Gesellschaft jederzeit das Recht der Beanstandung und Abhilfe schlechter Arbeit unter gleichzeitiger Herabminderung und Zurückhaltung der folgenden Baurate. Die Versicherungsgesellschaft ist gegen Verluste für Feuer, Explosion, Wasser und dgl. bei einer Rückversicherungsgesellschaft gedeckt.

Eine genaue Zusammenstellung eines Beleihungsfalles einer privaten Versicherungsgesellschaft und der bei dieser Gelegenheit abgefaßten Verträge und Zuschriften findet sich im Anhang, Anlage Nr. 5, 5a u. b.

3. Sparkassen.

Die Sparkassen werden durch ihre Statuten in der Regel dem Baugeldergeschäft ferngehalten, da dies für sie ein größeres Risiko als die Hergabe einer Hypothek auf ein gutes Grundstück bedeutet. Trotzdem geben die Sparkassen in nicht geringem Maße Darlehen gegen hypothekarische Sicherung an Private in Form eines gewöhnlichen Realkredites, ferner an Gesellschaften, besonders Baugesellschaften und Gemeinden in gemeinnütziger Form; letzteres wird a. a. O. behandelt werden. Im preuß. Gesetz betr. Anlegung von Sparkassenbeständen in Inhaberpapieren vom 23. Dezember 1912 heißt es in § 1: „Die öffentlichen Sparkassen haben von ihrem verzinslich angelegten Vermögen Mindestbeträge in mündelsicheren Schuldverschreibungen auf den Inhaber anzulegen und zwar 15%, wenn ihr Einlagebestand 5 Millionen Mark nicht übersteigt und sich ihre Grundstückbeleihungen und die Gewährung von Darlehen als Personalkredit nach der Satzung künftig auf den Stadt- oder Landkreis, in dem der Garantiebezirk gelegen ist, beschränken usw."

Zu diesen verzinslich angelegten Vermögen gehören in erster Linie die Darlehensgewährungen an Private gegen Verpfändung von Grundstücken und die Darlehen an Gemeinden und Korporationen. Die Baukredite, die die Kassen geben, werden für gewöhnlich lokale Verwendung bekommen.

Der Vorgang der Einleitung des Beleihungsprozesses zwischen Darlehensnehmer und Kasse, Antrag desselben auf Baugeld, Schätzung des Bauplatzwertes und der einzelnen Bauraten, Abschluß des Vertrages zwischen Schuldner und Gläubiger und grundbuchamtlicher Eintragung der I. Hypothek für die Sparkasse von seiten des ersteren, vollzieht sich in diesem Falle wiederum ähnlich wie bei den bisher genannten Geldinstituten. Auf Grund der vorläufigen amtlichen Schätzung wird von seiten der Kasse ein Darlehen von 50% des sich nach Vollendung des Bauwerkes ergebenden Schätzungswertes in Bauraten zur Auszahlung gebracht; nachdem die Sparkassen gewöhnlich ihre Darlehen kleinen Handwerksmeistern geben, die über wenig Barmittel verfügen, so verlangen die Kassen, daß die Raten mindestens 1000 ℳ groß sein müssen. Die Bauraten waren vor dem Kriege mit 4½% zu verzinsen, wozu während der Bezugszeit des Darlehens bis zur Schlußabrechnung ½% mehr Zins zu entrichten ist. Bei einem Verzug in der Zinszahlung von mehr als 30 Tagen ist nochmals ein Zinszuschlag von ½% zu entrichten. Die Rückzahlung der Hauptsumme hat 3 Monate nach der Kündigung, welche beiden Teilen freisteht, zu geschehen. Teilzahlungen sind in durch 100 teilbaren Teilbeträgen zulässig; den Schuldnern ist gestattet, Heimzahlungen in jedem Vierteljahre bis zu 1000 ℳ ohne Einhaltung einer Kündigungsfrist zu leisten. Die Anstalten machen von ihrem Kündigungsrecht nur in äußerst seltenen Fällen und dann nur gegen besonders lässige Zinszahler oder bei Gefährdung des Sicherheitsobjektes durch Konkurs, Zwangsversteigerung, Veräußerung, Aufhebung der Feuerversicherung, Gebrauch. Wenn auf Grundstücken persönliche Dienstbarkeiten oder Reallasten (Nutznießung, Wohnrecht, Leibgeding usw.) ruhen, so haben die Berechtigten mit diesen Ansprüchen im Range hinter die Hypothek des Instituts zurückzutreten. Dies gilt auch dann, wenn ein den Eltern am Vermögen der Kinder zustehendes Nutznießungsrecht im Grundbuche nicht eingetragen ist. Soweit solche Schuldposten aus dem neuen Darlehen zu bereinigen sind, trägt hiefür die Sparkasse selbst Sorge, zu welchem Zwecke der Kreditnehmer einen etwa noch zu leistenden Zuschuß rechtzeitig an die Kasse einzubezahlen hat. Provisionen wie die Hypothekenbanken verlangen die Sparkassen nicht, jedoch muß der Schuldner 1% des geforderten Kapitals bei Rücktritt vom Vertrag als Entschädigung bezahlen. Falls während der Bauzeit zutage getretene Anstände binnen einer von der Kasse gestellten Frist nicht beseitigt werden, so lehnt diese eine Verantwortung des bestimmten Auszahlungstermines ab und behält sich vor, vom Vertrag zurückzutreten. Bei wesentlicher Verschlechterung der Vermögensverhältnisse des Klienten behält sich die Gläubigerin vor, im Sinne von § 610 BGB. ihr Versprechen zur Hingabe des Darlehens zu widerrufen. Ein Zahlenbeispiel auf Grund eines Darlehensvertrages dieser Art findet sich im Anhange in Anl. Nr. 6.

4. Kreditvereine und ähnliche.

Große Sicherheit für den Darlehensnehmer bilden auf Grund ihrer Satzung die Kreditvereine und ähnliche Anstalten (z. B. Württ. Kreditverein, Charl. Hyp.-Bankverein, Frankfurter Hypotheken-Kreditverein und dgl.), deren Mitglieder Haus- und Grundbesitzer, Handwerk- und Gewerbetreibende usw. sind, die durch langfristige Amortisationshypotheken ihren Mitgliedern eine gesicherte Kapitalsanlage gewährleisten, während andererseits die Darlehensnehmer durch Einlage ihrer Gebäudewerte in den Fond des Vereins diesem einen allseitig guten Kredit nach außen und innen bieten. Einer der bedeutendsten Vereine dieser Art ist der Württ. Kredit-Verein (rechtsfähig durch Verleihung), der für die Baukreditgebung Württembergs von großer Bedeutung ist; dessen vorbildliche Verhältnisse sollen hier näher betrachtet werden. Jeder Darlehensnehmer kann bei Aufnahme eines Darlehens Mitglied desselben werden; die mit I. Hypotheken belasteten Grundstücke und Gebäude der einzelnen Mitglieder treten gleichsam bei Darlehensaufnahme in den Besitz des Vereins über, wobei derselbe einen gewissen Wert darauf legt, nur gute und unverschuldete Objekte als Kapitalsanlage zu wählen. Der Verein geht bei Baukreditgewährung sehr vorsichtig zu Werke; er beleiht nur unverschuldete Grundstücke und zwar erst dann, wenn das auf demselben zu errichtende Gebäude bereits unter Dach ist. Der Unternehmer reicht Plan- und Kostenberechnung beim Vereine ein, die dieser von einem amtlichen Schätzer technisch überprüfen läßt. Die rechtliche Prüfung der Darlehensgesuche und die gebotene Sicherheit werden von einem Rechtskundigen des Vereins (beim Württ. Kredit-Verein ein Rechtsrat) selbst betätigt. Das Darlehen wird in Geld- oder in Schuldverschreibungen des Vereins auf einmal oder in Raten zur Auszahlung gegeben. Hat nun der Baugeldnehmer bereits einen Kontokorrentkredit von einem Bankinstitut oder einem Privaten aufnehmen müssen, so kann er diese Schuld mit dem ihm vom Verein gegebenen Darlehen tilgen und bekommt andererseits noch Baugeld zur Fertigstellung des Gebäudes in Vorrat; der Verein läßt als Sicherheit für das gegebene Geld eine erststellige Hypothek grundbuchamtlich vom Schuldner eintragen, die derselbe in Form von Renten zu amortisieren hat. Die Beleihung wird vom Verein bis zu 50% des amtlichen Schätzungswertes gegeben, bei besonders guten

Objekten ist er laut Konstitution berechtigt, bis zu 60% zu gehen; bei industriellen Unternehmungen wird nur der von der jeweiligen Benützungsart unabhängige, dauernde Wert berücksichtigt. Der Verein gibt den Grundeigentümern (Privatpersonen und Gemeinden) Gelegenheit, die Darlehen in einer gewissen Reihe von Jahren durch sich gleichbleibende Verzinsung, Kapitalsablösung und Beitrag zum Reservefond in sich greifende Rentenzahlungen zu tilgen. Der Zinsfuß betrug vor dem Kriege $4\frac{1}{2}$%. Die längste Dauer des Rentendarlehens beträgt 50 Jahre, die kürzeste 10 Jahre; die vom Schuldner zu zahlende Jahresrente besteht aus dem Zinse, welchen das Mitglied aus seinem Rentendarlehen zu bezahlen hat und aus der Tilgungsquote des Kapitals einschließlich des Beitrags zum Reservefond; das Rentendarlehen ist von seiten des Vereines unkündbar und demzufolge eine Erhöhung des Zinsfußes über die ganze Dauer des Schuldverhältnisses ausgeschlossen. (Beim württ. Kreditverein sind bis heute noch über 50 Millionen Mark Gelder zu $3\frac{1}{2}$% im Ausstand.) Der Verein kann jedoch, ohne an eine Kündigungsfrist gebunden zu sein, die Rückzahlung der Rentenschuld verlangen, wenn der Kreditnehmer in der Herbeischaffung von Belegen und Zahlungsanweisungen säumig ist, wenn sein Besitz in Subhastation kommt oder wenn er aus der staatlichen Brandversicherungsanstalt austritt und dgl. Bezahlung der Jahresrente erfolgt in halbjährlichen gleichen Raten auf Kosten des Schuldners an die Vereinskasse. Wenn der Rentenschuldner die Rente nicht innerhalb 20 Tagen vom Verfalltermin bezahlt, so hat er 5% Verzugszins vom Verfalltermin an zu bezahlen. Der Vorstand des Vereins kann, wenn ein Mitglied plötzlich zahlungsunfähig wird, die in der Rente enthaltene Kapitalstilgung auf die Dauer von höchstens 5 Jahren sistieren, so daß nur der Zins aus dem zur Zeit der Sistierung bestehenden Kapitalbetrag zu entrichten ist. Das Mitglied des Kreditvereins kann seine Rentenschuld nach dreimonatlicher Kündigung ganz oder teilweise zurückzahlen, wobei die Teilzahlungen mindestens den Betrag von 300 ℳ erreichen müssen. Die Kreditvereine geben ausnahmsweise auch Darlehen an Leute, die nicht Mitglieder des Vereins werden wollen; hiebei besteht die für Rentendarlehen vorgeschriebene hypothekarische Sicherheit auf gegenseitige Kündigung oder gegen Verpfändung von Vereinsverschuldungen. Für diese Darlehen ist jedoch durch vereinssatzliche Bestimmungen eine Grenze gesetzt.

Die zur Erfüllung des Vereinszweckes erforderlichen Mittel werden durch Ausgabe von Schuldverschreibungen auf den Inhaber, welche mit Zinsscheinen und Erneuerungsschein versehen sind, beschafft. Diese Einrichtung der Ausgabe von Schuldscheinen ist der Ausgabe von Pfandbriefen durch die Hypothekenbanken und von Obligationen aller Art (Reichsschatzscheine, Banknoten, Darlehenskassenscheine) durch den Staat ähnlich. Diese Schuldscheine werden in unserem Falle für 104 $\frac{1}{6}$ ℳ pro 100 ℳ in den Handel gesetzt, sind 50 Jahre lang für den Inhaber unkündbar und uneinlösbar, bieten aber eine durchaus für alle Zeiten sichere, gute Kapitalsanlage, die gegenwärtig den staatlichen Papieren vorzuziehen ist. Der Ertrag aus dem Verkauf der Schuldscheine und die Ersparnisse an Zinsen bilden für den Württ. Kreditverein den Fond, aus dem er seine Baukredite der Öffentlichkeit zur Verfügung stellt. (Der Württ. Kreditverein ist der Aufsicht der Staatsregierung unterstellt.)

5. Grund- und Hausbesitzervereine.

Die Grund- und Hausbesitzervereine setzen sich lediglich aus städtischen Grund- und Hausbesitzern zusammen, haben ihre eigenen Banken (Grund- und Hausbesitzerbanken), die über das ganze Reich verteilt sind und die sich den Schutz des notleidenden Hausbesitzers gegen Wucher zur Aufgabe gemacht haben. Sie tragen gewöhnlich die gesetzliche Form der e. G. m. b. H. Der Geschäftskreis dieser Banken umfaßt zunächst alle möglichen Arten von Bankgeschäften, besteht sodann in Vermittlung von ersten und zweiten Hypotheken an ihre Mitglieder und in Darleihung von Kontokorrentkrediten und II. Hypotheken; zu den umfangreichen I. Hypotheken würden bei diesen Banken nicht genügend Mittel vorhanden sein. Die Hausbesitzerbanken sehen die Hingabe von Baugeldern als eine nebensächliche Aufgabe an und wollen damit lediglich ihre flüssigen Gelder möglichst günstig unterbringen; die Hauptaufgabe erblicken sie in der Schaffung aller denkbaren Vorteile bei Erlangen von Geldern für ihre Mitglieder, die letztere lediglich vordem gegen unerschwingliche Verbindlichkeiten aus der Hand des Privatkapitals erhalten haben und die den Grund- und Hausbesitzerstand aufs stärkste gefährdeten. Diese Banken geben bei plötzlichem Geldbedarf Kontokorrentkredite, die mit jährlich rd. 6% (1% über Reichsbanksatz) zu verzinsen sind; als Abschlußprovision kommen 1—3%, als laufende Provision im Jahre dreimal rd. ¼% zur Verrechnung. Ferner befassen sich die Grund- und Hausbesitzerbanken mit Ausgabe von II. Hypotheken, bei denen sie bis zu 75% des Schätzungswertes gehen; diese Hypotheken sind mit 5% zu verzinsen und 1% zu tilgen, die Tilgung selbst erfolgt in 36¾ bzw. in 42¾ Jahren. Wird nicht die Form der Tilgungshypothek zwischen Bank- und Geldnehmer vereinbart, so soll die Abtragung dieser Hypotheken spätestens in 5 Jahren betätigt werden. Die Kontokorrentkredite werden durch grundbuchamtlichen Eintrag von Sicherungshypotheken durch Aufstellung eines Schuldanerkenntnisses und eines Sichtwechsels gedeckt. Die Sicherungshypothek, wie auch der Sichtwechsel werden für eventuell anfallende Zinsen um 10% höher ausgestellt; die Sichtwechsel müssen, um Schiebungen möglichst vermeiden zu können, auch von der Ehefrau unterzeichnet werden. Um ihre Bargeldmittel zu erweitern, geben die Grund- und Hausbesitzerbanken teilweise unkündbare, nicht börsenfähige Schuldverschreibungen[8]) bis zu einer gewissen Höhe aus, die al pari verkauft werden mit $4\frac{1}{2}$% verzinslich und mit einem Agio von 2—3% rückzahlbar sind.

Diese Genossenschaftsbanken sind unter sich zu einem Revisionsverband zusammengeschlossen, der die Bezeichnung „Verband der Hausbesitzergenossenschaften" trägt.

6. Öffentliche Bodenkreditinstitute, private Bodenkreditgesellschaften und ähnliche.

Große Bedeutung für Beschaffung von Baudarlehen hat die umfangreiche, nach deren Institutionen so verschiedene, jedoch durchwegs auf Boden- und Realkredit sich aufbauende Gruppe der öffentlichen Bodenkreditinstitute, privaten Bodenkreditgesellschaften und dergleichen.

Unter Bodenkredit-Instituten versteht man Korporationen und Anstalten, die ihre hauptsächliche Aufgabe in der Beleihung von Grundstücken im Gegensatz zu Anstalten des persönlichen Kredits, wie Effektenbanken erblicken. Die Höhe der für die Bodenbeleihung erforderlichen Kapitalien und der verhältnismäßig niedrige Ertrag der sicheren hypothekarischen Anlage bringt es mit sich, daß die Bodenkredit-Institute sich das Kapital durch Ausgabe von Schuldverschreibungen zu verschaffen pflegen und nur in Ausnahmefällen Hypotheken aus eigenem Fond erwerben. Die Schuldverschreibungen der Bodenkreditinstitute werden auf der Grundlage der erworbenen Hypotheken je nach dem Fortschreiten der hypothekarischen Beleihung ausgegeben; man spricht dabei von Pfandbriefen.[9])

Durch die bei Anwendung des Pfandbriefsystems eintretende Stückelung der hypothekarischen Anlage wird es auch dem Kleinkapitalisten ermöglicht, an den Vorteilen dieser Anlage teilzunehmen, besonders fällt die Sicherheit derselben hiebei in die Wagschale.

Die Bodenkredit-Institute des Staates haben sämtliche einen öffentlich-rechtlichen und gemeinnützigen Charakter, als Hauptvertreter seien hier die Landeskreditkassen, die städtischen Hypothekenämter und staatlichen Rentenbanken genannt.

Die Landeskreditkassen befassen sich mit der Pflege des ländlichen und städtischen, hauptsächlich des kleineren und mittleren Grundbesitzes und machen so den Staatskredit der allgemeinen Landeswohlfahrt zugänglich. Die städtischen Hypothekenämter sind nach dem Muster der 1900 in Dresden gegründeten Grundrenten- und Hypotheken-Anstalt, auch in anderen Städten errichtet worden; in Preußen wird den städtischen Hypothekenämtern auch die Gewährung II. Hypotheken bis zur Höhe von 70% des Grundstücks-

[8]) Siehe Anlage Nr. 7.

[9]) Nußbaum, Deutsches Hypothekenwesen S. 217 ff.

wertes staatlicherseits gestattet. Die staatlichen Rentenbanken (in Preußen pro Provinz gewöhnlich eine), zu denen auch die staatlichen Landeskulturrentenbanken in Sachsen, Bayern und Hessen gehören, haben in der Hauptsache in unserem Falle Bedeutung als Baugelder für Gemeinden, denen sie zweitstellige Hypotheken in ziemlichem Umfange beschaffen. (Näheres siehe Abschnitt B, III. Kapitel a 3.)

Unter den öffentlichen Kreditorganisationen sind hier ebenfalls die preußischen Stadtschaften zu nennen, deren Verhältnisse durch ein neues preußisches Gesetz (Stadtschaftsgesetz vom 8. Juni 1918, preuß. Gesetzes-Sammlung 1918 Nr. 20 S. 97—98) eingehend geregelt wurde. Stadtschaften sind nach obigem Gesetz preußische öffentliche zufolge staatlicher Verleihung rechtsfähige Kreditanstalten, die durch Vereinigung von Eigentümern bebauter oder in der Bebauung befindlichen Hausgrundstücke oder von Erbbauberechtigten zu dem Zwecke gebildet sind, den Mitgliedern der Vereinigung durch Hypotheken oder Grundschulden gesicherte Tilgungs- oder Abzahlungsdarlehen zu gewähren, die seitens der Stadtschaft unkündbar sind (§ 4 Abschn. 1 und 2 des Stadtschaftgesetzes). Um diese Stadtschaften ins Leben zu rufen, hat der preuß. Staat die Regierung ermächtigt, der Preuß. Zentralgenossenschaftskasse zum Zwecke der Gewährung von Darlehen zur Förderung der Gründung von Stadtschaften einen Betrag von 10 Millionen Mark zur Verfügung zu stellen.

Private Bodenkreditanstalten sind alle Hypothekenbanken, die unbestritten die erste Stelle in der Baukreditgebung einnehmen und deren Tätigkeit hierin a. a. O. bereits ausführlich dargelegt wurde. Ich möchte nicht versäumen darauf hinzuweisen, daß man es z. B. bei der Preuß. Bodenkredit-Aktien-Bank, der Preuß. Zentral-Bodenkredit-A.-G., der Sächsischen, Schlesischen, Westdeutschen Bodenkreditanstalt und der Süddeutschen Bodenkredit-Bank mit reinen Hypothekenbanken zu tun hat.[10]) Zu den privaten Bodenkreditanstalten zählen gleichfalls die gemischten Hypothekenbanken, von denen nur mehr 4 im Reiche vorhanden sind, die sich sämtliche in Bayern befinden. Es sind dies die Bayerische Hypotheken- und Wechselbank, die Bayerische Handelsbank, Bayerische Vereinsbank und Vereinsbank Nürnberg.

Geringe Bedeutung haben einzelne private Bodenkreditgesellschaften, wie z. B. die neue Bodenaktiengesellschaft und die Westliche Boden-A.-G. in Berlin, die gleichzeitig Grundstücksverkäufer und Baugeldgeber sind. Diese stellen bei Baugeldabgabe an einen Bauwilligen die Bedingung, daß die Baugeldhypothek sich im Range an ihre Restkaufgeldhypothek unmittelbar anschließt.

---

[10]) Dannenbaum, Deutsche Hypothekenbanken S. 8.

7. Stiftungen.

Als von nicht zu unterschätzender Bedeutung für Baukreditgebung in Form von Hypotheken kommen eine größere Anzahl von Stiftungen in Betracht, die privater, öffentlicher oder kirchlicher Natur sein können; die ausgeliehenen Gelder bestehen, wie gesagt, lediglich in Hypotheken und zwar finden wir bei diesen Organisationen eine besondere Art der Hypotheken, die sog. Ewigkeitsgelder. „Ewigkeitsgelder" sind I., II., III. Hypotheken und dgl., die mit 4½% zu verzinsen sind, unter normalen Verhältnissen nie gekündigt werden und für die kein Tilgungszwang besteht. Die Beleihungsarten sind jedoch, wie gewöhnlich, bei allen Stiftungen im Prinzip ähnlich, weichen nur in gewissen Einzelheiten voneinander ab, wobei der Wille des Stifters und der Zweck der Stiftungen maßgebend sind. Eine der bedeutendsten Stiftungen Deutschlands, die schon sehr lange besteht und für gewisse Teile Bayerns als Baukreditgeber (auf dem Lande) eine große Rolle spielt, ist die Universität München. Das rentierende Vermögen derselben beträgt rd. 7 Millionen Mark und setzt sich zusammen aus dem eigentlichen Universitätfond, dem Fond vom Priesterhaus, dem allgemeinen Stipendienfond, dem Universitäts-Stipendienfond, der Reisingerschen Stiftung und dem Stiftungsfond des Maximilianeums. Von diesem Fond beträgt das in I. und nachstelligen Hypotheken angelegte Kapital 2 035 766 ℳ nach dem Stand von 1918. Die Hypotheken werden an Kreditsuchende jeglicher Art gegeben, wobei die Beleihung bis zu 50% des amtlichen Schätzungswertes des Anwesens gehen darf. Der amtliche Schätzungswert berechnet sich aus Brandversicherungssumme + geschätztem Wert des Bauplatzes, Garten und Ackers. Bei Wertzunahme kann weiterhin bis zur Höhe von 50% des neu errechneten Schätzungswertes eine Nachbeleihung erfolgen. Vom Tage der notariellen Beurkundung ab muß die aufgenommene Hypothek in den Terminen 1. April und 1. Oktober mit 4¼% jährlich verzinst werden. Kündigung, die ¼ jährlich ist, steht beiden Teilen jederzeit frei, wird jedoch von der Stiftung nur in ganz außergewöhnlichen Fällen betätigt. Bei Besitzwechsel infolge Zwangsversteigerung des beliehenen Objektes wird ohne Kündigung von seiten des Kreditgebers die kostenfreie Rückzahlung des Darlehens für den Darlehensnehmer fällig. In Anlage finden sich zwei Formulare für Darlehensverträge der Universität, bei denen Anlage Nr. 8 für I. Hypotheken, Anlage Nr. 8a für nachstellige Hypotheken Gültigkeit hat.

8. Private.

Eine Hauptquelle für Baugeldsuchende, sowohl für Kontokorrent- wie für hypothekarischen Kredit, ist und bleibt das Privatkapital.

Privatkapitalisten, die teilweise Spekulanten sind, stellen in erheblichem Maße den Interessenten Baugelder zur Verfügung.

die sie als kurz- oder langfristige Kredite geben, letztere in Form von I. und nachstelligen Hypotheken. Zinsfuß, Tilgungsart und Sicherungsform richten sich nach dem Zustande des jeweiligen Geldmarktes und werden von Fall zu Fall zwischen den beiden Kontrahenten in Form eines notariellen Vertrages vereinbart, wobei der Privatkapitalist oftmals Gelegenheit nimmt, aus der Geldnot seines Klienten in Form wucherischer Zinsen und Provisionen Kapital zu schlagen. Diese Verhältnisse werden im folgenden Abschnitt über Bau- und Bodenspekulation einer eingehenden Betrachtung gewürdigt. Schließlich kommen, wie bereits a. a. O. erwähnt, als indirekte Baugeldgeber die Baumateriallieferanten und Bauhandwerksmeister in Betracht, die Waren und Arbeit in Kredit liefern und auf seinerzeitige Barzahlung bzw. hypothekarische Regelung rechnen; am gebräuchlichsten erfolgt diese Kreditierung in Form der 3-Monatsakzepte.

V. Kapitel.

Bau- und Bodenspekulation, eine Begleiterscheinung der Baukreditnot. Vorteile und Schäden der Spekulation.

Eine große gesellschaftliche und wirtschaftliche Schädigung, die in erster Linie das Bauhandwerk betraf, bedeutete für lange Zeit bei uns die Bauspekulation, die mit der Bodenspekulation Arm in Arm ging.

Bau- und Bodenspekulation finden wir in allen Kulturstaaten, in denen das kapitalistische Prinzip der Volkswirtschaft herrschte; wir finden diese Verhältnisse nachweisbar zum ersten Male im alten Rom.[1]) Der Zusammenfluß aller Reichtümer der Erde und großer Menschenmassen hatten dortselbst eine chronische Wohnungsnot geschaffen. Schlechte Verkehrsmittel, die gewaltige Ausdehnung der Stadt und die großen Ausmaße der Grundstücke der Reichen im Zentrum der Stadt trieben die Bodenpreise in die Höhe und erzeugten so eine ständig zunehmende Wohnungsnot. Bau- und Bodenspekulanten nutzten diese Not zu ihrem Vorteile aus; einer der bekanntesten römischen Spekulanten war M. Lic. Grassus. Dieser kaufte vorzugsweise abgebrannte und eingestürzte Häuser auf, ließ sie abbrechen und verkaufte die Bauplätze mit enormen Gewinnaufschlag; daneben beschäftigte er rd. 500 Sklaven (Handwerker), die er an Baumeister vermietete, von denen auf diesen Plätzen Mietskasernen mit 7—8 Etagen (insulae gen.) erbaut wurden. Die Hauptfolge der hohen Bodenpreise waren unerschwingliche Mietspreise, die oftmals der römischen Bevölkerung zu Unruhen und Aufständen Anlaß gaben.

In Deutschland war Boden- und Bauspekulation eine Folge des Wohnungsmangels und der damit zusammenhängender Krisen,

[1]) Jäger, Die Wohnungsfrage, I. Bd. S. 105.

beginnend in den 70er Jahren, deren Unwesen erst mit der Einführung des BaufordG. vom 1. Juni 1909, RGBl. 1909, S. 449 bis 468 Abbruch zu tun versucht wurde. Wie schon eingangs erwähnt, wurde der Wohnungsmangel in den Großstädten durch die umfangreiche Zuwanderung von Arbeitskräften für die Industrie vom Lande und aus dem Ausland erzeugt, für die nicht rechtzeitig Unterkunft geschaffen wurde.

Das Wesen der Bodenspekulation bestand darin, aus der Wertsteigerung des unbebauten Bodens im Umkreise einer Stadt Gewinn zu schlagen; die Grundstücke werden von Privaten und Terrain-Gesellschaft in der Erwartung, sie seinerzeitig zu einem wesentlich höheren Preis als dem Ankaufspreis loszuschlagen, in großen Massen aufgekauft. So zeigt sich das Bild, daß sich gleichsam ein Ring des in Händen weniger Leute liegenden Baugeländes um den bebauten Teil einer Stadt herumzog und deren gesunde Ausdehnung nach der Peripherie zu gewaltsam verhinderte. Nachdem der Grundbesitz fast ausschließlich in Händen von wenig geschäftsgewandten Landwirten war, so konnten die Bauplatzspekulanten denselben meist zu verhältnismäßig billigem Preise ankaufen. Ein Vorteil für den Städtebau muß auf das Konto der Spekulation gebucht werden, nämlich, daß sie durch Parzellierung[2]) und Straßenführung die unbebauten Grundstücke gleichsam erschloß und baureif machte. Diese neuen Bauplatzbesitzer haben jedoch das erschlossene Gelände nicht zur Bebauung zu rechtmäßigen Preisen abgegeben, sondern den Verkauf möglichst lang hinausgeschoben, um schließlich unerschwingliche Preise bei der Veräußerung zu erzielen. Eberstadt spricht in seinem Buche „Handbuch des Wohnungs-Wesens“ von einer Handels- und einer Wertspekulation. Wer Häuser ohne bestimmten Auftrag auf eigenes Risiko baut, treibt die für den Wohnungsmarkt notwendige Handelsspekulation; wer Gelände kauft, um es bei Umsetzung und Verkauf teuerer an den Mann zu bringen, betreibt Wertspekulation; so gemeinnützig die erste, so gefährlich ist die zweite Art zu nennen.

Drei Momente sind es im allgemeinen, die den Bodenpreis sowohl natürlich, wie künstlich beeinflussen (Eberstadt, Handbuch des Wohnungs-Wesens S. 95ff.). Das erste natürliche Moment sehen wir in dem mit der wirtschaftlichen Entwicklung steigenden Bedürfnis einer Stadt nach Bauland, wobei sich der Bauplatzwert zusehends erhöht, je mehr die Hausrente an die Stelle der verdrängten landwirtschaftlichen Grundrente tritt. Das zweite Moment für die Bestimmung des Bodenwertes liegt in der Art von Gebäuden, die den Bauplatz umgeben (ob es Fabriken oder Wohngebäude sind); bei Wohngebäuden richtet sich der Bodenpreis wiederum nach der Art der Bebauung, wobei das Mietzinsergebnis von ausschlaggebender Bedeutung für die Grundrente ist. Das dritte

[2]) Eberstadt, Handbuch des Wohnungswesens S. 96ff.

Moment für die Preiserhöhung des Bodenwertes beruht in der baubehördlichen Politik, die hohe Stockwerksbauten nicht nur im Stadtinnern, sondern auch in dem umgebenden Bauland gestattet.[3])

Die Spekulation ging folgendermaßen zu Werke: Während sie das an die bebaute Stadt anschließende Gelände vom Verkauf zurückhielt, gab sie an der äußersten Peripherie gelegenes Land um einen verhältnismäßig niederen Preis zum Kaufe ab; die an und für sich teuere Baustelle bedingte einen Stockwerksbau, um die Nettorente aus den Mieten zu erzielen. So kam es, daß weit außerhalb der Stadt sog. „Mietskasernen" entstanden, die den Preis des umgehenden Bauplatzes in unnatürlicher Weise in die Höhe trieben. Nachdem jedoch ein Bau, dessen finanzielle Lebensfähigkeit von vorneherein gefährdet ist, nur von Bauunternehmern gemacht werden konnte, die nichts zu verlieren hatten, so fanden sich zu diesem Zwecke eine Reihe von Leuten, die sich bereit erklärten, bei diesen unsauberen Geschäften den Bodenspekulanten an die Hand zu gehen; das waren die Bauspekulanten. Ich möchte nicht versäumen, zu sagen, daß eine Reihe von kleinen Unternehmern und Handwerkern aus Mangel an Beschäftigung sich zum gefügigen Handwerk der Bauspekulation machten, daß sie also durch Not dazu gezwungen wurden; das Bauspekulantentum hatte aber auch Leute in seiner Mitte, die vom Bauhandwerk nichts verstanden und sich nur aus Gewinnlust auf derartige Geschäfte stürzten.

Nach diesen Worten über Entstehung und Wesen der Spekulation soll betrachtet werden, in welcher Form und an wen Kredit zu spekulativen Zwecken gegeben wurde und welche Gefahren diese Art des Baukredites für das nicht kapitalstarke Unternehmertum und in zweiter Linie für die Baulieferanten und Bauhandwerker brachte.

Diese Bauunternehmer, die gewöhnlich Kleinhandwerksmeister, daneben aber auch Wirte, Fuhrwerksbesitzer und dgl. waren, kauften sich von einem Bodenspekulanten einen Bauplatz, den sie jedoch nicht bezahlten, bzw. nur eine Anzahlung von 10% leisteten. Der Bauplatzeigentümer ließ sich auf den Namen des Bauunternehmers eine Restkaufgeldhypothek eintragen. Der Bauunternehmer ließ sodann Baupläne für einen Neubau auf das gekaufte Grundstück erstellen[4]) und veranlaßte deren Genehmigung bei der Baubehörde. Um bauen zu können, brauchte der Unternehmer Kapital und suchte dieses für gewöhnlich von privaten Geldgebern zu erlangen, die Baukredit bis zur Höhe von 60 und 70% der Baukosten gewährten. Der Baukapitalist ließ sich eine Baugeldhypothek auf das Grundstück eintragen, wobei der Bauplatzverkäufer mit dem Kaufschillingsrest auszuweichen hatte, mindestens insoweit als das

[3]) Eberstadt, Handbuch des Wohnungswesens S. 374.
[4]) Schulz, Baugeldverw.-Pflicht S. 8.

Kaufgeld den wahren Wert der Baustelle überschritt.[5]) Für die Kreditierung des Baugeldes durch den Kapitalisten mußte der Bauunternehmer an denselben in der Regel 5—6% laufenden Zins auf die Dauer der Ausführung des Baues entrichten, die im allgemeinen auf 9 Monate festgelegt war; ferner verlangte der Kreditgeber eine einmalige Abschlußprovision von 6—10%. Verlängerte sich die Bauzeit, so wurde eine erneute Abschlußprovision von 4—6% auf die Dauer von 3 Monaten festgelegt. Aus diesen Zinsberechnungen ist das wuchermäßige Geschäftsgebaren dieser Baukapitalisten in klaren Farben ersichtlich. Aber diese Kapitalisten trieben vielfach den Wucher noch weiter; sie gaben den Bauunternehmern Baugeld unter der Bedingung, daß diese das Geld mit 5—6% verzinsten und alle 3 Monate erneut eine Abschlußprovision von jeweils 6% zu zahlen hatten und das solange, bis sie Bankgeld aufnahmen.

Beispiele der spekulativen Baukreditgebung.

1. Fall:

Der Unternehmer bekam ein Baukapital von 100 000 ℳ auf die Zeit von 9 Monaten, Zinsfuß 5%. Der sich für diese Zeit berechnende Zins aus 100 000 ℳ beträgt	3 750 ℳ
Abschlußprovision von 6% auf 9 Monate	4 500 „
zu zahlender Zins in 9 Monaten	8 250 ℳ

Diese Summe entspricht einer Jahresverzinsung von 100 000 ℳ zu 11%.

2. Fall:

Der Unternehmer bekam ein Baudarlehen von 100 000 ℳ zu 5% auf 9 Monate; außerdem hat er für je 3 Monate eine volljährige Abschlußprovision von 6% auf die Zeit von 9 Monaten zu entrichten. 5% aus 100 000 ℳ auf 9 Monate	3 750 ℳ
Abschlußprovision auf 9 Monate pro 3 Monate 6000 ℳ	18 000 „
für 9 Monate	21 750 ℳ

Die Summe von 21 750 ℳ entspricht einer Jahresverzinsung von 100 000 ℳ zu 29%.

Die sich aus dieser Verzinsung ergebenden Zinsen und Provisionen wurden von den Baukapitalisten dem Baugeldnehmer in Abzug gebracht.

Wenn man bedenkt, daß der Bauunternehmer von vorneherein mittellos ist, womöglich noch andere Schulden zu verzinsen hat

---

[5]) Verhandlg. des Reichstages, XII. Legislatur-Periode, I. Session, Jahrg. 1907 S. 2130.

und sein eigenes Existenzminimum herausschlagen will, so ist erklärlich, daß das Baugeld gewöhnlich nicht in die Hände der Baulieferanten und Bauarbeiter kam; die ersteren waren dabei gewöhnlich der leidtragende Teil, nachdem die Bauarbeiter wöchentlich zu bezahlen sind und eine einmalige Nichtauszahlung der Löhne gleichbedeutend mit Arbeitsniederlegung und Streik gewesen wäre. Die Bauunternehmer schafften sich dadurch eine Existenz, daß sie die Herstellung mehrerer aufeinanderfolgender Bauten sog. Kettenbauten in Angriff nahmen und die noch von einem Bau ausstehenden Schulden mit dem Gelde zahlten, das ihnen als Baudarlehen für einen weiteren Bau zur Verfügung gestellt war. Wir fanden in den Zeiten, in denen das Bauspekulationswesen in voller Blüte war, daß nicht wenige dieser Leute zu großen Vermögen kamen, zumal wenn ihre Bauten in die Zeit einer günstigen Konjunktur fielen, wenn sie ihre Häuser schnell und gut verkaufen bzw. vermieten konnten und sich ihnen Gelegenheit bot, eine erste Hypothek zu bekommen, die noch einen Überschuß über die abzulösende Baugeldhypothek ergab. Sehr oft kam es aber auch vor, daß bei Nichteintreten günstiger Verhältnisse das Baugrundstück in Subhastation kam, wobei die Baulieferanten und kleinen Handwerker infolge ungenügenden Rechtsschutzes mit ihren Forderungen bei der Zwangsversteigerung durchfielen. (2 gute Beispiele für Bau- und Bodenspekulation, die den Berliner Verhältnissen entnommen sind, finden sich in den stenographischen Berichten der Reichstagsverhandlungen, XII. Leg.-Per., I. Session, Jahrg. 1907 S. 2130 ff.)

Es darf nicht übersehen werden, daß die Bau- und Bodenspekulation es war, die große Teile einzelner Städte in Zeiten gebaut hat, in denen die maßgebenden behördlichen Stellen keinen besseren Weg für Wohnungsbau wußten. Man denke an die 70er und 80er Jahre, in denen großer Wohnungsmangel herrschte und in der die Privatwirtschaft allein Wohnungen in dem wünschenswerten Umfange mit der notwendigen Schnelligkeit erstehen ließ.[6])

Das Beispiel eines genialen, spekulativen Finanzmannes bietet ein Mann namens H., der in den 80er Jahren in München lebte, dessen tollkühnem Spekulantentum Teile Münchens ihre Existenz verdanken. H. verstand es, durch geschickte Ausnützung von Boden- und Bauspekulation, aufbauend auf dem damaligen außerordentlichen Wohnungsmangel, durch Kauf und Verkauf von Grundstücken und Gebäuden in und außerhalb Deutschlands und Benützung derselben als Kreditunterlage für Kapitalbeschaffung, Bauten ins Leben zu rufen, die ohne ihn wohl nie, jedenfalls nicht in der Kürze der Zeit entstanden wären. München hat auf diese Weise eine ansehnliche Reihe von Wohngebäuden, Hotels und dgl. erhalten, die der herrschenden Wohnungsnot über eine Krise hin-

[6]) Luther, Wohnungs- u. Siedlungspolitik nach dem Kriege S. 14.

waghalsen. H. kaufte das an die Altstadt anschließende Baugelände, damals Wiesen und Felder, zu billigem Preise von den Vorbesitzern, ließ sich Baulinienpläne von den Behörden genehmigen und den Eintrag von Bauplätzen ins Grundkataster vollziehen. Für den Quadratfuß zahlte er z. B. bei Ankauf 30 Pfennig, ein Preis, der sich nach Abtretung der Straßen und sonstigen Auslagen auf Grund des Bebauungsplanes auf rd. 1 ℳ erhöhte.

Es sei nun der praktische Fall herausgegriffen, daß H. das in München sehr bekannte und heutzutage noch zu den ersten Cafés zählende Café Luitpold bauen wollte (großes Büro- und Wohngebäude), dessen Bauplatz ihm gehörte und dessen Bau er von Unternehmern ausführen ließ, wobei er die Rolle des Baugeldgebers spielte. Schätzungsweise Baukosten waren 2¼ Millionen Mark. Jeder Unternehmer, der eine Arbeit für diesen Bau haben wollte, bekam dieselbe vorzugsweise zugesichert, wenn er sich verpflichtete, für seine Leistungen einen Bauplatz, sagen wir in der Größe von 6000 Quadratfuß, um den Preis von 6 ℳ pro Quadratfuß zu einer Gesamtsumme von 36 000 ℳ mit allen daraufliegenden Lasten käuflich zu übernehmen. H. stand der Bauplatz mit 1 ℳ pro Quadratfuß zu Buch (wie oben angegeben), kostete ihm also selbst 6000 ℳ. Er hatte sich bereits vor dem Verkaufe von einer Hypothekenbank eine Hypothek mit 18 000 ℳ (50% des Schätzungswertes) auf das Grundstück geben und valutieren lassen. Eine II. Hypothek von weiteren 18 000 ℳ hatte er sich als Restkaufgeldhypothek auf seinen Namen auf das an den Bauunternehmer verkaufte Grundstück eintragen lassen; von dieser II. Hypothek machte er durch Verkauf des ersten Teiles derselben (9000 ℳ) mit 10% Nachlaß an einen Privaten 8100 ℳ flüssig, während den zweiten Teil von 9000 ℳ der Bauunternehmer in Gegenrechnung für seine Leistung am Bau unternehmen mußte. Demnach hatte H. allein für dieses Grundstück einen Betrag von (18 000 + 8100 + 9000) = 35 100 ℳ erzielt, von dem 6000 ℳ Selbstkosten abgingen, so daß ihm 29 100 ℳ Reinerlös aus dem Verkauf des genannten Grundstücks zu Baugeldzwecken zur Verfügung standen. H. hatte demnach das Grundstück an den Unternehmer mit rd. 500% Gewinn verkauft. Nachdem er gleichzeitig mit mehreren Bauunternehmern, die an dem Neubau des genannten Cafés beteiligt waren, derartige Zwangskäufe abschloß, so erzielte er durch dieses Vorgehen eine ansehnliche Summe Baugeldes. Der Unternehmer suchte seinerseits durch in Rechnungstellen guter Preise und teilweise mangelhafte Ausführung der Arbeiten die ihm auferlegten Verpflichtungen wettzumachen. Trotz verschiedener Vorteile, die die Spekulation mit sich brachte, erzeugte sie, wie schon ausgeführt, durch den unsoliden Aufbau ihrer Finanzierung viele Schädigungen in den Kreisen der Bauhandwerker, so daß die Einführung des lange vorbereiteten BauFordG. notwendig geworden war.

VI. Kapitel.

Abhilfe der Schäden der Bauspekulation durch Sondergesetz vom 21. Juni 1909.

a) Allgemeine Sicherungs-Maßregeln.

Obwohl ein wirksamer Schutz der Bauhandwerker von den Behörden als unbedingt notwendig anerkannt wurde und die Idee eines Schutzes der Bauforderung in breiten Schichten des Volkes als unumgänglich gefordert war, so herrschte doch im Reichstag eine geteilte Stimmung bei Erwägung der wirtschaftlichen Vor- und Nachteile eines diesbezüglichen Gesetzes. Zwei sozialpolitische Gegenstände standen sich einander gegenüber: Schutz der wirtschaftlich Schwachen und Hebung und Erhaltung des Bauhandwerkes.[1]) Es liegt klar auf der Hand, daß eine Sicherung der Bauforderungen, die in einer erststelligen Belastung des Grundstückes bestand, die Kreditaufnahmefähigkeit desselben herabdrückte und so für das Baugewerbe notwendigen Zufluß von Baukapital erschwerte und teilweise unmöglich machte. Werfen wir nochmals einen kurzen Blick auf das in der Zeit der Vollblüte der Bauspekulation so reichhaltig beschäftigte Bauhandwerk, dem von Seite banklicher Institute und besonders Privater reiche Geldquellen zuflossen, wodurch der Wohnungsnot gesteuert wurde, so begreift man die Bedenken, die die Gesetzgeber vor Inkrafttreten des BaufordG. beseelt haben. Schon das HypBankG. vom 13. Juli 1899 hatte der Beleihungslust der Hypothekenbanken einen Riegel vorgeschoben, nachdem § 11 dieses Gesetzes eine qualitative, § 12 eine quantitative Einschränkung bei Hypothekenbeleihungen bedeuten mußte. Man war sich klar, daß die Einführung des BaufordG. nicht ohne Schädigung des gesamten Bauhandwerkes vor sich gehen würde, da durch das teilweise Ausscheiden des reichlich zufließenden Privatkapitals der Baumerkt geschädigt werden mußte; man ging daran, durch Beseitigung eines größeren Übels ein kleineres groß zu ziehen, wenn man nicht durch ein Weiterumsichgreifen des Baugeldwuchers eine wirtschaftliche Schädigung einer breiten Volksschicht fernerhin dulden wollte. Das Reich hatte sich vor Einführung des BaufordG. lediglich in 2 Paragraphen, BGB. §§ 647, 648, veranlaßt gesehen, der Bauhandwerker schützend zu gedenken; § 647 spricht von einem Pfandrecht des Unternehmers an den von ihm erstellten Sachen des Bestellers, während § 648 dem Unternehmer eines Bauwerkes für seine Forderungen aus dem Vertrage eine Sicherungshypothek an dem Grundstück des Bestellers einräumt. Dieser den Bauhandwerkern eingeräumte Schutz hat sich als unzulänglich und mangelhaft gezeigt, wofür das Unwesen des Bauspekulantentums den besten Beweis erstellte. § 648 spricht jedoch nicht von dem Rang der zu gebenden Sicherheitshypothek,

---

[1]) Droſt, Sicherung der Bauforderung S. 1.

der von Bedeutung für deren Wichtigkeit ist, da für gewöhnlich die Grundstücke schon vor Baubeginn mit Hypotheken aller Art belastet sind, so daß bei Eintreten von Zahlungsunfähigkeit des Unternehmers und Konkurseröffnung die Bauhandwerker mit ihrer rechtlichen Forderung leer ausgehen. Der Hauptmangel des § 648 bestand darin, daß er den geldgebenden Unternehmer nicht zwingt, das Baugeld lediglich zur Entlohnung von Arbeiten, die in den Neubau verwandt wurden, auszugeben; eine andere Verwendung desselben durch den Unternehmer war nicht kontrollierbar, da derselbe zur Führung von Geschäftsbüchern gesetzlich nicht gezwungen war und er es oft mit Absicht unterließ, um seine Geldverwendung in Nebel zu hüllen.

Die Abhilfe gegen diese letztgenannten Schäden bilden die Kardinalpunkte des BaufordG. vom 21. Juni 1909, ein Reichsgesetz, das in zwei organisch getrennte Abschnitte zerfällt. Der erste Abschnitt (§§ 1—8) hat als Reichsgesetz Gültigkeit, während der zweite (§§ 9—67) nur in dem Teile des Reiches Geltung hat, in denen er durch landesherrliche Verordnung in Kraft gesetzt wird. (Bisher in keinem Bundesstaat geschehen.) Im ersten Fall des BaufordG. sind die drei Pflichten eines Baugeldnehmers genannt:

1. Baugeldverwendungspflicht,
2. Pflicht zur Führung eines Baubuches,
3. Pflicht zur Anbringung eines Anschlages.

Verstoß gegen diese 3 Pflichten führt bei 1. und 2. Bestrafung des Baugeldnehmers herbei, wenn er seine Zahlungen einstellt, in Konkurs gerät und die Baugläubiger benachteiligt worden sind, im Falle 3 tritt auf Grund einer strafrechtlichen Übertretung sofortige Bestrafung des Schuldigen ein.

Der Baugeldempfänger hat die Pflicht, die ihm zur Herstellung eines Neu- oder Umbaues zur Verfügung gestellten Gelder zur Befriedigung derjenigen Personen zu verwenden, die auf Grund eines Werk-, Dienst- oder Lieferungsvertrages am Bau beteiligt sind. Eine anderweitige Verwendung ist bis zu dem Betrage statthaft, als der Baugeldempfänger die Gläubiger bereits aus anderen Mitteln befriedigt hat (BaufordG. § 1 Abs. 1). Das Gesetz kommt nicht nur den Bauhandwerkern, sondern auch den Lieferanten zugute. Aber nicht alle Lieferanten sind Baugläubiger, nach § 18 des Gesetzes nur diejenigen, die an der Herstellung des Gebäudes beteiligt sind; zur Herstellung eines Gebäudes gehören jedoch nur Arbeiten, die sich auf die Bestandteile des Hauses beziehen (BGB. § 95), weshalb z. B. der Lieferant einer umfangreichen Hoteleinrichtung (bewegliches Zubehör) nicht Baugläubiger im Sinne des Gesetzes ist.[2]) Das Gesetz verpflichtet den Baugeldempfänger, das Baugeld zur Befriedigung des Baugläubigers zu verwenden; er

---

[2]) Simon, Reichsges. über die Sicherung der Bauforderung S. 54.

muß jedoch dasselbe nicht sofort Letzterem in die Hand drücken, sondern kann dies erst tun, wenn es ihm beliebt oder wenn er auf Grund des Bauvertrages dazu aufgefordert werden kann. Es ist dem Baugeldempfänger lediglich untersagt, Baugeld zu anderen als dem vorgeschriebenen Zwecke zu verwenden; er hat also mehr eine Unterlassungs- als eine Verwendungspflicht.[3]) Der Baugläubiger muß ständig befürchten, daß sein Geld anderweitig verwandt wird, wofür der Baugeldempfänger zwar bestraft wird, womit dem Baugläubiger aber wenig genützt ist, da hiedurch sein Zinsverlust durch das Warten auf Baugeld nicht verhindert wird. Eine weitere Gefahr für die Sicherung des Baugeldes liegt darin, daß der Baugeldnehmer nach seinem Ermessen aus anderen Mitteln Baugläubiger befriedigen kann und daß er Baugeld in der Höhe dieser Verwendung für sich behalten darf; gesetzt, der Baugeldnehmer hätte den Lieferanten einer Betonmaschine, eines Bauaufzuges und dgl. für einen Baulieferanten, bezahlt dessen Rechnung aus der Baugeldsumme, so kann trotzdem der Baugeldempfänger nicht eines Vergehens gegen die Verwendungspflicht schuldig erkannt werden. Auch der Umstand, daß der Baugeldempfänger das Baugeld in der Höhe der Hälfte des angemessenen Wertes der von ihm in den Bau verwendeten Leistung usw. für sich behalten darf (§ 1 Abs. 2) birgt die Gefahr in sich, daß der Baugeldempfänger die Aufstellung einer fingierten Leistung betreibt oder den Wert derselben zu hoch einschätzt. Diese beiden besprochenen Punkte sind als eine Dehnbarkeit des Gesetzes zu betrachten.

Die zweite Pflicht des Baugeldempfängers ist die Führung eines Baubuches, die den Zweck hat, eine genaue Feststellung der Personen zu geben, die auf Grund eines Vertrages zum Bau liefern, ferner eine buchmäßige Aufstellung sämtlicher mit der Herstellung des Baues in Zusammenhang stehender Zahlungsgeschäfte; besonders soll die Verwendung des gesetzlichen Baugeldes klar daraus hervorgehen. Das Buch ist bis zum Ablauf von 5 Jahren nach Beendigung des Baues aufzubewahren (BauforderG. § 2). —

Der Begriff „Baubuch" ist bis zum Inkrafttreten des Gesetzes fremd gewesen; § 2 desselben kam dadurch zustande, daß unter den Baugewerbetreibenden ein Teil von Nichtfachleuten sich befand, die entweder keine Bücher führten, sie nicht führen konnten oder, was am meisten glaubwürdig, der Einfachheit halber nicht führen wollten, um ihre Geldmanipulationen geheimzuhalten. Das Gesetz verlangt ausdrücklich nicht die Führung von Handelsbüchern im Sinne des HGB. §§ 38 ff., sondern lediglich eine klare Aufschreibung der in § 2 BauforderG. Abs. 3 verlangten Punkte. Ich glaube kaum, daß es heutzutage in Städten einen Bauunternehmer gibt, der nicht das Baubuch in der vom HGB. vorgeschriebenen Form führen

[3]) Goldbaum, Wie sichere ich meine Bauforderung? S. 25 ff.

läßt, das von ihm, da er nach dem HGB. § 1 Kaufmann ist, durch § 38 HGB. an und für sich verlangt wird. Der Wert der Vorschrift des Baubuches wird im wesentlichen dadurch beeinträchtigt, (abgesehen davon, daß nur bei Zahlungseinstellung und Konkurs strafrechtliche Folgen für den Unternehmer zu erwarten sind), daß eine Aufbewahrung der Buchgrundlagen (Verträge, Quittungen) nicht vorgeschrieben ist.[4]) Vor allem ist im Gesetz unterlassen, einer bestimmten Behörde das Recht der Baubuchkontrolle zu übertragen, wodurch die Einrichtung eine wirkliche Bedeutung erlangt. Es ist mangels einer besonderen Anweisung sogar zweifelhaft, ob die Baugeldinteressenten nach § 810 BGB. überhaupt ein Recht auf Vorlage des Baubuches haben.[5])

Die dritte Pflicht des Baugeldempfängers ist die zur Anbringung eines Anschlages an gut sichtbarer Stelle, aus dem Namen und Stand des Unternehmers zu ersehen ist; ist der Unternehmer nicht Generalunternehmer und hat er einige Arbeiten des Ausbaues (Spengler, Schreiner, Kanalisations-, Heizungs-, Maler- und Anstreicherarbeiten usw.) an Unterakkordanten vergeben, während er selbst nur die Rohbauarbeiten (Maurer-, Eisenbeton- und Zimmerarbeiten) ausführt, so muß auf dem Anschlage (Bautafel) auch Name und Art der Arbeiten dieser Unternehmer ersichtlich sein (§ 4 BauFordG.). Dieser § 4 statuiert eine Pflicht, deren Verletzung eine Übertretung im Sinne des Strafgesetzbuches ist (lex perfecta). Mit Einführung des BauFordG. ist die bis dahin schon geübte Sitte, den Namen der Unternehmer an Tafeln bekanntzugeben, zur Rechtspflicht geworden; man wollte damit bezwecken, daß jeder Unbeteiligte ohne weiteres Einblick gewinnen konnte, durch welche Persönlichkeiten der Neubau ausgeführt wird, um zu verhindern, daß Vertreter verschiedener Gewerbe, wie: Schneider, Bäcker, Metzger und dgl., wie vordem ungestört zum Bauen zugelassen wurden. Durch diesen öffentlichen Anschlag würden diese Nichtfachleute an den Pranger gestellt werden und jeder sich am Bau beteiligende Handwerker und Lieferant wird rechtzeitig davor gewarnt, sich mit Nichtfachleuten in ein gefährliches Unternehmen zu stürzen. Bayern hat anschließend an das BauFordG. ein Landesgesetz vom 10. Juni 1911 erlassen, das seine Spitze gegen Nichtfachleute und Unehrenhafte im Baugewerbe richtet.

b) Dingliche Sicherung der Bauforderung.

Die Vorschriften über die dingliche Sicherung der Bauforderung sind umfangreich und schwierig durchzuführen. Bei der Kompliziertheit der Materie und der Vielheit der zu schonenden Interessen scheute man sich, diesem größeren Abschnitt des Bau-

[4]) Nußbaum, Deutsches Hypothekenwesen S. 298.

[5]) Hagelberg, Komm. z. RG. über die Sicherung der Bauforderung S. 109.

fordG. ohne weiteres reichsgesetzliche Kraft zu verleihen und überließ den einzelnen Bundesstaaten dessen Einführung durch landesherrliche Verordnung, wobei Gemeinde, Handelskammer, Handwerkskammer und gesetzliche Arbeitervertretungen gehört werden müssen (§ 9 BauforderG.).

Der zweite Teil ist im wesentlichen eine Verstärkung und Durchbildung des Baugläubiger-Schutzes. Die polizeiliche Bauerlaubnis wird bedingt gegeben: Erforderlich ist, daß entweder in Höhe eines Drittels der Baukosten in Geld oder mündelsicheren oder bei der Reichsbank in der 1. Klasse lombardfähigen Wertpapieren (90% Kurswert) zugunsten der Baugläubiger Sicherheit geleistet wird oder diesen Gläubigern ein bestimmter Teil des Grundstückswertes durch grundbuchamtliche Eintragung des Bauvermerks vorbehalten wird (§§ 11 und 12 BauforderG.). Mit Eintrag des Bauvermerks erwerben die Baugläubiger den Anspruch auf Eintragung einer Hypothek für ihre Bauforderungen (Bauhypothek); Bauvermerk hat die Wirkung einer Vormerkung zur Sicherung des Anspruches. Unter Aufrechterhaltung der Prioritäts-, aber unter Durchbrechung des Spezialitätsprinzips wird den Baugläubigern trotz der Unbestimmtheit ihrer künftigen Forderungen der Vorrang vor den später zur Eintragung gelangenden dinglichen Rechten gesichert.[6]) Wenn das Grundbuch schon mit Hypotheken (Restkaufgeldhypothek, Baugeldhypothek) belastet ist, so muß der Unternehmer in Höhe des Betrages eine Differenzkaution stellen, als 3/4 des Grundstückswertes von den Belastungen überschritten sind (§ 13 BauforderG.). Der Rang der Bauhypothek bestimmt sich gegenüber anderen Rechten nach der Eintragung des Bauvermerks; Nießbrauch- und Wohnungsrechte stehen der Bauhypothek im Range nach (§ 32 BauforderG.). Das Hauptbedenken gegen den Bauvermerk liegt darin, daß die Unbestimmtheit der Forderungen, die durch ihn gedeckt werden, den Wert der im Range hinter dem Bauvermerk stehenden Hypotheken beeinträchtigen und Baugeldkredit unmöglich machen würde, wenn man der Hypothek des Baugeldgebers keine Bevorzugungen gegenüber der Bauhypothek einräumte. Das Gesetz gibt daher der Baugeldhypothek nebst 5% Zinsen und gewissen Nebenforderungen aus § 1118 BGB. den Vorrang vor dem Bauvermerk in Höhe derjenigen Baugeldzahlungen, durch die Bauforderungen zur Tilgung gebracht sind (§§ 34—36 BauforderG.). Als Folge dieser Bestimmung nahm man an, daß der Baugeldgeber sich das Recht, an die Baugläubiger unmittelbar zu zahlen, ausbedingen werde.[7]) Hiebei tritt die Schwierigkeit auf, daß die Baugläubiger oftmals ungerechtfertigte und zweifelhafte Forderungen geltend machen. Für diesen Fall hat man angeordnet, daß der Baugeldhypothek der Vorrang für

[6]) Nußbaum, Deutsches Hypothekenwesen S. 301.
[7]) Nußbaum, Deutsches Hypothekenwesen S. 301.

ungerechtfertigte Zahlungen dann eingeräumt wird, wenn der Baugeldgeber die ungerechtfertigte Forderung bewußt oder aus grober Fahrlässigkeit beglichen hat. Um aber der hiemit verbundenen Gefahr zu entgehen, kann der Baugeldgläubiger einen Treuhänder (Sachverständigen) bestellen lassen, der die Baugeldzahlungen auf eigene Verantwortung zu vermitteln und anzuweisen hat; das Amtsgericht, in dessen Bezirk die Baustelle ist, bestellt auf Antrag des Baugeldgebers den Treuhänder. Alle von Letzterem angewiesene Zahlungen begründen ohne weiteres den Vorrang der Baugeldhypothek. Die Kosten des Treuhänders soll nach dem Gesetz der Baugeldgeber tragen, der sie durch den Baugeldvertrag auf seine Schuldner abwälzen kann.

„Hauptkaution", der durch den Bauvermerk bzw. die Bauhypothek vorbehaltene Teil des Grundstückswertes und die „Differenzkaution" dienen den Baugläubigern zur Deckung; das Gesetz gibt außerdem in den §§ 18 und 19 eine umständliche Definition der Baugläubiger und dgl., die vergeblich versucht, Klarheit in die verworrenen, unübersichtlichen Verhältnisse der Bauhandwerker und deren gegenseitige Beziehungen zu bringen, ein Umstand, der besonders bei Feststellung gerechtfertigter Forderungen und deren Teilung Gefahren mit sich bringt. In Kapitel II Abschnitt c wurde bereits ausführlich darüber gesprochen. Für Bestimmung der Hauptkaution und Feststellung des Baustellenwertes behufs Ermittlung der Differenzkaution sind gemeindliche Bauschöffenämter vorgesehen (§ 50 BaufordG.), die auch als Einigungsämter dienen. Bisher ist von einer Einführung des zweiten Teiles des BaufordG. kein Gebrauch gemacht worden, nachdem anzunehmen ist, daß nach Inkrafttreten dieses Teiles nur mehr von kapitalkräftigen Unternehmern gebaut werden kann. Es würde ferner eine Reihe solider, aber weniger kapitalkräftiger Elemente aus den Reihen der Bauunternehmer ausscheiden müssen und der Zufluß von Baukrediten zum Wohnungsbau wesentlich abnehmen.

VII. Kapitel.

Welche Folgen treffen denjenigen, der Baugeld nicht richtig verwendet?

a) Zivilrechtliche Folgen.

Außer der im Gesetz besonders geregelten strafrechtlichen Verantwortlichkeit des Baugeldempfängers nach § 5 BaufordG. kann die Übertretung der Verpflichtung zu bestimmungsgemäßer Verwendung auf vertraglichem und gesetzlichem Schuldgrund beruhen und vermögensrechtliche Nachteile für den Baugeldempfänger und dritte Personen nach sich ziehen.[1]) Auch die Übertretung des § 1 BaufordG. kann zu einem vorwiegend im öffentlichen Interesse

[1]) Schulz, Baugeldverw.-Pflicht S. 419.

liegenden Verbot der Gewerbsausübung durch den Baugeldempfänger führen (siehe bayer. GVBl. Nr. 5718 II vom 28. März 1907 S. 226). Nach diesem Gesetz ist einer Person der Betrieb des Gewerbes als Bauunternehmer und Bauleiter, sowie Betrieb einzelner Zweige des Baugewerbes zu untersagen, wenn sich Tatsachen vorfinden, welche die Unzuverlässigkeit des Gewerbetreibenden in bezug auf diesen Gewerbebetrieb dartun (desgleichen GewO. vom 26. Juli 1900 §§ 35, 54).

Schadensersatzberechtigt sind nur die Personen, zu deren Schutz das Gesetz gemacht wurde, m. a. W. alle, die auf Grund eines Werk- usw. Vertrages an der Bauherstellung beteiligt sind. Der Anspruch auf Schadensersatz ist auch erblich, weshalb z. B. die Witwe eines tödlich verunglückten Baugläubigers in die Forderungen ihres verstorbenen Mannes ohne weiteres eintritt.[2]) Geldgeber und Hypothekarier sind durch das Gesetz nicht geschützt. Schadensersatz begründet sich auf BGB. § 823 und § 826.

b) Öffentlich-rechtliche Folgen.

Die Baugläubiger erstreben bei Verfolgung ihrer vermögensrechtlichen Interessen, die auf privatrechtlichen Titeln beruhen und deren Grundlage § 1 BauFordG. bildet, unmittelbare Befriedigung oder Sicherung ihrer Bauforderungen.[3]) Nach § 5 des BauFordG. und §§ 35, 35a, 53a der RGewO. sind Maßregeln vorhanden, die eine Ausschließung ungeeigneter Personen aus dem Baugewerbe bewirken und den Schäden der an der Herstellung von Bauten beteiligten Personen vorbeugen sollen.

B. Beschaffung und Sicherung der gemeinnützigen Baukredite.

I. Kapitel.

Allgemeine Betrachtung über den Kleinhausbau und Beschaffung der hiezu nötigen Kredite.

a) Was sind Kleinhäuser? Wozu sind sie ins Leben gerufen worden?

Der Wohnungsfrage ist vom Staate vor dem Kriege trotz aller Bemühungen und kräftigen Auftretens der Wohnungsreformer nicht die gebührende Aufmerksamkeit geschenkt worden; man hat es dem Spiel des Zufalls überlassen, wie und in welcher Form der Wohnungsnot gesteuert wurde und erst als die Spekulation ihr Unwesen zu stark trieb, ging der Staat daran, gesetzlich gegen diese ungesunden Verhältnisse einzuschreiten, und sich für die

[2]) Hagelberg, RG. über Sicherung der Bauf. S. 83.
[3]) Schulz, Baugeldverf.-Pflicht S. 176.

Wohnungsbeschaffung der Staatsbürger in erhöhtem Maße zu interessieren. Es wäre Aufgabe des Staates gewesen, für seine minderbemittelten Bürger Geldmittel zur Erstellung von Wohnungsbau auf den Markt zu bringen und der Baulust seiner Bürger durch Schaffung von Bauerleichterungen, Gesetzen und Vorschriften den Weg zu ebnen; indessen haben sich die Anordnungen des Staates mehr aus Prohibitiv- als aus aktuellen Hilfsmaßnahmen zusammengesetzt; die schon beizeiten einsetzende umfassende Unterstützung des Staates bei Wohnungsbau seiner Beamten und Arbeiter sei dabei aber nicht vergessen. Die verhängnisvollen Folgen der Spekulation sind in den vorhergehenden Kapiteln bereits eingehend behandelt worden. Es sei lediglich wiederholt, daß das bedeutendste und unheilvollste Produkt der staatlichen Vernachlässigung der Wohnungsfrage das Massenmiethaus oder die sog. Mietskaserne war. Als in den Zeiten der sog. Landflucht bei Aufblühen unserer Industrie die Volksmassen nach den Städten strömten, waren deren Lebensansprüche auf ein Minimum eingespielt; die sog. Reize der Großstadt ließen sie das Elend ihrer wohnlichen Verhältnisse übersehen. Allmählich jedoch erwachte mit Zunahme von Bildung und Aufklärung bei den Leuten der wohlbegreifliche Trieb, wegab vom Lärm der Fabrik und des Straßenverkehrs der Großstadt ein ruhiges, in Garten oder Wald gelegenes, eigenes Heim zu bauen und zü besitzen. Der Krieg hat bei unseren Arbeitern und Minderbemittelten, die die zahllosen Kleinwohnungen und Siedlungen in Belgien und Nordfrankreich sahen und während der Kriegsjahre die meiste Zeit im Schützengraben oder Feuerstellung verbrachten, den Trieb nach einem eigenen und gesunden Heim noch verstärkt.

Böhmert sagt in seiner Abhandlung „Nachklänge zum Frankfurter Wohnungskongreß" (Europa, Wochenschrift für Kultur und Politik, 1905): „Die Menschenmassen, die vor 30 Jahren in unsere damals viel kleineren Städte hereinströmten, kamen zum großen Teil vom platten Land oder von kleineren Städten, sie brachten einen an harte Daseinsbedingungen gewöhnten Körper mit, ihre Kulturbedürfnisse waren gering und erstreckten sich jedenfalls nicht auf die Art der Behausung. Darin ist ein fühlbarer Umschwung eingetreten. Unsere heutigen Großstädter stammen zum großen Teil schon von Großstädtern ab, sie sind im Banne der städtischen Kultur aufgewachsen, sie empfinden nicht nur das Gesundheitsschädliche, sondern auch das Kulturwidrige unseres heutigen städtischen Wohnungswesens viel schärfer. Die Massen haben das Bewußtsein, daß sie nicht nur in unleidlichen Wohnungsverhältnissen leben, sondern daß auch die Mittel vorhanden sind, um ihnen zu helfen."[1])

Die Idee des Kleinhausbaues ist althergebracht, war auf dem

1) Böhmert, Nachklänge z. Frankf. Wohnungskongr. S. 1026/27.

Lande von jeher verwirklicht und wurde erst allmählich in mehr oder weniger veränderter Form von den Städten übernommen. Der Bau von Kleinhäusern besteht in der Errichtung von Siedlungen für Menschen, die in kleinen Verhältnissen leben bzw. leben müssen, bei denen die Wohnungsmiete eine wirtschaftliche Lebensfrage bedeutet, die durch ein kleines Mehr oder Weniger des Einkommens entscheidend beeinflußt wird.[2]) Drei Faktoren sind es, die für den Kleinhausbau sprechen: ein gesundheitliches, ein sittliches und ein ernährungspolitisches Moment.[3]) Das gesundheitliche Moment besteht in Forderung von Licht und Luft, das sittliche in Trennung der Geschlechter (im Kleinhausbau durch Schaffung von zwar kleineren, aber zahlreicheren Räumen als beim übrigen Wohnungsbau); das ernährungspolitische besteht in der im Krieg entstandenen Notwendigkeit für den Einzelnen, sich die Erzeugnisse des eigenen Bodens für das folgende Jahr aufstapeln zu müssen, eine Maßnahme, mit der nach Kriegsende voraussichtlich noch einige Jahre gerechnet und welchem Bedürfnisse durch Schaffung geeigneter Räume im Kleinhaus und durch Anlage eines Gartens Rechnung getragen werden muß.

b) Formen der Kleinhäuser.

aa) Auf dem Lande.

1. Rentengut.

„Rentengut" ist die Form einer Siedlung, die auf geeigneten Rechtseinrichtungen, Verwaltungsmaßnahmen und Organisationen aufgebaut ist. Rentengüter sind solche Grundstücke, die zu vollem Eigentum besessen werden und zur Tilgung des Erwerbspreises mit einer festen Grundrente belastet sind. Regelmäßig entsteht das Rentengut dadurch, daß ein großes Gelände in kleine und mittlere Stellen verlegt wird. Ursprünglich als Form der Ansiedlung für landwirtschaftlichen Kleinbesitz eingeführt, wurde die Einrichtung des Rentengutes dann auch Industriearbeitern zugänglich gemacht und zu einem allgemeinen Mittel des Erwerbs eines mit Landzulage verbundenen Kleinhauses ausgestaltet.[4]) Fast getrennt von der Entwicklung der Kleinsiedlung für den gewerblichen Arbeiter ist eine Bewegung gegangen, die auf die Besiedlung des flachen Landes durch kleine landwirtschaftliche Betriebe abzielt und gewöhnlich unter dem Begriff „innere Kolonisation" zusammengefaßt wird. Sie verfolgt den Zweck, Gebiete, die wirtschaftlich noch weniger erschlossen sind, intensiverer landwirtschaftlicher Ausnützung zuzuführen. Teils sollen größere Güter in kleinere Bauerngüter zerschlagen werden, um den ländlichen Mittelstand durch Schaffung neuer Kleinbauerngüter zu stärken, teils werden Industriearbeiter durch Landzuweisung dem Landleben wieder zugeführt und so der-

[2]) Schneegans, Kleinwohnhausbau S. 1.
[3]) Luther, Wohnungs- und Siedlungspolitik nach dem Kriege S. 5.
[4]) Eberstadt, Handbuch des Wohnungswesens, VI. T. S. 452.

Industrie, die Überschuß an Arbeitskräften hat, entzogen und dem entvölkerten Lande zum Wohle der an Arbeitskräften Mangel leidenden Landbevölkerung wieder eingereiht. Innere Kolonisation erfolgte bisher hauptsächlich im preußischen Osten, im Westen war für die innere Kolonisation zunächst weniger Gelegenheit, doch sind auch dort im Laufe der Zeit viele größere Güter in kleinere Bauerngüter aufgeteilt worden. Nach dem neuen Siedlungsgesetz vom 29. Januar 1919 sind die einzelnen Bundesstaaten verpflichtet, zur Schaffung neuer Ansiedlungen gemeinnützige Siedlungsunternehmungen zu begründen, soweit solche noch nicht vorhanden sind (§ 1 des Ges.); diese gemeinnützigen Siedlungsunternehmen haben ein Vorkaufsrecht auf alle in ihrem Bezirke gelegenen landwirtschaftlichen Grundstücke im Umfang von 20 ha aufwärts (in Bayern sogar 5 ha) und sind im Bedarfsfalle berechtigt, geeignetes Siedlungsland aus dem Besitzstand der großen Güter gegen angemessene Entschädigung im Wege der Enteignung in Anspruch zu nehmen (§ 4 bzw. 15 des Ges.).

Gerade in der Gegenwart nach Abschluß des unglücklichen Krieges und des erfolgten Gewaltfriedens, der Deutschlands Industrie in Trümmer schlägt, geht man, wie auch das Reichssiedlungsgesetz vom 29. Januar 1919 zeigt, mit aller Energie daran, die Landwirtschaft, der durch das mächtige Anwachsen unserer Industrie der größte Teil ihrer arbeitenden Bevölkerung entzogen wurde, durch Aufteilung großer fiskalischer Güter und Fideikommisse und Verteilung billigen Landes an Land- und Stadtbewohner, erneut zu beleben und zu kräftigen.

Das Rentengut ist zur eigentlichen Bedeutung im Sinne des Kleinwohnhausbaues dadurch gekommen, daß Hausbauten mit kleinem Landbesitz (1250 qm) als Rentengüter zugelassen wurden.[5]) Während in den 50er und 60er Jahren Rentenschuld und Erbpacht in Preußen, Hannover und Schleswig-Holstein durch die Gesetzgebung aufgehoben worden waren, machte sich auf dem Gebiete der ländlichen Siedlungswerke in den 70er Jahren ein Umschwung der Anschauungen geltend, der sich namentlich gegen den die Eigenart des Kleinbesitzes nicht berücksichtigenden, schablonisierenden Systematismus wandte. Seit den 70er Jahren traten in Preußen vielfach Bestrebungen hervor, die den Erwerb von kleinen und mittleren Bauerngütern fördern und im Interesse der Minderbemittelten das Rentenzahlungsprinzip an Stelle des Kapitalzahlungsprinzipes setzen wollten. Die praktische Durchführung nimmt ihren Ausgang von dem preuß. Ansiedlungsgesetz vom 26. April 1886, das den Interessenten den Erwerb von Bauerngütern gegen eine feste Jahresrente ermöglicht; die Institution wurde durch ein neues Gesetz vom 7. Juli 1891 auf ganz Preußen ausgedehnt. Der Erwerber eines „Rentengutes" leistet eine mäßige Anzahlung von

---

[5]) Muthesius, Kleinhaus- und Kleinsiedelung S. 103.

einigen 100 M, während 75% des Kaufwertes durch eine staatliche Bank — die Rentenbank — aufgebracht wird, die den Betrag der ersten Hypothek in Rentenbriefen an den Käufer auszahlt, während die noch fehlende Geldsumme von gemeinnützigen Anstalten oder Verbänden (wie Landesversicherungsanstalten, Sparkasse, Provinzialkasse, Landschaften und dgl.) gegeben wird, die sich dann ihrerseits auf den Besitz eine II. Hypothek eintragen lassen. Der Käufer des Rentengutes hat die Rentenbriefe mit 3½% zu verzinsen und mit 1½% zu tilgen; bei der Abtragung der II. Hypothek liegen ähnliche Verhältnisse vor; die Hypotheken sind seitens der Gläubiger unkündbar. In letzter Zeit haben Beleihungen bis zu $^{9}/_{10}$ des Wertes durch eine staatliche Rentenbank bei einer Verzinsung zu 4% und einer Tilgung zu ½% stattgefunden. Die weitreichende Bedeutung des Gesetzes beruht darin, daß der Ansiedlungstätigkeit in der Rentenbankeinrichtung eine fest begründete Geldquelle erschlossen ist, die jedem ermöglicht, ohne viel Geldmittel gegen Leistung einer Rente ein landwirtschaftliches Besitztum zu erwerben.

Die Einrichtung des Rentengutes wurde von der landwirtschaftlichen auf die industrielle Bevölkerung übertragen, was im MinErl. vom 8. Januar 1907 zum Ausdruck kam, der das Gesetz gleichzeitig auf Anwesen mit einer Mindestgröße von $^{1}/_{8}$ ha = ½ Morgen ausdehnte.[6])

Durch das Gesetz vom 8. Mai 1916 wurde eine weitere Erleichterung dadurch geschaffen, daß der Staat für den bei der Errichtung von Rentengütern erforderlichen Zwischenkredit (Kredit zur Tilgung der Schulden, die auf dem aufzuteilenden Grundstück lasteten, sowie als Baukredit für die darauf zu errichtenden Wohn- und Wirtschaftsgebäude) 115 Millionen Mark zur Verfügung stellt, Erleichterungen in der Beleihung und in Gewährung von Freijahren gibt, wobei auf Ansiedlung von Kriegsbeschädigten besondere Rücksicht genommen werden sollte. All diese Momente kommen den gemeinnützigen Gesellschaften bei der Gründung von Siedlungen zugute. Für den beim Verkauf der 4%igen Rentenbriefe entstehenden Kursverlust wird bei gemeinnützigen Siedlungsgesellschaften und bei privaten Rentengutseigentümern eine Vergütung gewährt, von der die Landwirtschaftsverwaltung ¾ übernimmt; außerdem wurde bestimmt, daß bei Betrieben, die ohne fremde Arbeitskräfte bewirtschaftet werden müssen (sog. Familienbetriebe) die Beleihung bis zu $^{9}/_{10}$ des geschätzten Grund- und Gebäudewerts erstreckt werden kann. In Preußen sind zur Förderung der inneren Kolonisation die sog. Generalkommissionen, 6 an der Zahl, eingesetzt, die innere Kolonisation in Westpreußen und Posen wurde jedoch hauptsächlich durch die Ansiedlungskommission bewirkt; letztere verfügte über beträchtliche Geld-

6) Eberstadt, Handbuch des Wohnungswesens S. 453.

mittel, mit denen sie in Zwangsverwaltung kommende, besonders polnische Güter ankaufte und an deutsche Siedler weitergab. Die Generalkommissionen übernehmen nur die Vermittlung bei Umwandlung von größeren Ländereien in Rentengütern; die A.-K. hingegen kaufte die großen Güter auf, zerschlug sie und verkaufte die Teile an Kleinbauern und Ansiedler weiter; auch ein Bankinstitut „die Landbank" ist in ähnlichem Sinne wie die A.-K. tätig. Es sei hier noch erwähnt, daß die Ansiedlungskommission zwei Gegner zur Bekämpfung hatte: erstens weigerten sich die Polen, ihre Güter wegen angedrohten Boykotts ihrer Landsleute zur Verfügung zu stellen, zweitens waren auch polnische Banken (Ziemski-Bank) an der Arbeit, die Parzellierung und Finanzierung von Gütern in ihrem Sinne durchzuführen. Das 1908 eingeführte Enteignungsrecht gegenüber polnischen Gütern war eine gute Gegenmaßnahme, die jedoch kaum zur Ausführung kam. Hand in Hand mit den Siedlungskommissionen arbeiteten gemeinnützige Siedlungsgesellschaften, wie die pommersche, ostpreußische Landessiedlungsgesellschaft und die Landessiedlungsgesellschaft „Eigene Scholle" in Frankfurt a. O. Bei all diesen Gesellschaften hat der Staat sich mit $1/3$—$1/2$ am Gesellschaftskapital beteiligt.

Eine umfassende Tätigkeit hat die Landessiedlungsgesellschaft „Eigene Scholle" entfaltet, die bis 1917 allein über 800 Rentengüter ins Leben gerufen hat. Die Siedlungsgesellschaft „Sachsenland" hat in der Industriestadt Sömmerda[7]) während des Krieges eine größere Siedlung für Arbeiter die Rentengutssiedlung Gartenberg angelegt, die aus Einfamilienhäusern mit $1/8$ ha Nutzgarten im Preis von 4—5000 ℳ besteht. Nebst der Förderung der Rentengutsanlage durch Siedlungsgesellschaften hat eine Reihe von Stadtgemeinden Rentengüter für ihre Mitbürger ins Leben gerufen.

2. Kriegerheimstätte — Kriegersiedlung.

Schon bald nach Ausbruch des Weltkrieges tauchte bei den Daheimgebliebenen der Wunsch auf, für diejenigen, die ihr Blut für das Vaterland vergossen, des wenigen Besitzes, den sie inne hatten, noch obendrein verlustig gingen und als Krüppel und Verstümmelte mit halber Arbeitskraft zurückkehrten, dahingehend Sorge zu tragen, daß sie in der Heimat nicht dem wilden Konkurrenzkampf ausgeliefert wurden, bei dem sie infolge ihrer beschränkten Leistungsfähigkeit ein trauriges Schicksal erwartet hätte. Das bei Staat und Volk im Kriege mächtig erstarkte soziale Gewissen konnte das hiebei zu erwartende Elend nicht dulden, das gerade in Deutschland, dem Mutterlande der sozialen Gesetzgebung, in erster Linie verhindert werden müßte. Schon früher haben vereinzelt große Feldherrn und Fürsten, die ein Herz für ihre Soldaten

[7]) Eberstadt, Handbuch des Wohnungswesens S. 456.

hatten, in vorsorglicher Weise die Unterbringung ihrer altgedienten und kriegsverletzten Leute betrieben; ich erinnere an Friedrich den Großen nach dem 7 jährigen Kriege und an Napoleon Bonaparte. Man durfte unmöglich zugeben, daß die Kriegsverletzten wieder, wie vor dem Kriege, auf das Massenmiethaus mit seinen Schrecken angewiesen waren, außerdem ging der Wunsch in dem Menschen jeden Standes in den letzten Jahren dahin, möglichst auf dem Lande, fern dem Großstadtlärm, wohnen zu können, Hand in Hand mit der durch die Lebensmittelknappheit geschaffenen Notlage der Selbstversorgung mit landwirtschaftlichen Produkten. Der Gedanke gewann Raum, daß die geeignetste Art und Weise, für die Kriegsverletzten zu sorgen, sein würde, jedem bei seiner Rückkehr ein kleines Häuschen in einer ländlichen Siedlung zu geben. Man trug sich im Anfange mit dem Gedanken, die Kriegsbeschädigten (Handwerker, Techniker, Kaufleute und dgl.) in besonderen Siedlungen in den Außenbezirken der Städte unterzubringen, wodurch wahre Stätten des Elends geschaffen worden wären, wenn ja auch wohl auf der Hand liegt, daß dies der billigste Weg gewesen wäre. Es war hiebei wohl die Idee maßgebend, gemeinsame Werkstätten für alle Berufsarten einzurichten, deren Anlage infolge Vorhandensein gewisser Einrichtungen, wie: elektrischen Strom, Wasserleitung, Gas usw. und der unmittelbaren Nähe des Absatzmarktes sich wesentlich verbilligen und besser rentieren würde. Der Härte einer derartigen Anordnung bewußt, kam man auf den Gedanken, gemeinsame Werkstätten und Fabrikanlagen auf dem Lande zu erbauen, bei welcher Gelegenheit Gesunde und Kriegsverletzte in denselben Betrieben schaffen und in ihrer freien Zeit nebenbei ein kleines Landgut bewirtschaften können. Durch den unglücklichen Ausgang des Krieges, der unsere Industrie zum größten Teil vernichtet, und durch den Raub unserer Kohlengebiete werden wir gezwungen, unsere mächtigen Wasserkräfte auszubauen und gleichzeitig einen Teil unserer Fabriken auf das Land zu verlegen. Auf diese Weise wird der Anlage von Kriegerheimstätten in Verbindung mit der Landindustrie in großem Maße Vorschub geleistet, und somit dem Volke die Liebe zur Landwirtschaft neuerdings eingepflanzt, der es in den letzten Jahrzehnten untreu geworden war. Muthesius schlägt als Form für Kriegerheimstätten Gartenstadt und Rentengut vor.[8]) In beiden Fällen ist den Kriegsverletzten Gelegenheit geboten, in der freien Natur sich als Landwirte und Gärtner, in sog. Werkhäusern und Werkhöfen in dem gelernten Handwerke zusammen mit gesunden Menschen zu betätigen. Bei Vertrieb von Heimerzeugnissen, falls solche in Betracht kommen, muß durch gesetzliche Anordnung die bisher übliche Lohndrückerei durch den Verleger und Zwischenhändler unterbunden werden.

Die Kriegeransiedlung wird wesentlich unterstützt durch das Reichsgesetz vom 3. Juli 1916, das sog. „Kapitalabfindungsgesetz“,

[8]) Muthesius, Kleinhaus u. Kleinsiedlung S. 121.

(RGBl. Nr. 5315 S. 680—684), das dem Rentenempfänger eine einmalige Kapitalabfindung zum Erwerb landwirtschaftlichen Grundbesitzes gewährt, auch für den allgemein üblichen Fall des Hauserwerbes durch Mitgliedschaft bei einer gemeinnützigen Baugenossenschaft. Wie Genossenschaften Baukredite schaffen, wird a. a. O. genauestens erklärt werden.

Das bayer. Gesetz über Ansiedlung von Kriegsbeschädigten in der Landwirtschaft vom 15. Juli 1916 ermächtigt die Landeskulturrentenanstalt, Darlehen unmittelbar (ohne Vermittlung der Gemeinden) an Kriegsbeschädigte zur Ansiedlung in landwirtschaftlichen Betrieben oder zur Stärkung landwirtschaftlichen Besitzes zu geben. Die Landeskulturrentenanstalt ist in der Regel nur in der Lage, das dritte Viertel des Schätzungswertes zu beleihen. Für die erste Hälfte des Wertes muß sich der Gesuchsteller anderweit bei Banken, Genossenschaften und dgl. Geld beschaffen. Im Ausnahmsfall können über dieses Maß hinausgehende Darlehen von der Landeskulturrentenanstalt gegeben werden (Bekanntmachung des bayer. Ministeriums für Landwirtschaft vom 20. Juni 1919). Letztgenannte Bekanntmachung hat einige weitere Vorteile für Gelderlangung und Verzinsung für Kriegerheimstätten geschaffen und den Begriff „Kriegsbeschädigte als Darlehensnehmer" in weiterem Sinne aufgefaßt. Auch das neue Reichssiedlungsgesetz vom 11. August 1919 hat ebenfalls Erleichterungen für Schaffung von Siedlungsland für Kriegsbeschädigte vermerkt.

Das Problem der Kriegerheimstätten ist bereits verschiedentlich im Reiche in die Wirklichkeit übertragen worden, während vorbereitende Maßnahmen in großem Umfang in die Wege geleitet sind, deren Ausführung derzeit infolge katastrophaler Geldnot des Staates und der damit verbundenen schlechten Zahlungsbilanz, ferner der enormen Baukosten und des Baumaterialienmangels wegen zurzeit nicht realisierbar ist. Die schlesische Landgesellschaft hat im Jahre 1916 unter 123 Ansiedlern 70 Kriegsverletzte, die fast sämtliche aus Groß- und Mittelstädten stammen, untergebracht.[9]) Gleiches hat die Siedlungsgesellschaft „Sachsenland" in Halle a. d. Saale getan. Die Landgesellschaft „Eigene Scholle" in Frankfurt a. d. O. übernimmt alle Kosten, die mit den Kriegerheimstätten verbunden sind (mit Ausnahme der Stempelsteuer) und gibt bei geringer Anzahlung den Rest des Kaufgeldes, den sie sich in Form der Grundrente oder einer ersten Hypothek sichert.[10]) Württemberg hat zwei Anstalten, den Stuttgarter Verein für Kriegerheimstätten (e. V.) und den schwäbischen Siedlungsverein (e. V.), die sich mit dem Problem der Kriegersiedlungen beschäftigen. In der Umgebung Münchens bei Unterhaching steht eine große geplante Anlage vor der Ausführung, ebenfalls in Schwaig bei Nürnberg usw.

[9]) Heim und Scholle 16 S. 243.
[10]) Eberstadt, Handbuch des Wohnungswesens S. 461.

3. Arbeiterwohngebäude auf dem Lande.

Arbeiterwohnungsbau auf dem Lande und Bauernansiedlung gehören untrennbar zusammen und bilden das Problem der inneren Kolonisation, die von öffentlich-rechtlichen Korporationen ausgeführt wird, wobei der Staat erhebliche Hilfsmittel unterstützend beitragen muß.[11])

Die Arbeiterbevölkerung auf dem Lande, die in der Landwirtschaft Dienst leistete, lebte bis in die jüngste Zeit hinein teilweise in traurigen Wohnverhältnissen, die diese Arbeiter infolge ihres geringen Verdienstes nicht aus eigenen Mitteln bessern konnten. Die wachsende Unzufriedenheit unter den ländlichen Arbeitern, die häufig ihre Arbeitsstelle wechselten und der Umstand, daß jährlich das Angebot an Arbeitskräften auf dem Lande hinter der Nachfrage zurückblieb, gab für die Gutsbesitzer Veranlassung, der Wohnungsfrage erhöhte Bedeutung beizumessen und so entstanden die neuen gutseigenen Wohnungsbauten für die Arbeiter im Osten und die hofeigenen im Westen. Die Industrie breitete sich ebenfalls auf dem flachen Lande aus, besonders waren es Betriebe, die sich an den Quellen der Rohstoffe niederließen, um dieselben zu gewinnen, umzusetzen und zu verarbeiten; man denke an Bergwerke, Hütten, Ziegeleien, Zementbrüche, Porzellanfabriken und dgl.; diese Fabriken waren genötigt, ihre Arbeiter in der Nähe der Werke in kleinen Kolonien, die hiefür gebaut wurden, unterzubringen, nachdem es gewöhnlich unmöglich war, bei den umliegenden Bauerndörfern genügend Wohnungen zu finden. Außerdem siedelten sich entlängs der Bahnlinien, Wasserstraßen und dgl. ländliche Industrien an, deren Entstehung durch billige Arbeitslöhne (infolge billigerer Lebensweise der Arbeiter) und billigere Wasserkräfte veranlaßt wurde; im Kriege haben sich diese Industrien wesentlich vermehrt und vergrößert und werden nach aller Voraussicht auch in der Folgezeit bei billigeren Arbeitsverhältnissen leichter existieren können, als Betriebe in den überindustriealisierten Städten. Fast die meisten dieser ländlichen Fabriken haben ihren Arbeitern finanzielle Unterstützung beim Bau von Kleinhäusern mit anschließendem Garten und teilweise kleinerer Ökonomie angedeihen lassen oder selbst Kleinhäuser gebaut, die sie ihren Leuten gegen Miete zur Verfügung stellen. Allmählich werden diese Häuser, und dieser Umstand ist vom sozialethischen Gesichtspunkt zu begrüßen, in den Eigenbesitz der Arbeiter übergehen, ein Vorgehen, das öffentlich-rechtliche Bauvereinigungen und Baugenossenschaften in Stadt und Land seit geraumer Zeit bereits verfolgen.

Wer baut nun auf dem Lande Kleinhäuser für Arbeiter und wer ist Kreditgeber dafür?

---

[11]) Berthold, Geldbeschaffung für die Errichtung von Arbeiterwohngeb. auf dem Lande S. 4.

1. Privatunternehmer, die Zinshäuser errichten,
2. Arbeitgeber, sei es Großgrundbesitzer oder Fabrikherren,
2. Kommunalverbände oder sonstige Verbände des öffentlichen Rechtes und
4. Gemeinnützige Bauverbände.

Zu Ziff. 1. In verschiedenen Gegenden Deutschlands, in denen sich Industrie auf dem Lande vorfindet, haben dort ansässige Bauunternehmer, die in besseren Verhältnissen lebten, Kleinhäuser mit Wohnungen für zwei bis drei Familien erbaut, die sie dann in Miete an Industriearbeiter und kleine Handwerker vergaben und schließlich diesen Leuten, wenn sie in bessere Verhältnisse kamen, auch verkauften. Als Baugeld kamen bei diesen Bauten für den Unternehmer Bankgeld in Form von ersten Zinshypotheken außer vornehmlich eigenen Mitteln in Betracht. Als Ausgleich für das Risiko, das diesen Bauunternehmern aus derartigen Bauten erwuchs, erhoben dieselben einen, den normalen um Einiges übersteigenden Zinssatz, womit diese Bauten zu Spekulationsbauten gestempelt wurden, die den Erwerb-, nicht den gemeinnützigen Kredit voraussetzten. Nachdem derartige hochverzinsliche Kleinwohnhäuser ein gewisses erhöhtes Einkommen ihrer Mieter erforderten, so kamen dieselben ausschließlich für den wohlhabenderen und sparsameren Teil der Arbeiterbevölkerung in Betracht.

Zu Ziff. 2. Als Arbeitgeber, die für ihre Arbeiter Häuser auf dem Lande bauen, kommen Gutsherrn und Fabrikbesitzer in Frage. Der Staat hat die Bedeutung dieser Sache erkannt und so hat z. B. der preußische Staat dem Domänenstaat Zuwendungen für Vermehrung und Besserung der Arbeiterwohnungen gemacht. Der private Gutsbesitzer erstellt diese Arbeiterhäuser auf Gutsland aus bereiten Mitteln oder durch vorübergehende Inanspruchnahme seines Personalkredites; falls der Grundbesitz teilweise verschuldet ist und dem Gutsherrn die nötigen Barmittel fehlen, stößt eine Darlehensaufnahme bei einer Bank auf Schwierigkeiten, da die Aufnahme eines hypothekaren Darlehens auf das bereits stark belastete Gesamtgrundstück undurchführbar ist.[12]) Dies führt in der Regel dazu, daß von dem Hauptgrundstück ein lastfreies Teilgrundstück unter gleichzeitiger Bildung eines selbständigen Grundbuchblattes mit Hilfe eines Unschädlichkeitsattestes abgelöst wird, das dann eine eigene Belastung erhält. Die Bildung verschiedener Grundbuchblätter für ein und dasselbe größere geschlossene Gut kann zur Folge haben, daß bei Zwangsversteigerungen das Hauptgrundstück und das abgetrennte in verschiedene Hände kommen. Durch Vorrangeinräumung an Kreditgeber derartiger Hypotheken (z. B. Landesversicherungsanstalt) haben die preußischen Land-

---

12) Schwerin, Arbeiterwohnungen auf dem Lande S. 15.

schaften verschuldeten Gutsbesitzern sehr geholfen, denen sie selbst des öfteren sog. Zusatzdarlehen geben.[13])

Fabrikherren schaffen in drei verschiedenen Formen Kleinhäuser für ihre Arbeiter; in Form von Werkwohnungsbauten, Wohnungskolonien und bäuerlichen Siedlungen. Die „Werkwohnungen“ i. e. S. liegen in unmittelbarer Nähe oder innerhalb des Werkes und dienen zur Unterbringung von Leuten, die Tag und Nacht in der Fabrik benötigt sind, z. B. Maschinisten, Heizer, Werkführer und dgl.; diese Art findet sich bei fast allen größeren Betrieben. Die Wohnungskolonien können nur von finanziell gutgestellten Fabrikherrn erstellt werden und zeigen einen edlen Sinn ihres Erbauers, wenn auch ein gewisser Egoismus nicht von der Hand zu weisen ist. Mustergültiges haben hierin Ulrich Gminder (Spinnerei) in Reutlingen in Württemberg und Krupp in Essen, um Beispiele zu nennen, geleistet. In beiden Fällen werden die Kleinhausbauten für die Beamten und Arbeiter von den Fabrikherren aus eigenen Mitteln auf eigenem Grund erstellt und die Arbeiter wohnen dortselbst für gewöhnlich in Miete. Die bäuerlichen Siedlungen bestehen in einem Ankauf von kleinen Bauernhöfen in der Umgebung der Fabriken durch die Arbeiter selbst, wobei der Fabrikherr Kredit gibt, den er sich hypothekarisch auf das Grundstück sichern läßt; obendrein wird in einem zwischen Arbeitnehmer und Arbeitgeber abgeschlossenen Vertrag vereinbart, daß die Kreditgebung von der Arbeitswilligkeit des Beliehenen in der Fabrik abhängt und Lösung des Arbeitsverhältnisses Hypothekenkündigung in Gefolgschaft haben kann.

Zu Ziff. 3. Kommunalverbände, die gewöhnlich über reichliche Mittel verfügen und deren Bedeutung für die Wirtschaft täglich zunimmt, beschäftigen sich seit den letzten Jahren eingehend nicht nur mit Verbilligung der Lebensmittel durch gemeinsamen großzügigen Einkauf, durch Bau und Pacht von großen Metzgereien und Bäckereien, sondern auch mit der Finanzierung von Kleinhäusern für ihre Mitglieder.

Zu Ziff. 4. Baugenossenschaften haben für Arbeiterkleinhäuser, wo es sich um rein landwirtschaftliche Arbeiter handelt, geringe Bedeutung (von Schwerin, Geldb. für Arbeiterwohnungen auf dem Lande S. 16). In Pommern existieren zwei Genossenschaften, die die von einem Gute für Bau von Arbeiterwohnungen abgetretenen Grundstücke in ihren Besitz nehmen und sich von der Landesversicherungsanstalt ein Darlehen darauf geben lassen. Große Bedeutung haben die Baugenossenschaften da erlangt, wo es sich um Erstellung von Kleinhäusern für Arbeiter in Gebieten ländlicher Industrie handelt, da die Arbeiterschaft sich durch Ausschaltung der Fabrikherren beim Wohnungsbau von dem Drucke lossagen will, der sie bei fabriksherrlicher Bautätigkeit an bestimmte Werke

[13]) Schwerin, Geldbeschaffg. f. Arbeiterwohng. a. d. Lande S. 15.

für lange Zeiten binden kann. Es wurden zwar die meisten Baugenossenschaften unter Beteiligung der Arbeitgeber begründet, sobald jedoch die Genossenschaft in guten Verhältnissen war, wurde die Entfernung und Abfindung dieser Art von Genossen mit allen Mitteln erstrebt und lediglich einige wenige Kapitalisten beibehalten, die keine Arbeitgeber waren und die ihre Dienste ehrenamtlich leisteten.

Als Baukreditgeber für den Arbeiterkleinhausbau auf dem Lande kommt das große Privatkapital (Bankinstitute, Sparkassen, private Versicherungsanstalten, Landschaften und dgl.) in Betracht. Es ist einleuchtend, daß die Beleihung von Häusern, die über das ganze Land verteilt sind, von diesen Gesellschaften nicht eigenhändig gemacht werden können und daß es hiezu einer Mittelperson in Gestalt eines Kommunalverbandes (in Preußen Landkreise) bedarf.[14]) Letztere nehmen das Darlehen auf und geben es unter Zuschlag der Selbstkosten zum Zwecke des Kleinwohnhausbaues als Realkredit weiter. Die Leiter der Kommunalverbände, die meist gleichzeitig Leiter von Sparkassen sind, kennen die Kreditverhältnisse der einzelnen Darlehensnehmer und die Art der Sicherheit des zu belastenden Grundstückes und werden den Baukredit zu einem möglichst geringen Zinsfuße von den Landesversicherungsanstalten erhalten. Sie können, wenn die Gelder nicht besonders reichlich fließen, den dafür zu bildenden Fond dadurch entlasten, daß sie sich von privater Seite und von Sparkassen erste Hypotheken in der Grenze der Mündelsicherheit geben lassen und die II. Hypotheken aus ihrem eigenen Anleihefond und aus sonstigen Beisteuerungen billigen Geldes (von Stiftern, Gemeinden usw.) decken.

4. Gartenstadt.

Gartenstadt ist eine Form der Siedlung, die die Vorzüge des städtischen Zusammenwohnens und der daraus entspringenden gesellschaftlichen und geschäftlichen Vorteile mit denen zu vereinigen trachtet, die ein Leben auf dem Lande bietet.[15]) Die Grundrente und deren Steigerung durch den Städtebau ist Gemeingut der Gemeinde, das jegliche spekulative Ausnützung verhindert und so eine gesunde Basis zur Schaffung billiger und gutgesicherter Baukredite bildet. Fuchs bezeichnet als „Gartenstadt" i. e. S. eine größere, auf Grund eines einheitlichen Bebauungsplanes geschaffene Anlage mit einem städtischen, durch Handel und Gewerbe gebildeten Kern, umgeben von einem Wohngürtel, in dem eine hygienisch und menschlich ideale Form des Wohnens verwirklicht ist.[16]) Dem Land- und Gartenbau bleibt ein erheblicher Teil des Bodens vorbehalten, während Gewerbe und Industrie in be-

[14]) Schwerin, Geldbeschaffg. f. Arbeiterwohng. a. d. Lande, S. 17.
[15]) Eberstadt, Handbuch des Wohnungswesens S. 463.
[16]) Fuchs, Wohnungs- und Siedlungsfrage nach dem Kriege S. 41.

sonders geeignete Bezirke verlegt werden. Die Idee der Gartenstadt stammt von Deutschland, wurde von England übernommen, das 45 km nördlich London eine Gartenstadt (Letchworth) nach vorgenanntem Muster errichtete, die über 2000 Häuser und rund 10000 Einwohner besitzt. Deutschland hat Veranlassung genommen, dem englischen Beispiel folgend, zu versuchen, eine Reihe von ähnlichen Anlagen zu bauen, die sich wohl Gartenstädte nennen, jedoch nur als Gartenvorstädte bezeichnet werden können.[17]) Die Gartenstadt hat daher für Deutschland keine praktische Bedeutung erlangt und nehme ich deshalb davon Abstand, weiter darauf einzugehen.

bb) Anschließend an eine größere Stadt.

1. Villenkolonie.

Fast in allen größeren und mittleren Städten, in denen Industrie vorhanden und in deren Innerem viel Verkehr und Lärm herrscht, finden wir ein sog. „besseres Viertel", in dem sich die wohlhabenderen Teile der Stadtbevölkerung Einfamilienheime mit Gartenanlage in mehr oder weniger reicher Ausfertigung erstellen. Es würde zu weit führen, Beispiele solcher Anlagen anzuführen, deren es in Europa ungezählte gibt; in England teilweise und durchgehends in den Vereinigten Staaten besteht sogar eine Scheidung von city und residence-town, in welch letzteren ohne Unterschied der Vermögensklassen die Stadtbewohner in ihrer berufsfreien Zeit leben. Die Villenkolonien der Reichen sind gewöhnlich auf dem Boden von Terraingesellschaften entstanden, die die Grundstücke nur an gutfundierte Käufer abgeben, da die Preise für die Minderbemittelten unerschwinglich sind. Eine Inanspruchnahme von Bankkredit wird in vorliegendem Falle für gewöhnlich unnötig werden, da der Bauherr selbst im Besitze des Baugeldes ist, das er in sicherer Weise zu investieren betreibt.

2. Fabrikkolonien.

Beamten- und Arbeiterkolonien finden sich häufig im Weichbild einer Stadt und zwar in der Nähe der Fabriken oder Werkstätten, in denen die Inwohner der Kolonien beschäftigt sind. Baukredite hiefür geben die Arbeitgeber aus eigenen Mitteln, ob sie nun Staat, Stadt oder Private heißen mögen oder sie beteiligen sich bei öffentlichen Verbänden (Genossenschaften usw.) durch Zurverfügungstellen von Baugelände und Barmitteln, woran sie gewisse Bedingungen knüpfen, deren Vorteile ihren Arbeitern zugute kommen.

3. Gartenvorstadt (Gartendorf).

Gartenvorstadt ist eine gartenmäßige Siedlung, die an eine bereits bestehende Stadt angebaut wird, deren Häuser Kleinhäuser

---

[17]) Fuchs, Wohnungs- u. Siedlungsfrage n. d. Kriege, III., S. 39 ff.

sind, die im Block- oder Pavillonsystem zwischen Gärten und Waldparzellen zu liegen kommen. Die Finanzierung und der Ausbau derartiger Anlagen, die sowohl für die wohlhabende, als auch für die minderbemittelte Bevölkerung geschaffen sind, werden meist von gemeinnützigen Gesellschaften in die Wege geleitet, die Kredit in mannigfaltiger Form von öffentlichen und privaten Geldgebern aufzunehmen gezwungen sind.

4. Vorstädte in geschlossenem Bausystem.

Die meisten Vorstädte, die zur Unterbringung der minderbemittelten Bevölkerung einer Großstadt dienen, wurden durch die sich in die Hand arbeitende Bau- und Bodenspekulation geschaffen. In richtiger Erkenntnis der Schäden der Spekulation und der großen Wohnungsnot gingen einige Städte, wie z. B.: Freiburg i. B., Ulm, Stuttgart, Augsburg und München daran, Kleinhausbauten mit Erwerbsmöglichkeit für ihre Inwohner zu erbauen. Kreditgeber für die Stadt Ulm z. B. waren für den ersten Bauteil die Oberamtssparkasse Ulm mit 226000 ℳ, für den zweiten, dritten und vierten Teil die Württembergische Landesversicherungs-Anstalt in Stuttgart mit 510000 ℳ; beide Institute gaben den Baukredit in gemeinnütziger Weise zu 3%. Von größter Bedeutung für den Bau genannter Vorstädte sind einige gemeinnützige Bauvereinigungen, von denen ich als eine der bedeutendsten den bereits über 50 Jahre in Stuttgart bestehenden „Verein für das Wohl der arbeitenden Klassen" nenne, der seit 1891 rund 550 Häuser an der Peripherie der Stadt errichtete, die ungefähr 7000 Menschen gesunde Unterkunft bieten. Die drei größten derartigen Anlagen sind Ost-, Süd- und Westheim, die einen Kapitalaufwand von 7½ Millionen mit 383 Häusern, 1,04 Millionen für 39 und ¾ Millionen für 30 Häuser erforderten. Kreditgeber waren der Württembergische Kreditverein und die Landesversicherungsanstalt Württemberg; außerdem hat sich der Verein Baukredit durch Ausgabe von nicht börsenfähigen 3%igen unkündbaren Schuldscheinen verschafft, die von Privaten aufgekauft werden. Rund 150 von etwa 550 gebauten kleinen Häusern wurden an Inhaber derselben verkauft. Außerdem hat der Verein kurz vor Kriegsbeginn eine Kolonie für mittlere Beamte, Privatangestellte und dergleichen mit dem Namen Ostenau errichtet (rd. 50 Häuser), die infolge ihrer kostspieligen Ausstattung einen Aufwand von 3174000 ℳ erforderte, der in der oben angegebenen Weise von der Landesversicherungsanstalt Württemberg, verschiedenen Kreditanstalten und aus Mitteln des Vereines aufgebracht wurde.

Das Grundstück, auf dem Ostenau errichtet wurde, konnte von einem Gönner in Größe von 23245 qm zu einem ausnahmsweise billigen Preise erworben werden. Ostenau, das eine völlig in sich geschlossene, im Innern mit Zier- und Nutzgärten ausgestattete Anlage ist, soll in dauerndem Eigenbesitz des Vereins bleiben und wird in Gestalt von 3-, 4- und 5-Zimmerwohnungen an Mitglieder vermietet.

Bedeutendes auf letztgenanntem Gebiete hat die Stadt München geleistet, in deren Peripherie in geschmackvoller Weise eine Reihe von Kleinhausanlagen entstanden sind, die hauptsächlich dem Stadtsäckel ihre Entstehung verdanken; München hat große Summen für den Bau gesunder, in Gärten liegender Vorstadtanlagen flüssig gemacht. Der Ende des vorigen Jahrhunderts dortselbst entstandene „Verein zur Verbesserung der Wohnungsverhältnisse" hat sich in tonangebender Weise dem gemeinnützigen Wohnhausbau und dessen Finanzierung gewidmet und eine Reihe von Anlagen geschaffen, die a. a. O. in tabellarischer Anordnung gebracht werden.

c) Für wen werden sie vornehmlich geschaffen?

Die „Kleinwohnungsfrage" ist bei uns zugleich auch ein und zwar der größte Bestandteil einer allgemeinen Wohnungsfrage, welche heute in Deutschland wenigstens in den meisten Groß- und Mittelstädten, d. h. im Herrschaftsgebiet der gedrängten Bauweise oder des vielstöckigen Etagenhauses fast alle Klassen der Bevölkerung, von einer kleineren obersten Schicht abgesehen, erfaßt.[18])

Wir können die Interessenten von Kleinwohnhäusern in zwei Gruppen teilen, zur ersteren zählen die wohlhabenden Leute, die aus eigenen Mitteln sich ein Haus bauen können, zur zweiten wesentlich größeren diejenigen, die nur mit Unterstützung von dritter Seite in der Lage sind, sich gegen teilweise langjährige Verschuldung ein Eigenheim zu schaffen und dies nur bei Aufnahme eines gemeinnützigen Kredites. Die Finanzierung von sog. Herrenhäusern, vornehmen Landhäusern und dgl. fällt, falls von den Bauenden Kredit aufgenommen werden sollte, unter Teil A dieser Abhandlung, nachdem es sich in diesem Falle lediglich um Erwerbskredit handeln kann. Kleinwohnhäuser, deren Finanzierung uns hier interessiert, kommen vornehmlich für

1. Beamte,
2. Kleinbürger,
3. gehobene Arbeiter und
4. wenig bemittelte Arbeiter

in Betracht, die sich auf Grund von gesetzlichen Erleichterungen zur Selbsthilfe organisieren.[19]) Die ersten drei Gruppen haben auf diese Weise in der Zeit vor dem Kriege eine ganz ansehnliche Zahl von Kleinhäusern geschaffen, während die vierte Gruppe infolge ihres geringen Existenzminimums und Ermangelung geeigneter Hilfsmaßnahmen von seiten des Staates bisher leer ausgehen mußte. Alle unsere Genossenschaften, Gartenstädte und dergleichen

---

[18]) Fuchs, Die Wohnungsfrage vor und nach dem Kriege, II, S. 23.
[19]) Jäger, Die Wohnungsfrage S. 246.

waren doch nur für solche Leute erreichbar, deren Einkommen über dem normalen Einkommen eines Arbeiters standen oder die sich durch große Sparsamkeit ein Vermögen zusammengespart hatten.[20]) Die Miete war zu hoch, die Umzugskosten zu groß, so daß alle diese schönen Veranstaltungen nicht demjenigen zugute kamen, die sie am meisten brauchten, nämlich den unbemittelten kinderreichen Familien. Man kann allerdings auch nicht sagen, daß die Verkehrspolitik der öffentlichen Anstalten alles das geleistet hat, was hier notwendig gewesen wäre. Man ist auch bei ihnen zu stark auf dem privatwirtschaftlichen Standpunkt stehen geblieben, einer nach den Gesetzen zwar gesunden, aber doch nicht hinreichend sozialen Wirtschaftsauffassung. Die durch den Krieg bzw. durch die Revolution geschaffenen Verhältnisse haben eine Vermögensverschiebung zugunsten der ärmsten Volksklasse, des sog. Proletariats, geschaffen, deren Wirkung sich in den folgenden Jahren höchstwahrscheinlich auch im Wohnungsbau zeigen wird.

d) Welche Grundforderungen sind mit dem gemeinnützigen Kleinhausbau verbunden?

Billige Platz- und Baukosten, Rentabilität und besonders gemeinnütziger Baukredit bilden die Karyatiden des Kleinhausbaues. Dazu treten noch einige finanzielle Erleichterungen, wie gänzlicher oder teilweiser Erlaß der Straßenkosten, Kanalgebühren, Ermäßigung der Steuern und Abstufung der baupolizeilichen Vorschriften nach Größe und Charakter der Häuser.

1. Billiger Bauplatz, geringe Baukosten für das Haus.

Das Baugelände muß möglichst billig in die Hand der Bauenden kommen, womöglich kostenlos durch Gemeinde oder Staat zur Verfügung gestellt werden. Es soll in hygienisch einwandfreier, möglichst in wald- und vegetationsreicher Gegend liegen und durch gute und schnelle Verkehrswege (Stadtbahn, Schnellbahn) mit der Stadt des Arbeitsplatzes und des Lebensmittelmarktes verbunden sein. Diejenigen Körperschaften, welche Grund und Boden billig zur Verfügung stellen, bedienen sich verschiedener Verfahren, wie: Wiederkaufs- und Erbbaurecht, um zu verhindern, daß die Anwesensbesitzer mit dem Hause Geschäfte treiben. Würde den Dingen freier Lauf gelassen, so könnte die mit jeder Bebauung eintretende natürliche Wertsteigerung den neuen Hausbesitzer verlocken, seinen Besitz zu erhöhtem Preis zu verkaufen. Die Folge hievon würde sein, daß die Werte sämtlicher umliegender Besitztümer in der gleichen Weise in die Höhe getrieben werden, was mit einer Steigerung der Mieten bei den der Körperschaft nicht mehr gehörigen Häusern gleichbedeutend sein würde. Die Beschränkung der Verkäuflichkeit allein hält die Mieten ständig auf der mäßigen Höhe, die durch gemeinnützige Maßnahmen zu erreichen versucht wurde; sie muß durch vertragskräftige Bindung erfolgen und bedeutet

[20]) Dernburg, Vom sparsamen Bauen S. 9.

eine Art Obereigentum der bodengebenden Körperschaften, die das Schicksal der Siedlungen auch ferner mitbestimmend im Bereich ihrer Einwirkung haben wollen.

Die Bauenden haben sich, um die Kosten möglichst herabzusetzen, teilweise Mäßigung ihrer Wohnungsansprüche aufzuerlegen.[21]) Die Bauweise soll einfach und schlicht und mehr auf praktische Zwecke als auf übertriebene künstlerische Wirkung abzielen; die zur Verwendung kommenden Konstruktionen und Baustoffe sollen zwar gut sein, müssen aber nicht immer auf die teuersten auf dem Baumarkte zurückgreifen.[22]) Eine wesentliche Verbilligung wird außerdem erzeugt, wenn bei einer großen Anzahl von Kleinwohnhäusern Typen für Fenster, Türen, Möbel und dgl. in großem Maßstab verwandt werden, was durch geschickte Architektenhand ohne ästhetische Schädigung des Gebäudes geschehen kann. Gerade die heutzutage gewaltigen Baumaterialienpreise geben dieser Forderung zur Verbilligung des Baues besondere Wichtigkeit. Von höchstem Einfluß auf das Ausmaß der Baukosten ist ferner die Bauordnung, deren zweckmäßige Vereinfachung die Bausumme um Tausende von Mark verringern kann, ohne im geringsten auf die statische und feuersichere Haltbarkeit der Gebäude schädlichen Einfluß auszuüben. (Hierin ist in letzter Zeit schon vieles Ersprießliches geschehen.) Endlich muß der Höhe der Baukosten durch Verkürzung, Vereinfachung und Verzweckmäßigung der Arbeitsmethoden nach dem bekannten System des Amerikaners Taylor in einer unseren Verhältnissen angepaßten Form Abbruch getan werden.

2. Rentabilität.

Die wichtigste und zugleich die schwierigste Vorbereitung für den Kleinwohnhausbau und dessen Finanzierung ist die Ertragsberechnung,[23]) m. a. W. die Feststellung, ob sich das Objekt vorteilhaft verzinst. Die Ertragsberechnung muß schon zu einer Zeit aufgestellt werden, in der ihre wichtigsten Bestandteile, so vor allem die Beleihung noch nicht endgültig geregelt ist; zur Erlangung eines Baukredites müssen bereits die fertigen Vorarbeiten eingereicht werden. Die seinerzeitigen Baukosten, die über Nacht eine bedeutendere Höhe annehmen können, bringen gegenüber dem vorläufigen Kostenvoranschlage vielfach Überraschungen. Verschiedene Arbeiten, wie Gründungsarbeiten, Abführung der Abwässer, Froste, Streiks, Lohnerhöhungen und Materialsteigerungen, wie sie besonders jetzt an der Tagesordnung sind, können die Bausumme um ein Vielfaches vermehren. Auch die Höhe der öffentlichen Abgaben, die Ausgaben für Wasser, Beleuchtung und dgl.

---

[21]) Baelz, Wie bauen wir heute billige Kleinhäuser u. Kriegerheimstätten S. 13.

[22]) Reichs- u. Preuß. Staatskommissar für das Wohnungswesen, Ersatzbaustoffe und Bauweisen zur Verbilligung des Wohnbaues S. 3ff.

[23]) Muthesius, Kleinhaus- und Kleinsiedlung S. 316ff.

unterliegen starken Schwankungen. Daher ist eine möglichst genaue Unkosten- und Ertragsberechnung für das klare Erkennen dessen wichtig, was den zukünftigen Mietern der Häuser am Mietzins zugemutet werden muß und kann, um das Unternehmen lebensfähig zu erhalten. Man nimmt gewöhnlich an, daß ein Arbeiter $^1/_5$—$^1/_6$ seines Verdienstes für Wohnung anlegen darf, in Großstädten bis zu $^1/_4$ seines Einkommens, was jedoch nicht ohne Einschränkung der sonstigen Lebensverhältnisse geschehen kann.

Von großer Bedeutung für die Ertragsberechnung ist der Zinsfuß, der für die Leihgebühr gezahlt werden muß; es ist notwendig, festzustellen, welche Art von Beleihung nachgesucht werden kann, bzw. mit welchem Kapital bei einer Baugenossenschaft die Genossen selbst beispringen. Die anfallenden Unkosten scheiden sich in zwei Teile, die einmaligen und die sich periodisch wiederholenden.[24]) Die einmaligen Unkosten zerfallen in:

1. Ankaufspreis des Grundstücks und Unkosten des Ankaufs (Notarkosten, Stempelgebühren, Umsatzsteuern, Umschreibungsgebühren usw.).

2. Kosten für Aufschließung des Geländes, Straßenbaukosten, Kosten für Zuleitung von Wasser, Gas elektrisches Licht usw.

3. Eigentliche Baukosten, Architektenhonorar, diverse Gebühren für Baupolizei, Geometer usw.

Aus der Verzinsung allen Aufwands ergibt sich die Gesamtmiete der Häuser.

Die fortlaufenden Kosten zerfallen in:

1. Kosten für Instandhaltung der Wohnungen,
2. Kosten für Unterhaltung der Wege und öffentlichen Anlagen,
3. Verzinsung der Leihgelder.
4. Steuern und Abgaben, soferne diese nicht durch Gesetz aufgehoben sind,
5. Bei Genossenschaften: Geschäftsunkosten für Verwaltung.

Ferner ist durch Bestimmung des HGB. geforderte jährliche Abschreibung als Ausgleich für die allmählich eintretende natürliche Abnützung notwendig. Der dafür angenommene Satz bewegt sich heute im Betrage von 1—2% des Bauwertes. Die Abschreibung geschieht nur von den Baukosten, nicht dem Grundstückswert, da durch die Bebauung des Grundstückes keine Wertminderung desselben, sondern eine Wertsteigerung eintritt.

Als Beispiel für eine Mietzinsberechnung aus je 100 M des gesamten Bauaufwandes sei hier eine Aufstellung aus einer Denkschrift über die Verhältnisse auf dem Wohnungsmarkte der Stadt Augsburg im Kriegsjahre 1918 von Oberbaurat Holzer[25]) angeführt. (In Augsburg sind rund 10 gemeinnützige Baugenossenschaften, die durch Vermittlung der Stadtgemeinde mit Baukrediten versehen wurden.)

[24]) Muthesius, Kleinhaus- und Kleinsiedlung S. 317.
[25]) Holzer, Denkschrift über d. Verh. a. d. Wohnmarkt der Stadt Augsburg im Kriegsjahr 1918 S. 50 ff.

Die Finanzierung für diese gemeinnützigen Bauvereinigungen geschieht im allgemeinen dadurch, daß sie sich das Baukapital (Grund-, Erwerbs-, Baukosten) gemäß dritter Abschnitt Art. 15 des bayer. Gesetzes über die Landeskulturrentenanstalten vom 31. März 1908 durch Vermittlung der Stadtgemeinde ein Landeskulturrentendarlehen in Höhe von 90% der Gesamtkosten beschaffen. Da mit der Valutierung der Landeskulturrentenscheine ein Verlust von 8 auf 100 ℳ verknüpft ist (der Kurs ist zurzeit 92), so entsprechen die 90% nominelle Landeskulturrenten nur rund 83% [26]) der Gesamtbaukosten, so daß 17% anderweitig gedeckt werden müssen. 7% werden durch die Stammeinlagen der Genossen ausgeglichen, während die übrigen 10% anderweitig beschafft werden müssen. Die restigen 10% werden nun bei den großen Schwierigkeiten auf dem Geldmarkte in der jetzigen Zeit durch Darbietung eines städtischen Personalkredites aufgebracht werden. Hieraus ergibt sich für die Mietzinsberechnung aus je 100 ℳ des gesamten Bauaufwandes folgende Zusammenstellung:

4% aus nom. 90 ℳ Landeskulturrentengeld	3.60 ℳ
¾% Amortisation aus 90 ℳ Landeskulturrentengeld	—.68 „
4% aus 7 ℳ Stammeinlage	—.28 „
6½% aus 10 ℳ städt. Darlehen	—.65 „
Dazu kommt noch 1% für den Bauunterhalt aus der eigentlichen Bausumme und die allgemeinen Geschäftsspesen usw. Die Bauplatzkosten betragen im Mittel 1/15 der genannten Bausumme. Darnach ist 1% nur aus (100 — 7) = 93 ℳ zu nehmen . . .	—.93 „
Mindestverzinsung für je 100 ℳ	6.14 ℳ

3. Baukredit (gemeinnützig).

Nachdem die Interessenten für Kleinwohnhäuser weder mit Geldmitteln noch mit realisierbaren Werten, wie Grundstücke und dgl., die als Sicherheit für Kreditaufnahme in Betracht kommen können, gesegnet sind, so wurde der gemeinnützige Baukredit für Errichtung von Kleinwohnungen von ausschlaggebender Bedeutung; mit ihm steht und fällt der gemeinnützige Wohnhausbau. Der Kreditgeber schlägt aus seinem Darlehen keinen oder nur geringen Nutzen, der Zinssatz beträgt rund 3½%, die Hypothek, die der Kreditgeber sich auf Bauplatz und Bauobjekt eintragen läßt, baut sich auf dem gesamten möglichst hoch gegriffenen Realwert von Platz und Gebäude auf, wobei einer Entwertung desselben keine Rechnung getragen wird, wodurch diese erste oder zweite Hypothek an Sicherheit Einbuße erleidet. Die Form der Schuldtilgung ist im allgemeinen die der unkündbaren Tilgungshypothek, die für den Geldgeber ein langfristiges Ausstehen der Schuld bedeutet,

---

[26]) $100 : 92 = 90 : X = \frac{92 \times 90}{100} = \frac{8280}{100} =$ rd. 83.

während es dem Darlehensnehmer ermöglicht, in einer langen Zeitspanne bei geringem Zinsfuß und kleinen Tilgungsraten seine Schuld zu annullieren. Über die Einzelheiten der Tilgungsform, sowie über gewisse Rechte, wie Vorkaufsrecht, Wiederkaufsrecht und dergleichen, die der Kreditgeber sein eigen nennt, wird in den folgenden Kapiteln näheres ausgeführt werden.

II. Kapitel.

Wer sind die Träger des Kleinhausbaues?

a) Die spekulative Bautätigkeit.

Die spekulative Bautätigkeit, die hier verhältnismäßig eine unbedeutende Rolle spielt, wird auch privatwirtschaftliche Bautätigkeit genannt.

Wie bereits in vorhergehenden Kapiteln klargelegt, haben in verschiedenen Mittel- und Großstädten Deutschlands vor 2—3 Jahrzehnten Terraingesellschaften die größten Teile des städtischen Baulandes billig aufgekauft, für geraume Zeit zurückgehalten und erst, wenn die Bodenpreise künstlich in die Höhe getrieben waren, sind diese Gesellschaften erneut an einen Verkauf der Grundstücke unter großem Gewinn herangetreten. Käufer waren Private und Baugenossenschaften; die hohen Bodenpreise gaben Anlaß, beim Bau von Kleinwohnungen zur Mietskasernenform, also nicht zum Kleinhausbau zu schreiten, um die Bauten rentabel zu gestalten. Unzweckmäßiger Bebauungsplan, Straßenbau und überreiche äußere Ausschmückung verteuerten das infolge des hohen Grundstückpreises an und für sich kostspielige Unternehmen. Nachdem solche Anlagen auf einem großen Risiko aufgebaut waren, gestaltete es sich schwer, billige Baukredite zu erhalten; Erwerbskredit mit hoher Verzinsung und Tilgung waren an der Tagesordnung; als nachstellige Hypothekare waren gewöhnlich der Bauunternehmer und der Grundeigentümer (Terrain-A.-G.) zu gleichem Rang eingetragen.[1])

Die Finanzierung gestaltete sich bei der spekulativen Bautätigkeit im allgemeinen folgendermaßen:

50% als I. Hypothek durch ein Bankunternehmen,
30% als II. Hypothek von der Stadtgemeinde,
10% eigene Mittel der Genossenschaft,
10% III. Hypothek durch bauausführende Firma.

Nachdem durch diese Art der Finanzierung die Baugeschäfte des öfteren viel Geld einbüßten und infolgedessen für derartige Unternehmen schwer zu gewinnen waren, so ging man bei der Beteiligung der Baugeschäfte von 10 auf 5% herab. Auch heutigen Tages finden wir vereinzelt, trotz des Genossenschaftsgesetzes vom

1) Baelz, Wie bauen wir heute billige Kleinhäuser u. Kriegerheimstätten? S. 28.

1. Mai 1899 verkappte, spekulative Genossenschaften, deren Schwäche in den allzu hohen Ankaufskosten des Grundstücks liegt.

Auch Einzelpersonen, die den Reihen der Unternehmer und Handwerker entstammen, haben sich mit dem Bau von Kleinhäusern befaßt und damit Spekulationen getrieben. Als Geldgeber kamen in Betracht Banken, die oftmals de facto bis zu 90% Beleihung geben, den Rest deckten der Bauunternehmer, irgendein privater Baukapitalist und die an den Bau liefernden Geschäftsleute. Die hohe Beleihung von seiten der Banken ist dadurch erklärlich, daß sie sich bei der vom Hypothekenbankgesetz (§ 11) vorgeschriebenen Beleihung von 60% des Objektes an den Rentenwert desselben hielten, nicht an den reinen Gestehungswert (Bauplatz + Baukosten); der Rentenwert wurde durch billigen Geländekauf, geringe Baukosten, geschickte Ausnützung des Geländes und Baues und der damit verbundenen guten Mietseinnahme in die Höhe getrieben. Die Bautätigkeit der ausgesprochenen Spekulanten im Kleinhausbau, die vor Einführung des Bauforderungssicherungsgesetzes vom 21. Juni 1909 in Großstädten festzustellen war, bei der für gewöhnlich die Unterakkordanten und Geschäftsleute des Ausbaues stark zu Schaden kamen (diese Leute mußten jeweils eine letztrangige sogenannte Verbandshypothek auf das Objekt übernehmen), wurde a. a. O. bei den Schäden der Spekulation eingehend behandelt. Im Vergleich zum gemeinnützigen Kleinhausbau spielt der erwerbsmäßige aber eine untergeordnete Rolle.

b) Die gemeinnützige Bautätigkeit.

Die größte Bedeutung für den Kleinhausbau besitzt die gemeinnützige Bautätigkeit oder auch „Bautätigkeit unter Gewinnverzicht" genannt, die jegliche Absicht auf Erwerb und Gewinn aus dem Hausbau selbst und dem Vermieten der Wohnungen verneint. Die gewinnlose Bautätigkeit ist unter dem Einfluß neuzeitlicher Gedanken aus einem Werkzeug des Brotherrn zu einer sozialen und sozial-politischen Schöpfung geworden.[2])

1. Reich, Staat, Gemeinde.

Die Beteiligung der öffentlichen Körperschaften an der gewinnlosen Bautätigkeit kann in drei Formen erfolgen:

aa) Durch Eigenbau von Kleinwohnungen,
bb) durch Gewährung von Baukrediten,
cc) durch Hergabe billigen Baulandes oder Verleihung desselben im Erbbaurecht.

Das Reich.

Das Reich baut selbst für die Reichsmarine und Reichspostverwaltung Kleinwohnhäuser in Regie; außerdem sieht dasselbe im Budget regelmäßig eine bestimmte Summe für Wohnungszwecke

[2]) Eberstadt, Handbuch des Wohnungswesens S. 493.

seiner Angestellten vor, die in Form von hypothekarischen Darlehen an Baugenossenschaften zum Wohnungsbau gegeben werden, wobei das Reich darauf Rücksicht nimmt, daß die Mitglieder dieser Gesellschaften vornehmlich aus Beamten und Arbeitern sich zusammensetzen, die im Reichsdienst stehen. Bis 1918 sind hiefür rund 70 Millionen Mark in den Reichshaushaltsetat eingestellt worden. So ist unter Unterstützung des Reiches die 1914 gegründete Gartenstadt Staaken, e. G. m. b. H. bei Berlin-Spandau ins Leben gerufen worden, die mit einem Aufwand von 5 470 000 ℳ 444 Häuser mit 804 Wohnungen erstehen ließ, welche wiederum aus 298 Einfamilien- und 146 Mehrfamilienhäusern bestehen. Neben umfangreichem Baukredit ist der Grund und Boden für sämtliche Häuser vom Reichsfiskus der Genossenschaft im Erbbaurecht abgegeben worden,[3]) das Gelände war vom Reiche zu 2 ℳ für den Quadratmeter erworben und ist der Gartenstadt Staaken gegen einen jährlichen Erbpachtzins von 2% zur Verfügung gestellt worden. Ähnliche Anlagen wurden vom Reiche mit einer Genossenschaft Neuschottland in Danzig geschaffen, wo das Bauland in Erbpacht auf 85 Jahre abgegeben wurde und am Kaiser Wilhelmskanal, wo eine größere Siedlung ausgebaut wurde.

Der Einzelstaat.

Preußen hat in der Fürsorge für das Wohnungswesen der Arbeiter im staatseigenen Bergbau Ersprießliches geleistet; es hat in der Zeit von 1865—1902 rund 5 Millionen Mark an sog. Hausbauprämien und 7,7 Millionen Mark in Form unverzinslicher Darlehen vom Wohnungsbau seiner Arbeiter gegeben. (Die unverzinslichen Darlehen sind durch Lohnabzüge rückzahlbar.) Diese Häuser, rund 7200 an der Zahl, welche durch Vermittlung von Genossenschaften und Vereinen geschaffen wurden, gingen in den Besitz der Leute über; außerdem baute Preußen selbst Wohnhäuser, die es an seine Arbeiter mietweise überließ. Ebenso hat dieses Land in der Eisenbahnverwaltung den Wohnungsbau seiner Angestellten dadurch gehoben, daß es Baukredite auf drei verschiedene Arten auf den Markt brachte und zwar:

1. aus Mitteln des Etats,
2. aus Mitteln des Wohnungs-Fürsorgefonds,
3. aus Mitteln der Pensionskasse für die Arbeiter der Preuß.-Hess. Eisenbahngemeinschaft. —

Preußen hat bis Anfang 1913 zur Besserung der Wohnungsverhältnisse von Arbeitern, die in staatlichen Betrieben beschäftigt sind und von gering besoldeten Staatsbeamten, gesetzlich bewilligte Mittel im Betrage von 158 Millionen Mark aufgewandt, wovon 99 Millionen der Staatsbahnverwaltung überwiesen wurden.[4]) All diese Mittel wurden teilweise zum Bau von Wohnhäusern,

[3]) Geschäftsbericht der Gartenstadt Staaken 1918.
[4]) Wopfner, Verkehrswissenschaftliche Vorträge S. 197.

die der Staat an seine Arbeiter vermietet, verwandt, teilweise als Darlehen an Genossenschaften gegeben, die sich mit dem Wohnungsbau für Staatsbedienstete befassen. Nachfolgende Tabelle zeigt die Größe und Art der zum Kleinwohnungsbau zur Verfügung gestellten Mittel des Preuß. Staates.

	zu staatseigenen Bauten	Wohnungen	zu Darlehen an Baugenossenschaften	Klein-Darlehen für Rentengüter
Eisenbahnverwaltung	57 611 005	12 049	54 390 463	8 372 378
Bergverwaltung . .	29 629 868	6 547	2 684 000	—
Bauverwaltung . .	11 759 657	339	—	27 000
Verwalt. d. Inneren	—	—	39 555 066	—
	99 000 530	18 935	96 629 529	8 399 378

(Siehe Eberstadt, Handbuch des Wohnungswesens S. 495.)

Württemberg. Eine umfangreiche Tätigkeit im Wohnungsbau für einen großen Teil seiner Angestellten, die sich in mittlere, untere Beamte und staatliche Arbeiter gliedern, hat Württemberg entfaltet; zur ersteren Gruppe gehören Bahnhofvorstände, Vorstände der Dienstesstellen, Bahnhofaufseher, Weichenwärter, Bahnwärter und dgl. Beide Gruppen teilen sich wieder in pragmatische Beamte und Arbeiter mit Dienstwohnungsberechtigung, ferner Arbeiter ohne Dienstwohnungsberechtigung. Württemberg hat, ebenso wie Preußen, Wohngebäude, die es gegen Miete an seine Angestellten abgibt, gebaut und sich mit hypothekarischen Darlehen an Kleinwohnungsanlagen von Genossenschaften zu günstigen Bedingungen für diese beteiligt. Solche Anlagen sind entstanden in Stuttgart (Postdörfle und auf der Prag), Cannstadt, Kornwestheim, Ulm, Crailsheim, Tübingen. Aus nachfolgender Tabelle in die Zahl der errichteten Gebäude und Wohnungen für Eisenbahn- und Postbeamte und die hiefür aufgewandten Baukosten zusammengestellt, ersichtlich. (Stand vom März 1913.)

Für wen gebaut?	Zahl der Gebäude	Zahl der Dienstwohnungen	Zahl der Mietwohnungen	Gesamter Bauaufwand in Mk.
Eisenbahn	2366	3239	1687	28 162 086
		4926		
Post	193	99	371	13 454 949
		470		

Die Baukostenzuschüsse an Genossenschaften hat der Staat an die Bedingung geknüpft, daß sowohl bei Vermietung als auch bei

Kaufanwartschaft die Beamten der Verkehrsanstalten ausschließlich oder mindest im Verhältnis der finanziellen Beteiligung des Staates Berücksichtigung finden. Die Mieten waren bisher für die Beamten so festgesetzt, daß sie 3/4 der ortsüblichen Preise ausmachen; nach einem neueren Antrag ans Ministerium sollen sie die ortsübliche Höhe erreichen.

Bayern hat, ähnlich wie Württemberg, sich um die Wohnungsverhältnisse der staatlichen Beamten und Arbeiter große Verdienste erworben. Neben Militär- und Finanzverwaltung, die gleiche Tendenzen verfolgt haben, steht die Wohnungsfürsorge der bayerischen Verkehrsverwaltung an erster Stelle; bei einer Gesamtzahl von 64 219 Mann Eisenbahnerpersonal kommen bei Abrechnung von 10% Ledigen auf 100 Mann in Bayern 25,02 Wohnungen gegenüber 15,21 in Preußen.[5]) Die Verkehrsverwaltung greift mit eigener Bautätigkeit und mit Gewährung von Baukrediten ein, wenn an einem Orte für ihr Personal nicht ausreichend oder nur zu verhältnismäßig hohen Preisen Wohnungen erhältlich sind. Nach dem Stande vom 1. Januar 1917 hat Bayern mit nachfolgenden Summen an Wohnungen geschaffen:

Für wen gebaut?	Zahl der Dienstwohnungen	Zahl der Mietwohnungen	Zahl der genossenschaftlichen Wohnungen	Zur Verfügung gestellte Mittel
Eisenbahn	11 899	76	3975	30 865 900
		15 950		
Post	373	111	410	2 895 100
		894		

(S. Löhner, Die Wohnungsfürsorge in Bayern, 15. Jahrg. S. 302.)

Diese 30 865 900 ℳ wurden in nachfolgender Weise untergebracht.[6])
12 584 378 ℳ Darlehen für Baugenossenschaften
11 797 620 „ eigene Wohnungen der Eisenbahnverwaltung
2 265 580 „ Grunderwerb, Straßen- und Kanalbau
4 208 322 „ diverse Projekte
10 000 „ Erwerb von 50 Geschäftsanteilen der Baugenossenschaft Markt Redwitz.

30 865 900 ℳ.

Zur Verfügung stehen weitere Mittel in Höhe von 4 Millionen für Eisenbahn und 700 000 ℳ für Postverwaltung. Auch andere Bundesstaaten, wie Sachsen, Hessen und Baden, haben als Wohnungsbauer und Baukreditgeber für ihre Angestellten Bedeu-

[5]) Wopfner, Verkehrswissenschaftliche Vorträge S. 218.
[6]) Wopfner, Verkehrswissenschaftl. Vorträge S. 204.

tung erlangt. (Näheres siehe Fuchs, Die Wohnungs- und Siedlungsfrage nach dem Kriege, S. 301 ff.)

Gemeinde.

Die Gemeinden haben bisher schon eine Bedeutung für Baukreditgebung erlangt und werden gerade jetzt und in der Folgezeit hierin eine erste Stelle einnehmen, nachdem fast die meisten übrigen Kreditquellen stagnieren. Durch reichsgesetzliche und bundesstaatliche Maßnahmen wird außerdem auf die Gemeinden ein Druck ausgeübt, sich der Kleinwohnungsfürsorge zu widmen. Es würde zu weit führen, all die Städte Deutschlands zu erwähnen, die hiefür Bedeutung erlangt haben; als Beispiel sei Ulm und Augsburg herausgegriffen.

Ulm a. D. hat einen Gesamtgrundbesitz innerhalb und außerhalb der Markung von 3815 ha (über $^2/_3$ der Gesamtmarkung) und ist durch diesen großen Grundbesitz befähigt, den Bodenpreis zu diktieren und in vernünftigen Grenzen zu halten. Spekulation mit Baugrund ist damit ausgeschaltet und billigem Wohnungsbau der Boden geebnet. Sowohl bei industriellen Anlagen als auch bei Überlassung von Grund und Boden zum Bau von Wohnhäusern für Minderbemittelte hat sich die Stadtgemeinde ein Wiederkaufsrecht im Sinne des § 497 BGB. und ff. gesichert und zwar bei Industrien auf 15—30, bei Kleinhausbauten auf 100 Jahre. Wenn Industrien, die städtischen Grund gekauft haben, damit spekulieren, fällt derselbe an die Stadt zurück, wobei 3% Zinsenentschädigung zu zahlen ist. Die Stadt hat bis zum Sommer 1914 305 Häuser mit 458 Wohnungen für 2700 Einwohner zum Preise von 2½ Millionen Mark in eigener Regie erstellt.[7]) Als Geldgeber für die Stadt kamen die städtische Oberamtskasse und die Württembergische Landesversicherungsanstalt in Betracht, die das erforderliche Kapital zum Zinsfuß von 3—3½% gegen eine I. Hypothek gegeben haben.[8]) Die Stadt baut die Häuser, der Käufer übernimmt sie mit 10% (jetzt nur 5%) Baranzahlung und verzinst die darauf liegende Hypothek mit 3½%; Amortisation ist bei Einfamilienhäusern 1¼, bei Zweifamilienhäusern 1½—2½% zu zahlen. Um für alle Zeiten die niederen Kauf- und Mietpreise zu garantieren, ist die Stadt ermächtigt, die Gebäude zum ursprünglichen Preis zurückzuerwerben, wenn der Besitzer seine Zinszahlung einstellt, wenn er Schlafgänger aufnimmt, höhere als vom Gemeinderat festgesetzte Mieten einnimmt und wenn er das Haus verkaufen will. Ulm hat auch während des Krieges Kleinhausbauten, die reizvoll auf die Gärten seiner umliegenden Höhen (Kuhberg und Michelsberg) verteilt sind, geschaffen und mit Abschluß des Krieges erneut die ganze Kraft

[7]) Holch, Übersicht der Bodenpolitik u. Wohnungsfürsorge der Stadt Ulm S. 4.

[8]) Wagner, Tätigkeit der Stadt Ulm S. 58.

auf den Wohnungsbau für seine Mitbürger geworfen. Außer diesen Bauten, die die Stadt in eigener Regie erstellte, hat sie Baukredit in Form von billigem Bauland (rund 6 ℳ pro Quadratmeter) an gemeinnützige Bauvereine abgegeben; einer aus Lehrern, mittleren Beamten usw. zusammengesetzten Baugenossenschaft hat die Stadt die genossenschaftlicherseits erstellten Erbbauhäuser bis zu 90% des Herstellungswertes beliehen und den Baugrund zu einem Erbbauzins von 20—30 Pfennig pro Quadratmeter überlassen.[9])

Die Leistungen der Stadt Augsburg für den Kleinhausbau sind ebenfalls vorbildlich; die Stadt hat zusammen mit industriellen und gewerblichen Unternehmern, sowie Stiftungen und Baugenossenschaften nach dem Stande vom 1. Jan. 1917 726 Wohngebäude mit 3316 Wohnungen für die minderbemittelte Bevölkerung geschaffen. (Die Stadt hat hiebei für gewöhnlich Darlehen zur II. Stelle gegeben.)[10]) Zurzeit baut die Stadt eine Kleinhauskolonie in Lechhausen (Lützowstraße) aus eigenen Mitteln unter Unterstützung von Banken und Privaten. Augsburg hat eine städtische Beleihungsanstalt für II. Hypotheken während des Krieges gegründet, und für die Anlage einen Betrag von 500000 ℳ aus verfügbaren Beständen der städtischen Sparkasse zur Verfügung gestellt. Die Darlehen werden ausschließlich als Amortisationshypotheken gegeben; der Zinsfuß soll 3/4% mehr als der jeweilige Zinsfuß der Sparkasse für Hypothekendarlehen an I. Stelle betragen, mindestens 5%. Der Darlehensnehmer hat in den ersten drei Jahren außer den Zinsen je 1% der Darlehenssumme als Beitrag zu den Verwaltungskosten und zur Sicherheitsrücklage zu bezahlen.[11])

2. Arbeitgeber und Stiftungen.

Die Wohnungsbautätigkeit der Arbeitgeber betrifft entweder die Förderung des Erwerbs eigener Wohnhäuser durch die Arbeiter selbst, die sich in Genossenschaften zusammenschließen oder den Bau von Wohnhäusern, die an den Arbeiter nur vermietet, nicht verkauft werden.[12]) Teilweise sind die Arbeitgeber selbst die Erbauer und Kreditgeber; in diesem Falle ist mit der Fabrik oftmals eine Mietssparkasse vereinigt, in welche der Fabrikherr durch wöchentlichen Lohnabzug die Miete einlegt. Der Zins, der ihm durch die Wochenzahlung erwächst, gestattet ihm, den Arbeitern eine billigere Miete anzurechnen.[13]) Privatbetriebe in

---

[9]) Holch, Übersicht über Bodenpolitik und Wohnungsfürsorge der Stadt Ulm S. 3.

[10]) Holzner, Denkschrift über die Verhältnisse a. d. Wohnungsmarkt der Stadt Augsburg S. 36.

[11]) Schriften des bayer. L.-V. zur Förderung des Wohnungswesens, Heft 13 S. 36.

[12]) Fuchs, Die Wohnungs- u. Siedlungsfrage n. d. Kriege S. 274 ff.

[13]) Jäger, Wohnungsfrage S. 257.

Deutschland, die für ihre Arbeiter Wohnhäuser zum Eigenerwerb hergestellt haben, sind z. B.: Friedrich Krupp in Essen, Mansfelder Kupferschiefergesellschaft, Villeroy & Boch in Mettlach (Terrakottenfabrik), Messing- und Metallwarenfabrik Wieland & Co. in Ulm a. D. u. a.

Einen wesentlich größeren Umfang als die Herstellung von Verkaufshäusern hat der Bau von Mietshäusern der Arbeitgeber genommen, z. B. Krupp in Essen, Bad. Anilin- und Sodafabrik, Höchster Farbwerke und zahlreiche Werke der Montan-, Textil- und Elektroindustrie.

Als Beispiel für Finanzierung, Baukosten und Mietshöhe sei die Musteranlage von Ulrich Gminder, Spinnerei G. m. b. H. in Reutlingen in Württemberg genannt. Die Anlage besteht zurzeit aus rund 53 Gebäuden (Doppel- und Reihenhäuser) mit Wirtschaft, Altenhof, Schule und Kinderkrippe und liegt inmitten von Gärten auf einer anmutigen, an Wälder angelehnten Höhe und wurde um den Preis von 2 Millionen Mark (Grund und Boden eingerechnet) in den Jahren 1903—1919 nach Plänen von Prof. Dr. Th. Fischer, von Gminder aus eigenen Mitteln erbaut. Nachfolgende Tabelle zeigt die Art, Herstellungskosten und Miethöhe der vorkommenden Wohnungstypen:

Art der Wohnung	Gartengröße qm	Herstellungskosten	Jahresmiete
2 Zimmer, Küche	80	5000.—	182.—
3 " "	130	6000.—	195.—
4 " "	170—200	7500.—	234.—
2 " Wohnküche	100	5500.—	182.—
3 " "	130	6500.—	208.—

Diese Kleinwohnungshäuser sind mit einer jährlichen Verzinsung von rund 3,7% veranschlagt, was auf den gemeinnützigen Zweck der Anlage schließen läßt. Sämtliche in dieser Anlage (Gmindersdorf genannt) wohnenden Arbeiter der Fabrik sind in Miete; Kaufmöglichkeit der Häuser ist vorgesehen.

Die in Betracht kommenden Stiftungen stammen meist von Arbeitgebern und haben den Zweck, den Arbeitern Wohnungen zu billigen Mietpreisen zu schaffen.[14]) Diese Stiftungen bekommen die Gestalt einer juristischen Person, die die Stiftungsgelder zu Kleinhausbauten verwendet. Zwei historische Stiftungen finden wir in der alten Industriestadt Augsburg, die im 14. und 16. Jahrhundert zum Zwecke des Kleinhausbaues geschaffen wurden: die paritätische Jakobspfründe und die Fuggerei, erstere besteht aus 4, letztere aus 53 Kleinwohnungsbauten. Näheres siehe Woh-

[14]) Fuchs, Die Wohnungs- u. Siedlungsfrage n. d. Kriege S. 280 ff.

nungsfürsorge in Augsburg, histor. Kleinhausbauten. Unter den modernen großen Stiftungen sei die Margarethe-Krupp-Stiftung in Essen, Adersstiftung in Düsseldorf, Zeisstiftung in Jena, Meyersche Stiftung in Leipzig genannt, die sämtliche zum Zwecke des gemeinnützigen Kleinhausbaues geschaffen wurden und den Minderbemittelten Gelegenheit geben sollen, um ein Geringes dort wohnen zu können. Die Verzinsung der Stiftungsgelder beträgt durchschnittlich 2½—3%.

3. Organisationen der gemeinnützigen Bautätigkeit.

Die gemeinnützige Bautätigkeit umfaßt diejenige Bautätigkeit unter Gewinnverzicht, die durch private Vereinigungen ausgeführt wird.[15]) Die für diesen Zweck gewählte Form kann eine unpersönliche in Gestalt einer A.-G. oder G. m. b H. sein, oder sie kann das persönliche Moment in den Vordergrund schieben, was wir bei Genossenschaft und Verein zum Ausdruck gebracht finden. Diese vier Arten von Organisationen sind in großer Zahl über das ganze Reich verteilt; ein Teil dieser Verbände befaßt sich lediglich theoretisch mit dem Kleinhausbau, macht Propaganda, sucht das Augenmerk des Staates, der Gemeinde und von Privaten auf die gemeinnützige Tätigkeit hinzulenken, um gesetzliche Besserungen zu erreichen. Um ihre Pläne in die Tat umzusetzen, rufen sie eigene Gesellschaften (sog. Tochtergesellschaften) ins Leben, die dann in der Stadt, wo besonders Nachfrage herrscht, der praktischen Durchführung des Gedankens Rechnung tragen. Die Bauvereinigungen bauen entweder Häuser, die sie in dauerndem Eigenbesitz behalten und lediglich an ihre Mitglieder vermieten oder sie bauen dieselben zum sofortigen oder späteren Ankauf durch die einzelnen Genossen, wobei sie sich, um Spekulation zu vermeiden, ein Wiederkaufs- bzw. Vorkaufsrecht für bestimmte eintretende Fälle sichern.

aa) Aktiengesellschaften.

Durch die Form der A.-G. sollen die Vorteile des Großbetriebes dem Kleinhausbau zugewendet werden; die A.-G. eignet sich nicht für den kleinen Sparer, weil die Einzahlungen für Arbeiter (da mindest 1000 ℳ pro Aktie) zu hoch sind. Mit Genehmigung des Bundesrats können jedoch für gemeinnützige Aktiengesellschaften Aktien zu 200 ℳ zugelassen werden; der Weg hiezu ist gewöhnlich zeitraubend und mühevoll. Die Wohnungs-A.-G. haben sich in den großen Städten niedergelassen, wo ihnen Kapital des interessierten Handels und der Industrie, sowie der wohlhabenden Bürgerschaft zufließt. Gewöhnlich sind sie dann in diesen Städten die alleinigen Träger des Kleinhausbaues und saugen die bereits entstandenen Baugenossenschaften und Vereine auf. Drei der bedeutendsten A.-G. seien hier betrachtet, je eine in Köln, Duisburg und Leipzig. Die Kölner A.-G. für Wohnungsbau ist

[15]) Eberstadt, Handbuch des Wohnungswesens S. 522ff.

1913 in Köln a. Rh. als zusammenfassende Organisation des gemeinnützigen Wohnhausbaues mit einem Aktienkapital von 1 220 000 ℳ gegründet worden, das 1918 auf 6½ Millionen Mark erhöht wurde; von diesen 6½ Millionen sind 3,29 Millionen von Kreisen der Industrie und des Handels, 2,6 Millionen von der Stadt Köln, der Rest von der Kölner Bürgerschaft und gemeinnützigen Vereinen gezeichnet worden. Die Gesellschaft hat auf einem von der Stadt zur Verfügung gestellten Grundstück von 11 ha, das sie um 440 000 ℳ (4 ℳ pro Quadratmeter) von derselben gekauft hat, bis Ende 1918 193 Häuser mit 196 Wohnungen erbaut, von denen 190 Einfamilien-, 3 Doppelfamilienhäuser sind. Als Kreditgeber kam vor und während des Krieges die L.-V.-A. Rheinprovinz in Betracht, die unter Bürgschaft der Stadt Köln bis zu 90% die Gebäude belieh; die restlichen 10% der Baugelder wurden von eigenen Mitteln der Gesellschaft getragen. Nach dem Kriege greift diese A.-G., nachdem die L.-V.-A. für Baugeldgabe zurzeit infolge Überschuldung mit Kriegsanleihe dazu nicht in der Lage sind, zu öffentlichen Kassen (Sparkassen und dgl.) und beabsichtigt auch für einen Teil des Hypothekenbedarfs auf Darlehen des allgemeinen Hypothekenmarktes trotz höheren Zinsfußes zurückzugreifen; die derzeitige Überteuerung der Bauten wird durch Zuschuß von Reich, Staat und Gemeinde auch im besetzten Gebiete voraussichtlich getragen werden. Beleihungsform ist die der unkündbaren Tilgungshypothek, die bei Übernahme der selbstschuldnerischen Bürgschaft durch die Gemeinde bis zu 90% der nach Abzug des Überteuerungszuschusses verbleibenden Gesamtherstellungskosten sich erstreckt. Die Häuser werden als Erwerbshäuser mit Kaufanwartschaft bei ganz geringer Anzahlung vornehmlich an Versicherte der L.-V.-A. vermietet. Bei Vorbehalt eines 100jährigen Wiederkaufsrechtes (Ulmer System) seitens der A.-G. können die Häuser nach 3 Jahren Miete bei Anzahlung von ⅓ des Kaufpreises an die Mieter käuflich übertragen werden.

Die gemeinnützige Baugesellschaft A.-G. Duisburg hat auf einem Grundstücke, das mit 1 919 388 ℳ zu Buch steht, bis Anfang 1919 328 Häuser mit 578 Wohnungen im Werte von 1 838 192 ℳ errichtet. Geldgeber waren die L.-V.-A. Rheinprovinz und die städtische Sparkasse Duisburg. Die Beleihung ist in zweierlei Art vor sich gegangen; in einem Fall hat die L.-V.-A. Rheinprovinz Baukredit bis zu 60% der Herstellungskosten gegeben, während der Rest durch die A.-G. getragen wurde, im zweiten Fall gab die L.-V.-A. Rheinprovinz wiederum Kredit bis zu 60% aus I. Hypothek, die II. Hypothek wurde unter Bürgschaft der Stadt Duisburg von der städtischen Sparkasse bis zu 80% der Gesamtkosten gegeben, während der Rest von 20% von der A.-G. getragen wurde. Die Häuser sind Erwerbshäuser und gehen bei geringer Anzahlung und allmählicher Abzahlung in das Eigentum der Kaufanwärter über.

Die gemeinnützige Baugesellschaft A.-G. Leipzig-Lößnitz hat 137 Häuser mit zusammen 1105 Wohnungen auf einem Grundstück von 8,2 ha errichtet, das die Stadt Leipzig gegen jährlichen Erlös von 12 Pfennig pro Quadratmeter an die A.-G. in Erbpacht vergeben hat. Geldgeber ist die L.-V.-A. Sachsen, die unter Bürgschaft der Stadt Leipzig bis zu 80% der Gesamtbausumme auf I. Hypothek gibt; der Rest wird durch die A.-G. selbst aufgebracht, die Häuser gehen nach Verlauf von 100 Jahren in den Besitz der Stadt Leipzig über.

Schließlich sei noch die gemeinnützige Heimstätten-A.-G. Altona erwähnt; Geldgeber ist die Reichsversicherungsanstalt für Angestellte, die unter Bürgschaft der Stadt Altona bis zu 90% der Bau- und Grundkosten kreditiert; die restlichen 10% müssen die Mieter und Käufer der Häuser aufbringen. Die I. Hypothek der Reichsversicherungsanstalt ist zu dem hohen Zinsfuß von $4^5/_8$% zu verzinsen. Die Häuser werden vermietet und gehen nach Anzahlung von 25% des rentierlichen Bauwertes in den Besitz des Käufers bei Übernahme der Hypothek der Reichsversicherungsanstalt durch Ersteren über.

Ein Vorzug der A.-G. ist der Umstand, daß sie eine gewisse Stetigkeit gewährleistet und somit eine festere und sichere Grundlage für die Erledigung der Geschäfte als die anderen Gesellschaftsformen bietet. Als Nachteil der A.-G. ist zu nennen, daß durch die Verschiebung des Aktienbesitzes die Vereinigung einer erdrückenden Stimmenzahl auf eine Person möglich ist,[16]) so daß die übrigen, weniger mit Kapital beteiligten Mitglieder trotz ihrer vielleicht größeren Einsicht und Sachkenntnisse keinen entscheidenden Einfluß nehmen können.

Zusammenstellung ausführlicher Angaben über drei der genannten A.-G. siehe Tabelle S. 80.

bb) G. m. b. H.

Die Form der G. m. b. H. hat, obwohl ihr manche Vorzüge zu eigen sind, für den gemeinnützigen Wohnhausbau nur wenig Bedeutung erlangt und finden wir diese Form mehr bei Gesellschaften, die sich mit der Herstellung von Villen, Herrenhäusern usw. befassen (z. B. Baugesellschaft für Familienhäuser und Villen G. m. b. H. München). Mindestanteil bei G. m. b. H. ist 500 M, ein für den Arbeiter zu hoher Betrag. Die G. m. b. H. kann daher am Platze sein, wenn kapitalkräftige Leute (Industrielle) sich zusammenschließen, um für ihre Arbeiter Wohnungen zu schaffen, z. B. Zeppelin-Wohlfahrt, Friedrichshafen am Bodensee.

Folgende Beispiele von gemeinnützigen G. m. b. H. seien angeführt, deren Mitglieder aus Arbeitern und vereinzelten Kapitalisten bestehen:

---

[16]) Muthesius, Kleinhaus- und Kleinsiedlung S. 281.

Zahlenmäßige Zusammenstellung über drei gemeinnützige Aktiengesellschaften.

Name der Gesellschaft	Größe des Bauplatzes	Preis des Platzes	Häuser-Zahl	Wohngs.-Zahl	Aktienkapital	I. Hypothek	Bürgschaft	Gesamtbausumme	Verz. in %	Tilg. in %
Gemeinnützige Aktiengesellschaft für Wohnungsbau Köln	110 000	440 000	193	196	6 500 000	1 425 000 L.-V.-A. Rheinprovinz	Stadt Köln	—	3½	1
Gemeinnützige Baugesellschaft Duisburg	383 800	1 919 388	328	578	500 000	989 071 L.-V.-A. Rheinprovinz 90 900 Duisburger Sparkasse	Stadt Duisburg	2½ Millionen	3½	1
Gemeinnützige Baugesellschaft Leipzig-Lößnitz	82 000	12 ₰ Erbpacht pro qm im Jahr	137	1105	500 000	4 500 000 L.-V.-A. Sachsen	Stadt Leipzig	4 696 105	3½	½

1. Gartensiedlung Gronauer Wald G. m. b. H. in Berg.-Gladbach bei Cöln; die Gesellschaft, die zusammen mit einer gemeinnützigen Ansiedlergenossenschaft e. G. m. b. H. tätig ist, hat bisher rund 30 Einfamilienhäuser gebaut. Das zu bebauende Grundstück hat eine Größe von 26 ha; die Gesellschaft besitzt ein Stammkapital von 355 000 *M*.[17]) Als Geldgeber kommt die Rhein.-Westfäl. Bodenkreditbank in Cöln in Betracht die bis zu 60% des Taxwertes bei dem normalen Hypothekenbankzins von 4¼% und bei rund 1% Tilgung die Bauten beliehen hat. Die restlichen 40% werden durch die Einzahlung der Hausbesitzer auf Darlehen gegen Schuldschein und durch Ausgabe von 4½%igen, unkündbaren Schuldverschreibungen aufgebracht. Die Gebäude und Grundstücke werden unter grundbuchlicher Eintragung eines dem Wert nach bestimmten, auf 999 Jahre bemessenen und sich bei jedem Besitzwechsel von selbst erneuernden Wiederkaufsrechtes in Erbpacht von der Gesellschaft den Mitgliedern abgegeben.

2. Gartenstadt Leipzig-Marienbrunn G. m. b. H. Die Bauten dieser Gesellschaft, hauptsächlich Einfamilienhäuser, werden an die Mitglieder der Gesellschaft vermietet. Die nötigen Baugelder werden dadurch aufgebracht, daß 75% der Baukosten vom Magistrat der Stadt Leipzig gegen eine I. Hypothek gegeben werden, die mit 4% zu verzinsen und rund 0,3% zu tilgen ist; die restierenden 25% sind von den Mietern aufzubringen, der Bauplatz wird von der Stadt Leipzig in Erbpacht gegeben, wovon jährlich für 1 qm ein Pachtschilling von 12 Pfennig zu zahlen ist.

3. Eine Reihe von G. m. b. H. finden wir in Württemberg. Unter Mitwirkung und Beteiligung des schwäbischen Siedlungsvereines E. V. sind bis jetzt 12 Siedlungsgesellschaften in verschiedenen Teilen des Landes in Form der G. m. b. H. gegründet worden, deren bedeutendste der Siedlungsverein Groß-Stuttgart mit einem Stammkapital von 300 000 *M* ist. Letzterer hat bereits 38 Tagwerk Grund um den billigen Preis von 250 000 *M* erworben. Diese Siedlungsgesellschaften haben noch nicht gebaut, lediglich Pläne und Finanzierung festgelegt; letztere im Hinblick auf das Württ. Wohnungs-Bürgschaftsgesetz vom 30. Mai 1919 (RegBl. f. Württ. Nr. 19 vom 2. Juli 1919), demzufolge Staat und Gemeinde verpflichtet sind, bei gemeinnützigen Bauten bis zu 90% des Schätzungswertes Deckung zu geben. Die Finanzierung dieser genannten G. m. b. H. vollzieht sich folgendermaßen:[18])

60% der Baugelder gibt die Württ. Vereinsbank mit Hilfe des Wohnungs-Bürgschaftsgesetzes,
20% werden aus eigenen Mitteln der G. m. b. H., Stiftungen, Schenkungen und dgl. gedeckt,
20% Anzahlung des Käufers.

---

[17]) **Behnisch**, Gartensiedlung Gronauer Wald S. 2ff.
[18]) **Göhrum**, Priv. Mitteilg. des Geschäftsführers des schwäbischen Siedlungsvereins.

Die Siedlungs-Gesellschaft errichtet zur Ansammlung der notwendigen Anzahlung für künftige Siedler eine Siedler-Sparkasse, welche vom übrigen Vermögen getrennt gehalten wird. Die Einlagen werden zu 5% verzinst und samt den aufgelaufenen Zinsen am Tag der Auflassung der vom Sparer erworbenen Heimstätte als Anzahlung verwendet; solange der Sparer Anwärter auf eine Heimstätte ist, kann er die Einlage weder ganz, noch teilweise zurückziehen.

4. Gemeinnützige Baugesellschaft Alte Haide, G. m. b. H., München. Diese Gesellschaft hat von der Nymphenburger Terraingesellschaft ein Grundstück von 20 Tagwerk um den Preis von 750000 ℳ (1 qm 12.50 ℳ) erbaut und baut derzeit 124 Sechsfamilienhäuser in Blocks zu 2 und 5 Häusern mit insgesamt 767 Wohnungen. Die geschätzten Baukosten betragen 12386000 ℳ und werden folgendermaßen gedeckt:

Verlorener Bauaufwand (Mehraufwand)	3786000 ℳ
Eigenes Kapital (4 Großindustrielle)	1000000 „
I. Hypothek Bayerische Handelsbank	4730000 „
II. Hypothek Landes-Kultur-Renten-Anstalt . . .	2870000 „
	12386000 ℳ

Weitere 600000 ℳ Lohnüberteuerung werden durch die Stadt München getragen. Die I. Hypothek der Handelsbank wird mit $4\frac{1}{2}$% verzinst und rund $\frac{1}{2}$% getilgt, die II. Hypothek mit 4% verzinst und rund $\frac{3}{4}$% getilgt; außerdem leistet die Stadt München Bürgschaft in Höhe der II. Hypothek der Landeskultur-Rentenanstalt.

Die Gemeinde München ist berechtigt, für ihre Leistungen einen Sicherheitszuschlag von $\frac{1}{8}$% zu erheben.

cc) Baugenossenschaften.

Die sozialpolitisch beste Form unter den gemeinnützigen Bauvereinigungen ist die Baugenossenschaft, bei der sich eine große Anzahl von Arbeitern auf dem Wege der Selbsthilfe zusammenschließt und im Sinne des Gesetzes betreffend Erwerbs- und Wirtschaftsgenossenschaften vom 20. Mai 1898 (RGBl. 1898, Nr. 25 S. 810—45) einen Verband bilden. Die Zahl der von den Baugenossenschaften im Reiche errichteten Wohnungen wird rund 90000 übersteigen. Die Baugenossenschaften scheiden sich in solche, die Wohnungsinteressenten aller Handwerke zusammenschließen und solche, die nur aus Reichs- und Staatsangestellten bestehen; die Genossenschaften bauen teilweise Häuser für den Eigenerwerb der Mitglieder, teilweise vermieten sie lediglich dieselben; bei einzelnen Gesellschaften sind beide Ziele vereint. In nachfolgender Tabelle S. 84 f. ist eine Zusammenstellung der Finanzierung einer größeren Zahl von Baugenossenschaften in allen Teilen des Deutschen Reiches gegeben, die ein gewisses System und Regelmäßigkeiten der Kreditgebung aufweist; trotzdem ist es nicht von der Hand zu weisen, daß je nach Lage des Geldmarktes und des Standortes der einzelnen Genossenschaften die Baugeldbeschaffung ein Problem darstellt, das geschickte und weitsichtige Finanzleute an der Spitze der Genossenschaft erfordert.

Am einfachsten gestaltet sich die Finanzierung von Kleinwohnungsgesellschaften, die zum größten Teil und ausschließlich aus Angestellten des Reiches oder der Einzelstaaten bestehen. Als Geldgeber für I. Hypotheken kommen hiebei Arbeiter-Pensions-Kassen, Reichsversicherungs-Anstalten für Angestellte, Private usw. in Betracht, während II. Hypotheken gewöhnlich vom Fiskus und dem Reichsarbeitsamt unter Bürgschaft einzelner Städte aufgebracht werden. Die Verzinsung der Hypothek bewegt sich zwischen 3 und 4¼ %, während die Tilgung ½—1 % einnimmt. I. und II. Hypotheken zusammen umfassen für gewöhnlich bis zu 90 % der gesamten Bau- und Platzsumme, während die restlichen 10 % durch Mitgliederbeiträge und Ausgabe von Schuldverschreibungen beschafft werden.

Ähnliche Verschiedenheiten zeigen die Arten und Formen der Baukreditgebung für Genossenschaften, deren Mitgliederschaft sich nicht aus staatlichen Angestellten zusammensetzt. Die I. Hypothek wird fast ausschließlich von den L.-V.-A., die über das ganze Reich verteilt sind, bis zu 60 % des Schätzungswertes bei 3½ % Verzinsung und 1 % Tilgung gegeben; die II. Hypothek wird aus Mitteln der Städte und städtischen Sparkassen bis zu 90 % des amtlichen Schätzungswertes bei 3½—4½ % Verzinsung und rund ½—1 % Tilgung aufgebracht. Gewöhnlich übernehmen die Städte Bürgschaft für die II. Hypothek bis zu 90 % der Bausumme. Die restlichen 10 % werden aus eigenen Mitteln der Genossenschaft (Beiträge, Anteile, Spareinlagen der Genossen und Schuldverschreibungen) beschafft. Eine Hauptrolle für die Beibringung der fehlenden Mittel bietet die Ausgabe unkündbarer Schuldverschreibungen, von denen in jedem Jahr ein bestimmter Betrag (1—2 %) zur Auslosung und Rückzahlung gelangt; die Schuldverschreibungen lauten gewöhnlich auf 100 M. Die Sicherheit, die eine Baugenossenschaft ihren Mitgliedern außer Verpfändung der Grundstücke bietet, besteht in ihrem eigenen Vermögen, das in das Geschäftsguthaben der Mitglieder und den Reservefond zerfällt.[19]) Die Kreditfähigkeit einer Genossenschaft steigt mit der Zunahme ihres Vermögens. Nach § 7 Abs. 2 des GenGes. muß in den Satzungen der Genossenschaft die Höhe des Geschäftsanteiles und die Höchstbeteiligungsmöglichkeit eines Genossen genau festgesetzt werden. Der Geschäftsanteil bewegt sich zwischen 100 und 300 M und können sich von 10—100 Anteilen in der Hand eines und desselben Genossen befinden; jeder Genosse haftet bis zur Höhe seiner Geschäftsanteile. Der Reservefond, der gesetzlich festgelegt ist, wird aus Rücklagen aus dem Einkommen bzw. Reingewinn der Genossenschaft gebildet.

[19]) **Scheidt**, Handbuch für Baugen. S. 99 ff.

Nr.	Name der Genossenschaft	Ort	Größe des Bauplatzes qm	Preis des Bauplatzes	I. Hypothek	wieviel %
1	Baug. München d. bayr. Post- u. Telegraphen-Verbandes	München	4 817	220 000.—	513 249.— (Arb.-Pens.-Kasse Rosenheim)	55
			4 500	108 000.— Erbbauzins = 6 ₰ pro Quadratfuß	246 000.— (Arb.-Pens.-Kasse Rosenheim)	50
2	Bauverein Wettin	Annaberg-Sachsen	6 940	Von der Stadt Annaberg geschenkt	150 000.— (L.-V.-A. Sachsen)	80
	" "	"	—	do.	45 000.— (Privatmann)	30
3	Allg. Wohn- und Spargenossenschaft Cassel, e. G. m. b. H.	Cassel	13 964	20 946.—	203 000.— (L.-V.-A. und Private)	50
4	Deutsche Gartenstadt-Ges. Berlin-Grünau	Berlin	60 000	168 000.—	550 000.— (R.-V.-A. f. Ang.)	50
5	Baug. München d. bayr. Eisenb.-Verb.	München	30 000 (der qm zu 7.20 Mk.)	216 000.—	2 401 841.— (Eisenb.-Verw.)	80
6	Bau- u. Sparverein der Württ. Staatsunterbeamten und Arbeiter der Verkehrsanstalten	Ulm a. D.	3625,6	32 630.— (9 Mk. pro qm)	27 500.— (L.-V.-A. Württemberg)	50
7	Baug. Augsburg-Pfersee	Augsburg	12 000	15 400.—	134 000.— * 46 500.— ** 180 500.— * (B. Ver.-Bank) ** (L.-V.-A. Schwaben)	64
8	Baugen. Augsburg (e. G. m. b. H.)	Augsburg	10 000 rd. 12 300 (Quadratfuß = 0.70—1.00)	148 000.— (von Stadt Augsburg gekauft)	938 900.— (L.-V.-A. Schwaben)	75
9	Allg. Baugen. für Augsburg und Umgebung	Augsburg	29 100	265 000.—	1 392 671.— (L.-V.-A. Schwaben)	70
10	Baugen. Göppingen	Augsburg	180 000	23 000.—	300 000.— (L.-V.-A. Schwaben)	95
11	Erbbauverein Geislingen	Geislingen	3713	Geschenk eines Privaten	114 005 — (L.-V.-A. Württemberg)	66

[1]) Unter Zuwachs der ersparten Zinsbeträge. [2]) Die II. Hypothek wird nicht getilgt; um die 60 Jahren den Gesamtbesitz zum Preise der Hypothek mit der Verpflichtung, die Wohnung vorzugs-

II. Hypothek	wieviel %	Restgeld	wieviel %	Zahl der gebauten Häuser	Gesamtsumme	Verz. %	Tilg. %	Bemerkung
410 597.— (Postfiskus)	45	—		13 (Miete)	923 846.—	3½ u. 3	½	
246 000.— (Postfiskus)		—		9 (Miete)	493 000.—	3¾ u. 3	½	
—	—	Mitgliederbeitrag und Schuldscheinausgaben	20	2	190 000.—	3 u. 3½	1	
62 000.— (Reichsarb.-Amt)	41	„	29	3	150 000.—	4¼ u. 3	1	4¼ d I. Hyp. 3% II. „
190 000.— (Wohnh.-Fonds für Beamte)	45	15 000.—	5	19 (mit 52 Wohn.)	408 000.—	3½ u. 3	1	3½% I. „ 3% II. „
440 000.— (Reichsarb.-Amt)	40	Beiträge der Genossen 110 000.—	10	—	1 100 000.— (einschl. Land- und Straßenbaukosten)	4⅛ u. 3	1	
200 000.— * 300 000.— ** 500 000.— * (Brauerei) ** (Baufirma)	15	rd. 100 000.—	5	51 (443 Wohn.)	rd. 3 000 000	2,3,4	nach Vereinbarung	I. Hyp. 3% II. „ 4%
75 829.—	15	111 853 92	35	17	493 061.64	3½ 4½	1 [1])	
90 000.— * 10 000.— ** 100 000.— * (Stadt Augsburg) ** (Brauerei)	36			13 (56 Wohn.)	280 500.—	3½ 4 4½ 5¼	½, 1	Vereinsb. 4½ L.-V.-A. Schw. 3½ u. 4 Augsburg 3½, 5¼ Brauerei 4½
235 000.— (Stadt Augsburg)	19	73 940.— Gelder der Genossen	6	26 (250 Wohn.)	1 257 000.—	3 4½	½–1	I. H. 3 u. 3½% II Hyp. 3% und keine Tilgung [2])
398 925.— (Stadt Augsburg)	20	178 291.— (Eig. Gelder)	10	55 (356 Wohn.)	1 949 893.—	3 3½ 4½	½–1	L.-V.-A. (I. H.) 3, 3½ Stadtg. (II. H.) 3½, 4½
—		33 000.— (Beitragsgelder)	10	21 (52 Wohn.)	330 000.—	3 3½	½	
64 000.—	34	—		19	178 005.—	3 3½	1	

Spekulation nach Rückzahlung der I. Hypothek auszuschalten, übernimmt die Stadt Augsburg nach
weise an versicherungspflichtige Personen zu vermieten.

Nr.	Name der Genossenschaft	Ort	Größe des Bauplatzes qm	Preis des Bauplatzes	I Hypothek	wieviel %
2	Gartenstadt Staaken	Berlin	350 000	70 000.—	800 000.— (L.-V.-A. Brandenburg)	15
13	Baugen. Hellerau e. G. m. b. H.	Dresden	87 336	235 245.—	2 591 850.— (L.-V.-A. Sachsen)	92
14	Halle'scher Bauverein	Halle a. S.	—	—	L.-V.-A. Sachsen-Anhalt	60
15	Gartenstadt Karlsruhe	Karlsruhe	100 000	300 000.—	1 172 069.— (L.-V.-A. Baden, Städt. Sparkasse und Private)	75
16	Gemeinnützige Baugenoss. Einfamilienhäuser Falterau	Stuttgart-Degerloch	17 200	91 972.—	453 307.— (L.-V.-A. Württemberg)	80
17	Gartenstadt Nürnberg	Nürnberg	62 344	80 990.— (5000 Mk. Zuschuß des Ministeriums des Innern)	1 009 919.— (L.-V.-A. Mittelfranken)	66,04
18	Baugen. München v. 1871	München	2 154 (Ankaufspr. v. 1 Quadratfuß = 3½ Kreuzer)	117 419.—	383 400.— (Städt. Sparkasse)	56
19	Baugen München-Schwabing	München	72 960 Quadratf. 6 080 qm	286 000.—	1 071 000.— (Bayer. Landeskultur-Rentenanstalt)	76
20	Spar- und Bauverein Duisburg	Duisburg	qm 30 000	pro qm 5.— 150 000.—	1 279 000.— (L.-V.-A. Rheinprovinz)	51
21	Bau- und Sparverein	Reutlingen a. N.		5.— pro qm	351 791.— (L.-V.-A. Württemberg)	90
22	Bauverein Giesing	München	8 930	146 776.—	50 % d. Herst.-kosten (L.-V.-A. Oberbayern)	50

II. Hypothek	wieviel %	Restgeld	wieviel %	Zahl der gebauten Häuser	Gesamtbausumme	Verz. %	Tilg. %	Bemerkung
5 800 000.— (Reichsversichg.-Fürsorgefonds)	80	100 000.—	5	444 (804 Wohn.)	6 600 000.—	$3^1/_2$ u. 3	$^1/_2$, 1	I. Hyp. $3^1/_2$, $^1/_2$ II. „ 3, 1
—	—	305 020.— (Beiträge v. Genossen, Schuldverschreib., eig. Sparkasse)	8	336 (345 Wohn.)	2 693 625.—	3, $3^1/_2$ u. $4^1/_2$	1	Unter Bürgsch. der Stadt Dresden
Stadt Halle	25	24 000.— (Schuldverschreibungen und Privat-Hyp.-Beitr.	15	10 (80 Wohn.)	—	$3^1/_2$, 4, 5	1	
—	—	449 000.— (Beiträge der Mieter)	25	200	1 828 452.—	$3^1/_2$–$4^1/_2$	1	Teilweise ohne Tilgung
—	—	Beitrag der Hauskäufer	20	55	501 067.—	$3^1/_2$	1	Amortisation in 46 Jahren
216 585.—* 25 324.—** *Landeskultur-Rentenanstalt **Städt. Spark.	13,96	305 305.— (Geschäftsanteile und Spareinlag.)	20	202	1 557 133.—	$3^1/_2$ $4^1/_4$	1 $^3/_4$	L.-V.-A. $3^1/_2$, 1 L.-K.-A. 4, 1 Sparkasse $4^1/_4$, $^3/_4$ %
		124 181.— 600 000.— (eigene Mittel der Genossen)	44	54	1 195 000.—	$3^1/_2$–$4^1/_2$	rd. 1	
32 500.— (Baufirma)	24	38 500.— (zählt zu II. Hypothek)		14 (196 Wohn.)	1 396 000.—	$3^1/_4$ u. 3	$^3/_4$ u. 2	
35 000.— (Städt. Sparkasse Duisburg)	2,5	150 000.— (Schuldverschreibung u. Beiträge)	46,5	328 (410 Wohn.)	2 515 889.22	$3^1/_2$ $4^1/_2$	1 $^3/_4$	
—	—	Spargelder und sonstige Mittel des Vereines	10	50 (100 Wohn.)	411 795.—	3, $3^1/_2$	1	Unter Bürgsch der Stadt Reutlingen
32,5 % d. Herstellungskosten (L.-Kult.-R.-Anst. Baufirma III. Hypothek)	32,5 13	Mitgliederbeiträge	4,5	12 (200 Wohn.)	—	$3^1/_2$, 4	$^3/_4$, 1	bei L.-K.-A. $^1/_8$ % Vergüt. vom Magistrat München

dd) Vereine.

Als vierte Gesellschaftsform der Träger des gemeinnützigen Wohnhausbaues sind die Vereine zu nennen; in den 80er und 90er Jahren des verflossenen Jahrhunderts sind in Deutschland eine beträchtliche Anzahl solcher Vereine als „wirtschaftliche und nichtwirtschaftliche" Vereine gegründet worden. Durch die Einführung des BGB. vom 18. August 1896 (RGBl. 96 S. 195—603) und des GenGes. vom 20. Mai 1898 (RGBl. 98 S. 810—845) wurde ein verschwindend kleiner Teil dieser wirtschaftlichen Vereine rechtsfähig durch staatliche Verleihung zufolge BGB. § 22, ein größerer Teil (nichtwirtschaftlicher Vereine) nahm die Form des E. V. zufolge § 55 BGB. an, ein dritter, und dies war der weitaus umfangreichste, erwarb gem. § 1 GenGes. vom 20. Mai 1898 die Rechte einer eingetragenen Genossenschaft, fast ausschließlich mit beschränkter Haftung (Form der E. G. m. b. H.).

Die Form des „e. V." nach §§ 55 ff. BGB. wurde von verschiedenen Organisationen gewählt und der Genossenschaftsform vorgezogen, weil sie den Beitritt kapitalkräftiger Mitglieder erleichtert, denselben (entgegen der Genossenschaft) ein entsprechend gesteigertes Stimmrecht zugesprochen werden und durch Statut die Kündigung der Geschäftsanteile unmöglich gemacht werden kann. Nachteil des e. V. ist, daß die Grenzen der persönlichen Haftung des einzelnen Mitglieds und seiner Rechte und Pflichten durch das Gesetz nicht gezogen sind. Bei „Bau- und Siedlungsvereinen" unterscheidet man zwischen rein theoretischen Vereinen und bauenden Vereinen; die theoretischen Vereine befassen sich lediglich mit Propaganda und gründen zur praktischen Verwirklichung ihrer Ideen an in Frage kommenden Orten zusammen mit den dortigen Gemeinden Tochtergesellschaften, die sie auch zusammen mit den Gemeinden finanzieren. Beispiele hiefür sind der Schwäbische Siedlungsverein, der Württ. Landesverein für Krieger-Heimstätten (beide in Stuttgart), dann vor allem die Landes- und Provinzialwohnungsvereine in Preußen und in anderen Bundesstaaten.[20]) Von den bauenden Vereinen haben in Süddeutschland zwei Vereine große Bedeutung durch ihre umfangreiche Bautätigkeit erhalten. Der „Verein für das Wohl der arbeitenden Klassen" in Stuttgart und der „Verein für Verbesserung der Wohnungsverhältnisse" in München; ich führe diese beiden Vereine als Beispiele an, nachdem mir deren Verhältnisse gut bekannt sind.

Der Verein für das Wohl der arbeitenden Klassen (rechtsfähig durch Verleihung) hat bisher 544 Häuser (rund) in den Stadtvierteln Ost-West und Südheim und Ostenau in Stuttgart erbaut.

[20]) Fuchs, Die Wohnungs- und Siedlungsfrage n. d. Kriege S. 321.

Die Bauten wurden dadurch finanziert, daß bankliche Institute, wie die Württembergische Landessparkasse, der Württembergische Kreditverein und die Württembergische Landesversicherungsanstalt I. Hypotheken bis zu $66^2/_3$% des amtlichen Schätzungswertes gaben, während der Rest von $33^1/_3$% aus eigenen Mitteln des Vereins aufgebracht wurde, der nebenbei unkündbare, nicht börsenfähige und zu 3% verzinsliche Schuldverschreibungen ausgab. Die Gesamtherstellungskosten der bisher erbauten Gebäude betragen über 9 Millionen Mark.

Zahlenbeispiel der Finanzierung von rund 100 Häusern, die in Ostheim erbaut wurden:[21])

1. Vom Verein ausgegeben, von seiten der Darleiher unkündbare Schuldscheine zu 3%	460 000 ℳ
2. Anzahlung und Spareinlagen der Anwärter und Käufer zu $3^1/_2$%	142 050 „
3. Rücklagen der Anwärter	8 730 „
4. Aus eigenen Mitteln des Vereins	92 000 „
5. Unkündbares Darlehen von Freunden	1 000 000 „
6. Hypothek. gesich. Darlehen der Invaliden- und Altersversicherungsanstalt zu $3^1/_2$% (I. Hypothek)	590 400 „
7. Hypothek. gesich. Darlehen der Württemberger Sparkasse zu $3^7/_8$% (I. Hypothek)	214 000 „
8. Schwebende Schuld zu 4%	143 000 „
	2 650 180 ℳ

Der Verein für Verbesserung der Wohnungsverhältnisse in München, gegr. 1899, hat bis zum Heutigen 123 Häuser mit einer Gesamtbausumme von 7 282 000 ℳ gebaut. Die einschlägigen Gelder wurden bis zu 60% des Schätzungswertes von der Landesversicherungs-Anstalt Oberbayern, in einem Falle von der Bayer. Vereinsbank als I. Hypothek, von 60—80% von der Landeskulturrenten-Anstalt, Sparkasse München und Bayer. Vereinsbank als II. Hypothek, die restlichen 20% wurden aus eigenen Mitteln des Vereines beschafft. Die I. Hypothek ist mit $3^1/_2$—4% zu verzinsen und mit rund 1% zu tilgen, die II. Hypothek mit $3^5/_8$—$4^1/_2$% zu verzinsen und mit rund $^3/_4$% zu tilgen.

Zahlenbeispiel der Finanzierung der Münchener Bauten des Vereins für Verbesserung der Wohnungsverhältnisse siehe Tabelle S. 90.

Gegenwärtig ist eine weitere Anlage in Obersendling in Bau, deren Finanzierung sich folgendermaßen gestaltet:

Bauplatz (45 000 qm, pro qm 5.70 ℳ)	256 500 ℳ
Gesamtbausumme veranschlagt	1 750 000 „

[21]) Pfeiffer, Eigen. Heim und billige Wohnungen S. 208.

Zahlenbeispiel der Finanzierung der Münchner Bauten des Vereins für Verbesserung der Wohnungsverhältnisse, siehe Verein für Verbesserung der Wohnungsverhältnisse. XVII. Jahersbericht 1915/16.

Ort	I. Hypothek	Von wem gegeben?	Verz. %	Tilg. %	II. Hypothek	Von wem gegeben?	Verz. %	Tilg. %	Gesamtbausumme	Restgeld	Häuserzahl
Sendling	1 215 500	L.=V.A. Oberbayern	4	4	220 000	Stadtgemeinde München			1 750 000	534 500	24
Nymphenburg . . .	300 000	Bayerische Vereinsbank	3 1/2 5 5/8	Feste Kap.=rente	300 000	Bayerische Vereinsbank			700 000	100 000	13
Rosenheimerstraße .	830 000	L.=V.=A. Oberbayern	4	1	470 180	Landeskultur=Rentenanstalt	4	3/4	1 640 000	349 820	57
Giesing	400 000	L.=V.=A. Oberbayern	4	1	73 535	Landeskultur=Rentenanstalt	4	3/4	585 000	111 465	10
Dachauerstraße . . .	977 000	L.=V.=A. Oberbayern	4	1	204 310	Landeskultur=Rentenanstalt	4	3/4	1 395 000	207 690	24
Zumpestraße . . .	296 000	L.=V.=A. Oberbayern	4	1	88 200	Landeskultur=Rentenanstalt	4	3/4	472 000	87 800	6
Haidhausen	438 000	L.=V.=A. Oberbayern	4	1	143 050	Landeskultur=Rentenanstalt	4	3/4	740 000	158 950	9

Die Gesamtbausumme wird aufgebracht durch:

1. I. Hypothek von städt. Sparkasse zu 4½% Verzinsung und ½% Tilgung	600 000 M
2. II. Hypothek von Landeskulturrenten-Anstalt zu 4% Verzinsung und ¾% Tilgung (unter Bürgschaft der Stadt München)	300 000 „
3. Eigene Mittel	100 000 „
4. Verlorener Bauaufwand	750 000 „
	1 750 000 M

Aus diesen Betrachtungen ist ersichtlich, daß gemeinnützige A.-G., G. m. b. H. und E. V. infolge des Umstandes, daß sie mit der Beteiligung kapitalkräftiger Leute rechnen (die vornehmlich in größeren Städten wohnen), die Stätte ihres Wirkens gewöhnlich in Großstädten aufschlagen, während die Genossenschaften in Groß-, Mittel- und Kleinstädten zur Förderung des Kleinhausbaues und dessen Finanzierung Fuß fassen.

Es sei hier noch erwähnt, daß in letzter Zeit auch Konsumvereine und Arbeitervereine in immer größerer Zahl und wachsender Bedeutung als Träger des Kleinhausbaues in Betracht kommen; wenn auch infolge der Kreditnot die Tätigkeit der Verbände zunächst meist theoretischer und vorbereitender Natur ist, so wird trotzdem in kommender Zeit mit Bautätigkeit derselben wahrscheinlich gerechnet werden können.

III. Kapitel.

Wer ist insonderheit Geldgeber für den gemeinnützigen Kleinhausbau?

a) In Form von Darlehen.

Als schwierigstes Problem bei der Errichtung von Kleinhausbauten drängt sich die Frage der Beschaffung der Geldmittel in den Vordergrund; wenn schon vor dem Kriege die üblichen Baukreditgeber: Hypothekenbanken, Sparkassen, nichtöffentliche Versicherungsgesellschaften und Private, so gut wie versagt haben,[1]) so ist jetzt nach Abschluß des Krieges infolge der unerschwinglichen Arbeitslöhne und Baumaterialienpreise, die durch die Inflation unseres Geldes in der Hauptsache veranlaßt sind, ein Bauen ohne die tatkräftige Unterstützung von seiten des Reiches, Staates und Kommune eine Utopie geworden. Das Reich hat bereits am 31. Oktober 1918 eine Verordnung, betreff Gewährung von Baukostenzuschüssen für Wohnungsbauten erlassen (Bestimmung des Bundesrats vom 31. Oktober 1918, Zentralblatt für das Deutsche Reich, S. 1160). Diese Verordnung behandelt die Frage des verlorenen Bauaufwandes und wurde z. B. in Württemberg durch

[1]) Muthesius, Kleinhaus- und Kleinsiedlung S. 303.

eine Verfügung des Ministeriums des Innern vom 15. Januar 1919, in Bayern durch Gesetz- und Verordnungsblatt für den Volksstaat Bayern Nr. 81 S. 1243 vom 28. November 1918 übernommen und erweitert.[2])

Durch Baukostenzuschüsse von seiten des Reiches, Staates und Gemeinde soll dem Bauherrn Ersatz für den Teil des Bauaufwandes geleistet werden, der durch die infolge des Krieges herbeigeführte vorübergehende Überteuerung des Bauens verursacht ist, m. a. W.: dem Bauherrn wird die in späteren Zeiten zu erwartende Entwertung des Bauobjektes bei Eintritt stabiler Geld- und Preisverhältnisse ersetzt.

Die Baukostenzuschüsse werden den Bauherren in barem, in der Regel nicht zurückzahlbaren, unverzinslichen Beträgen gewährt (Ziff. II, 4 der Verordnung); die Baukostenzuschüsse können an Gemeinden, gemeinnützige Bauvereinigungen und private Unternehmer gewährt werden, sofern die Bauherren bereit sind, die an die Gewährung der Zuschüsse zu knüpfenden Bedingungen für sich und ihre Rechtsnachfolger zu übernehmen und durch grundbuchamtliche Eintragung sicherzustellen (Ziff. II, 1). Die an die Gewährung der Baukostenzuschüsse geknüpften Bedingungen (wie: Der Bauherr darf die Mieten einschließlich aller Nebenabgaben nur mit vorheriger Zustimmung der Gemeinde oder des Gemeindeverbandes festsetzen — das Grundstück einschließlich der darauf zu errichtenden Baulichkeiten ohne vorherige Gemeindezustimmung nicht zu anderen als Wohnzwecken zu benützen — kinderreiche Familien und dgl. bei der Vermietung von Wohnungen vorzugsweise zu berücksichtigen) stempeln die gemeinnützigen Bauvereinigungen zu reinen Bauverwaltern für die Gemeinden; die Vergütung des verlorenen Mehraufwandes bringt mit sich die Preisgabe der wichtigsten Rechte der genossenschaftlichen Selbstverwaltung zugunsten der Geldgeber.[3])

Die Verordnung des Bundesrats vom 31. August 1918 besagt, daß der verlorene Bauaufwand zu tragen ist:

$1/2$ vom Reich,
$2/6$ vom Einzelstaat,
$1/6$ von der Gemeinde,

wobei die Einzelstaaten ihre Unterstützung von der Übernahme des letzten Sechstels durch die Gemeinde abhängig machen können. Diese bundesrätliche Verordnung betrifft lediglich die durch den Krieg hervorgerufene Überteuerung des Bauens und hat mit der Schaffung des übrigen Baukredites für Kleinwohnungsbau nichts zu tun. Reichsarbeitsminister Schlicke hat am 23. April 1920 der

[2]) Stützel, Vom verlorenen Bauaufwand, Zeitschr. für Wohnungswesen in Bayern, 16. Jahrg. S. 180.

[3]) Busching, Die gemeinnützigen Bauvereinigungen in ihrem Verh. zum Staat und Gemeinde, Zeitschr. für Wohnungswesen in Bayern, 17. Jahrgang, S. 46.

verfassunggebenden Deutschen Nationalversammlung einen Gesetzentwurf über eine Abgabe zum Baukostenausgleich überreicht, nach welchem der verlorene Bauaufwand durch Erträgnisse aus einer Mietzinssteuer zu decken sei (Drucks. der Deutschen National-Versammlung Nr. 2756 vom 23. April 1920). Die Hauptquellen für diesen Kredit bilden öffentliche Kassen und besonders bewilligte öffentliche Mittel, die zu einem billigeren, dem sog. gemeinnützigen Zinsfuße gegeben werden und deren Beleihungsgrenze die normale um ein großes Teil überschreitet. Die Zuführung der öffentlichen Gelder steht im untrennbaren Zusammenhange mit der Bautätigkeit, wie sie von gemeinnützigen A.-G., G. m. b. H., Baugenossenschaften und Bauvereinen erfolgt.

Darlehen werden gegeben in Form von I. und II. Hypotheken, von Bürgschaft durch Kommunen und durch Zurverfügungstellung von Grundstücken im Erbbaurecht und Beleihung derselben.

Als Kreditgeber kommen in Betracht:

1. Die Landesversicherungsanstalten.

Diejenige Geldquelle, an die sich baulustige Verbände zuerst wenden und die für den Kleinwohnhausbau von größter Bedeutung sind,[4]) sind die auf das ganze Reich verteilten 31 Landesversicherungsanstalten, die bis Ende 1915 im Ganzen 575 Millionen Mark für den Kleinhausbau verwandt haben. Die Landesversicherungsanstalten gaben früher Baukredite für den Kleinhausbau zu 3%, durch einen Erlaß des Reichsversicherungsamtes vom 11. Mai 1910 wurde jedoch der Zinsfuß auf 3½% erhöht, ein Umstand, der der gemeinnützigen Bautätigkeit einen schweren Schlag versetzte. Zu diesem Zinssatz tritt noch eine Tilgung von 1—1½% (Tilgungsdauer rund 50 Jahre). Kredit wird in Form von I. und II. Hypotheken gegeben, von denen die I. bis zu 75%, die II. von 75—80% des geschätzten Bau- und Bodenwertes geht. In einzelnen Fällen, besonders bei Übernahme der Bürgschaft durch die Gemeinden und Kreise ist bis zu 85 und 90% gegangen worden. Die Landesversicherungsanstalt Hannover hat sogar bis zu 100% der Selbstkosten beliehen.[5]) Bei entsprechender Sicherstellung bildet die Gewährung von Teilzahlungen schon während der Bauzeit die Regel. Die Landesversicherungsanstalten knüpfen ihre Beleihung an die Vorlage von Bauplänen, Kostenvoranschlägen und Rentabilitätsberechnungen, die von den staatlichen Bauberatungsstellen überprüft und verbessert werden. Welch große Bedeutung die Landesversicherungsanstalten für Baukreditgebung haben, beweist eine Zusammenstellung der ausgegebenen Baukredite der Landesversicherungsanstalt Württemberg zur Förderung des Kleinwohnungswesens nach dem Stand vom 31. Dezember 1917, wie folgt:

---

[4]) Fuchs, Die Wohnungs- und Siedlungsfrage n. d. Kriege S. 303.
[5]) Großberliner Verein für Kleinwohnungswesen, Heft II S. 42.

a) 34 Genossenschaften, Gesellschaften, Vereine .	8 448 199.98 ℳ
b) 11 Gemeinden	2 154 916.46 „
c) 2 Arbeitgeber	52 629.14 „
d) 2571 Arbeitnehmer (Versicherte)	10 712 214.25 „
e) 22 Ledigenheime	2 001 587.52 „
Gesamtsumme:	23 369 547.35 ℳ

Die acht bayer. Landesversicherungsanstalten haben bis Ende 1913 für Kleinhausbau Darlehen im Betrage von 27 715 717 ℳ ausgegeben. Als besonderer Schutz für die minderbemittelten Klassen ist der Umstand zu betrachten, daß sich verschiedene Landesversicherungsanstalten entschlossen haben, zur Tilgung der Darlehen die Lebensversicherung heranzuziehen. Dadurch ist es einem Schuldner ermöglicht, über den von der Versicherungsanstalt erhaltenen Darlehensbetrag oder über den noch vorhandenen Rest der Schuld eine Lebensversicherung abzuschließen und sie der Versicherungsanstalt zum Zwecke der Darlehenstilgung zu verpfänden. Schließt der Schuldner eine solche Lebensversicherung ab, so hat er an die Landesversicherungsanstalt an Stelle der Tilgungsrate die Lebensversicherungsprämie zu bezahlen. Letztgenannte Tatsache bietet für den Darlehensnehmer den Vorteil, daß bei seinem Tode die Angehörigen sich nicht um die Abtragung der restierenden Schuld zu kümmern haben. Die Landesversicherungsanstalt Württemberg hat z. B. mit 9 privaten Lebensversicherungsanstalten Vereinbarung über die Verbindung der Darlehenstilgung mit der Lebensversicherung getroffen. Von den 10 Sonderanstalten, die auf Grund der Reichsversicherungsordnung zugelassen sind, kommen 4 für gemeinnützige Bautätigkeit als Kreditgeber in Betracht. Die bisher in Mark verausgabten Kredite dieser Anstalten sind:

a) Pensionskasse für Arbeiter der preußisch-hessischen Eisenbahngemeinschaft mit	18,0 Mill.
b) Arbeiterpensionskasse der bayerischen Verkehrsanstalten	2,2 „
c) Arbeiterpensionskasse der sächs. Staatseisenbahnen	2,5 „
d) Arbeiterpensionskasse der badischen Staatseisenbahnen und Salinen	1,06 „
	23,76 Mill.

Zinsfuß für diese Darlehen: 3—3½ %. Die übrigen Träger der sozialen Versicherungen, Berufsgenossenschaften und Krankenkassen, haben ebenfalls für Kleinwohnungsbau Baukredite zur Verfügung gestellt. Beispiel für Darlehens-Verträge siehe Anlage Nr. 9 u. 9 a.

2. Reichsversicherungsanstalt für Angestellte.

Die Reichsversicherungsanstalt für Angestellte ist auf Grund des § 225 des VersGes. für Angestellte vom 20. Dezember 1911 ebenso wie die Landesversicherungsanstalten befugt, mit Zustimmung des Reichskanzlers bis zu ¼ ihres Vermögens in nicht mündelsicheren Unternehmungen anzulegen, die ausschließlich und überwiegend Versicherten zugute kommen. Von ihrem Gesamtvermögen von 381 Millionen hat die Reichsversicherungsanstalt für Angestellte 64 Millionen in Hypotheken und nicht landwirtschaftlichem Grundeigentum angelegt. Diese Anstalt hat für ihre Beleihungen wesentlich ungünstigere Bedingungen aufgestellt wie die Landesversicherungsanstalten; dabei unterscheidet die Reichsversicherungsanstalt für Angestellte Bauunternehmungen, die erstens etwa 1/3, zweitens mehr als die Hälfte Wohnungen den Versicherten der Anstalt oder deren Angestellten zur Verfügung stellen. Im ersteren Falle besteht die Begünstigung der Kreditgabe in Herabsetzung des Zinsfußes unter den auf dem Hypothekenmarkt üblichen und in Verminderung des Verwaltungskostenbeitrages, im zweiten Fall gibt die Reichsversicherungsanstalt für Angestellte I. und II. Hypotheken bis zu 75% des gemeinen Wertes; in besonderen Fällen gewährt sie Baukredit vor Vollendung der Baulichkeiten, soferne diese sichergestellt ist. Die Höchstgrenze der Beleihung bleibt im allgemeinen hinter dem Wunsche der Bauvereinigungen zurück. Dazu kommt die grundsätzliche Forderung eines Verwaltungskostenbeitrages, der in Höhe von ½% des Darlehens angerechnet wird, was die Landesversicherungsanstalten, Reich und Staat unterlassen. Der Zinsfuß für Darlehen bewegt sich in Höhe von 4⅛—4⅝%, also ebenfalls wesentlich höher als bei den Landesversicherungsanstalten; es besteht berechtigte Hoffnung, daß in der Folgezeit bessere Darlehensbedingungen bei der Reichsversicherungsanstalt für Angestellte zu erwarten sind.

3. Landeskulturrentenanstalten und ähnliche.

Landeskulturrentenbanken haben in Preußen, Hessen, Oldenburg, Sachsen und Bayern schon seit langer Zeit bestanden; es waren dies staatliche Anstalten, die sich mit Kreditgebung für alle möglichen Kulturarbeiten befaßten.[6]) Die Tätigkeit dieser Anstalten wurde in Bayern durch das Gesetz vom 24. März 1908 und in Sachsen durch ein Gesetz vom 30. Juni 1914 auf die Kleinwohnhaus-Fürsorge ausgedehnt; Bedeutung für Schaffung II. Hypotheken für Kleinwohnhausbau hat die bayer. Landeskulturrentenanstalt erhalten. Durch die Novelle vom 24. März 1908 zum Gesetz über die Landeskulturrentenanstalten sind die Mittel derselben für Zwecke der Darlehensgewährung für den Bau von Kleinwohnungen für die minderbemittelte Bevölkerung verfügbar gemacht worden. Die Landeskulturrentenanstalt zahlt ihre Darlehen zumeist in 3½%—4%igen Landeskulturrentenscheinen aus und gewährt den Gemeinden Mittel zur Hingabe von in der Regel II. Hypotheken; ausnahmsweise, wenn das Geld nicht anderweitig aufgebracht werden kann, gibt sie auch I. Hypotheken. Die Darlehen werden in der Regel ohne Sicherheitsbestellung an Gemein-

[6]) v. Schelhorn, Die bayer. Gesetze betr. die Landeskultur-Rentenanstalt S. 3 ff.

den zur Herstellung oder gesundheitlichen Verbesserung von Kleinwohnungshäusern und zur Ansiedlung von landwirtschaftlichen Arbeitern gegeben. Wenn die Gemeinde die Bauten selbst ausführt, so geht die Beleihung bis 100% der Kosten für Boden und Bau; bis zu 90%, wenn die Gemeinde die empfangenen Mittel an Baugenossenschaften und zur Ansiedlung von landwirtschaftlichen Arbeitern gibt. Die Darlehen sind mit 3½ oder 4% zu verzinsen und in der Regel mit 1% zu tilgen. Auf Antrag kann die Amortisationsgebühr auf ¾% herabgesetzt werden. Bedingung eines Darlehens ist Bau von Wohnungen mit regelmäßig nicht mehr als 3 Zimmer, Küche und Zubehör. Die Anträge für Darlehen sind an die Gemeinde zu richten, bei Ablehnung kann die Baugenossenschaft bei der vorgesetzten Verwaltungsbehörde beantragen, daß die Gemeinde zur Darlehensvermittlung angehalten wird. Die Darlehen werden im Ganzen oder nach Fortschreiten der Bauten in Raten ausbezahlt. Die bayer. Landeskulturrentenanstalt hat bisher rund 15 Millionen an Hypotheken für Kleinwohnungsbau zur Auszahlung gebracht. Nach Art. 5 und 19 des bayer. Ges. betr. die Landeskulturrentenanstalt vom 31. März 1908 ist die Anstalt zur Hypothekenkündigung bei vertragswidrigem Vorgehen des Darlehensnehmers berechtigt, was jedoch in Wirklichkeit sehr selten vorkommt.[7])

Die sächsische Landeskulturrentenbank hat bisher als Kreditgeber für Kleinwohnungsbau geringe Bedeutung, nachdem dieselbe erst kurz vor Kriegsausbruch durch das Gesetz hiezu ermächtigt wurde.

4. Reich und Staat.

Reich und Staat waren bereits vor dem Kriege neben den öffentlichen Versicherungsanstalten Baukreditgeber für den Kleinwohnhausbau, beide jedoch nur, wenn die Mitglieder der zu unterstützenden Bauvereinigung ganz oder teilweise aus Beamten oder in Reichs- oder Staatsdienst beschäftigten Arbeitern bestand;[8]) Reich und Staat unterstützten den Kleinhausbau nur als Arbeitgeber. Die Darlehen werden in der Regel nur zur II. Stelle und zwar bis zu einer Beleihungsgrenze von 90% der Selbstkosten des Baues und Bauplatzes bewilligt. Die I. Hypothek muß also anderweitig beschafft werden, was bei zugesagter Staatsunterstützung nicht schwer ist und werden diese I. Hypotheken von Landesversicherungsanstalten, Sparkassen und dgl. gegeben. Die Baukredite des Reichs sind mit 3% zu verzinsen und rund 1% jährlich unter Zuwachs der ersparten Zinsbeträge zu tilgen. Auf Antrag werden Teilzahlungen auf die bewilligten Reichsdarlehen und Bauvorschüsse auf die von dritter Seite zugesagten Darlehen während

---

[7]) v. Schelhorn, Die bayer. Gesetze, betr. die Landeskultur-Rentenanstalt S. 145 und 246.

[8]) Muthesius, Kleinhaus- und Kleinsiedlung S. 306.

der Bauzeit bei entsprechender Sicherstellung vom Reiche geleistet.[9]) Bauvereinigungen, die Kleinhäuser hauptsächlich zum Vermieten bauen, werden bevorzugt, während jedoch auch solche, die ihre Häuser ihren Mitgliedern zum Ankauf erstellen, von Reich und Staat berücksichtigt werden.

Die Einzelstaaten geben nach denselben Normen und Bedingungen für Verzinsung und Amortisation Darlehen an Genossenschaften, die ganz oder teilweise für ihre Angestellten Kleinwohnungen errichten. Preußen hat seit 1895 Baukredite an Genossenschaften unter obengenannten Bedingungen gegeben. Nachdem anfänglich aus den zur Verfügung stehenden Mitteln auch Beträge zur I. Hypothek ausgeliehen waren, ist der preuß. Staat neuerdings dazu übergegangen, nur noch Gelder zur II. Stelle zu geben. Bis 1911 waren rund 160 Millionen Mark innerhalb der Grenzen von 50—90% des amtlichen Schätzungswertes der Boden- und Baukosten oder nach Wahl der Baugenossenschaft innerhalb 50 und 100% der als angemessen bestätigten Baukosten angelegt worden.[10])

Bayern hat durch eine Novelle vom 24. März 1908 zum Gesetz über die Landeskulturrentenanstalten die Mittel dieser Anstalt für Zwecke der Darlehensgewährung für den Bau von Kleinhäusern für die minderbemittelte Bevölkerung verfügbar gemacht und zur II. Stelle begeben. Das Darlehen darf den vollen Betrag der Kosten für Grundwert und Bauausführung erreichen, wenn die Gemeinde für ihre Rechnung die Grundstücke erwirbt und die Bauten selbst herstellt, dagegen nur 90%, wenn die Gemeinde die erhaltenen Mittel an rechtsfähige gemeinnützige Bauvereinigungen als Darlehen weitergibt. Für einen beschränkten Personenkreis, die Bediensteten der Staatseisenbahnen, stehen in Bayern Mittel in der Form zur Verfügung, daß den Baugenossenschaften (54 an der Zahl) des Staatseisenbahnpersonals Darlehen bis zu 80% des Erstellungswertes oder bis zu 100% des gesamten Bauaufwandes zu einem Zinsfuß von 3% bei ½% Tilgung gewährt werden.

In Sachsen wurden 4 Millionen Mark als Baukredite an gemeinnützige Bauvereine zur Besserung der Wohnverhältnisse der Eisenbahnbediensteten gegeben. Die Kapitalsanlage erfolgte zu II. Stelle hinter einer I. Hypothek, die von der Arbeiterpensionskasse der Sächsischen Staatsbahnen bis zu 50% gewährt wurde. Beleihungsgrenze der II. Hypothek 90% des Herstellungswertes; der Zinsfuß ist infolge Geldverteuerung auf 3¼% erhöht worden, Tilgungsrate zirka 1%. Ferner sei erwähnt, daß durch Gesetzentwurf vom 30. Juni 1914 die Sächs. Landeskulturrentenbank mit Beschaffung von Baukrediten zur II. Stelle beauftragt wurde, was bereits a. a. O. ausgeführt.

[9]) Großberliner Verein für Wohnungswesen, Heft II S. 33ff.

[10]) Albrecht, Geld für Kleinwohnung S. 36, I. Teil.

Württemberg hat sich in hervorragender Weise am Kleinhausbau für seine Eisenbahn- und Postbeamten beteiligt und nach dem Stande vom März 1913 eine Summe von über 28 Millionen Mark für den Bau von 2366 Wohngebäude für Eisenbahnbeamte und 193 Gebäude für Postbeamte in Form von unmittelbarem Baukredit gegeben, d. h. der Staat hat diese Wohnungen selbst gebaut; außerdem hat Württemberg rund ½ Million als II. Hypothek mit einer Verzinsung von 3½ % an 4 Baugenossenschaften vorgestreckt. Im Etat für das Rechnungsjahr 19/20 sind 26 Millionen Mark für den Bau von 600 Beamten- und Arbeiterwohnungen veranschlagt und vorgesehen.

5. Gemeinde und Kommunalverbände.

Ansehnliche Beträge sind von einer Reihe von Städten auf dem Wege der direkten Kreditgewährung an gemeinnützige Bauvereine und Baugenossenschaften gegeben worden. Als Beispiel sei hier die große Aufwendung der Stadt München genannt, die bis Ende 1912 9 Millionen Mark aus Anleihemitteln für den Bau von Kleinwohnhausbauten in Form von Tilgungshypotheken gegeben hat, die sich bis zu einer Beleihungsgrenze von 85 % zu einem Zinsfuß von 4 % erstreckten (II. Hypotheken).

Von den kommunalen Kreditorganisationen kommen die Sparkassen für Darlehensgewährung nur zur I. Stelle (bis zu 50 % des Schätzungswertes) in Betracht, es sei denn, daß die Kommune oder eine Landesversicherungsanstalt Bürgschaft über die von Sparkassen über die Mündelsicherheit hinaus gewährten Darlehen übernimmt, was zugunsten gemeinnütziger Bauunternehmungen vorkommt. In letzterem Falle werden dann die von den städtischen Sparkassen gegebenen Kredite bis zu einer Höhe von 80 % des Schätzungswertes ausgedehnt. Je nach der Geldmarktlage lassen sich die Sparkassen ihre I. Hypotheken, die Tilgungshypotheken für die Zeit von rund 50 Jahren sind, mit 4¼—4¾ % verzinsen; bei Zinsenverzug wird ebenfalls der Zinsfuß erhöht.

6. Rentenbanken.

Eine weitere bekannte Geldquelle für den Kleinhausbau, die sich in Preußen aus dem Rentenbankkredit des Staates ergibt, sind die obengenannten Banken, die Rentengüter kleinsten Umfanges beleihen und welche gemäß MinErl. vom 8. Juni 1907 mit einer Mindestgröße von 1250 qm für gewerbliche Arbeiter genehmigt wurden. Die Rentenbriefe erleiden jedoch bei ihrer Emission einen Kursverlust von 10 % und da außer den Rentendarlehen oftmals noch eine II. Hypothek aufzunehmen ist, hat die Kreditgabe der Rentenbanken in Preußen keine allzugroße Ausdehnung angenommen.

7. Verschiedene Kreditquellen und Einrichtungen zur Baukreditbeschaffung.

Unter den sonstigen Einrichtungen, um den schwierigen Verhältnissen auf dem städtischen Hypothekenmarkte zu begegnen, verdienen die in verschiedenen Städten errichteten Hypothekenanstalten und Pfandbriefämter Erwähnung, die größtenteils zur I., teilweise auch zur II. Stelle beleihen; auch einzelne Landesbanken, wie wir sie an verschiedenen Orten vorfinden, haben sich in nicht geringem Maße an der Finanzierung von gemeinnützigen Kleinhausbauten beteiligt.[11]) Von nicht zu unterschätzender Bedeutung für den gemeinnützigen Kleinhausbau sind die einzelnen Stiftungen, wie wir sie z. B. in Essen als Margarethe Krupp-Stiftung, in Berlin als König Friedrich-Stiftung vorfinden, die beide einzelnen Baugenossenschaften hypothekarischen Kredit vorgestreckt haben. Der Zinsfuß der von den Stiftungen gewährten Hypotheken bewegt sich zwischen 3 und $4^1/_8$%.

Der derzeitige Ausfall verschiedener öffentlicher Kreditgeber, wie z. B. der Landesversicherungsanstalten, haben die Hypothekenbanken im Reiche veranlaßt, hier helfend beizuspringen. So haben 5 der größten bayerischen Banken 50 Millionen Hypothekenkredit zur Gewährung I.-stelliger Hypotheken zu $4^1/_2$% Zins und $^1/_2$% Tilgung für den gemeinnützigen Kleinhausbau zur Verfügung gestellt;[12]) die preußischen Hypothekenbanken haben, dem Beispiel der bayerischen Banken folgend, dem preußischen Staatskommissar für Wohnungswesen ebenfalls den Betrag von 50 Millionen zu gleichem Zwecke an die Hand gegeben. Desgleichen tragen sich die privaten Versicherungsgesellschaften und Sparkassen ernstlich mit dem Gedanken, ihre Gelder in Anbetracht der derzeitigen Kreditnot in umfassenderer Weise, wie bisher, als gemeinnützigen Kredit auf den Markt zu bringen. Erwähnung an dieser Stelle verdienen auch die sog. Bauvereinsbanken,[13]) die sich mit der Vermittlung von Hypothekengeldern befassen und selbst Zwischenkredite an Bauvereinigungen abgeben.

8. Private.

In Frage kommen hiebei kapitalkräftige Leute, die Gönner des genossenschaftlichen Systems sind und welche zu niederem Zinsfuß (3—$3^1/_2$%) und $^3/_4$% Amortisation langfristige Hypothekdarlehen gewähren; auch die Inhaber großer Fabriken zählen zu dieser Art von Geldgebern. Die gemeinnützige Baugenossenschaft muß sich in vorliegendem Falle nach Möglichkeit gegen Kündigung sichern und lange Kündigungstermine ausbedingen. Begreiflicherweise hat das Privatkapital infolge seiner niederen Verzinsung bei der gemeinnützigen Anlage hiebei nicht die große Bedeutung, wie bei dem Erwerbskredit.

11) Albrecht, Geld für Kleinwohnung S. 30 ff.
12) Bayer. Zeitschrift für Wohnungswesen, 17. Jahrg. S. 63.
13) Zeitschrift für Wohnungswesen in Bayern, 17. Jahrg. S. 64.

Schließlich sei hier noch gesagt, daß die Finanzierung einer Kleinhausanlage zu den schwierigsten Problemen der Finanzpolitik gehört, daß bindende Formen hiefür nicht bestehen, daß es gewöhnlich einer größeren Reihe von Geldgebern zu ein und demselben Projekt bedarf und daß gerade jetzt bei den ungeheuren Baukosten die meisten gemeinnützigen Bauunternehmen an der Undurchführbarkeit der Geldbeschaffung scheitern. Als Beispiel einer solchen Kombination siehe Anhang, Anlage Nr. 10 und 10 a.

b) Bürgschaft.

Da verschiedene Geldquellen in Anbetracht des großen Risikos beim Kleinhausbau nicht in Tätigkeit treten wollten, so sind die Gemeinden,[14]) jetzt auch die Landesversicherungsanstalten daran gegangen, gegenüber Kreditorganisationen die Bürgschaft für II. Hypotheken der Baugenossenschaften und sonstiger gemeinnütziger Baugesellschaften zu übernehmen.

c) Im Erbbaurecht.

Baukredite werden endlich durch Übernahme von Grundstücken im Erbbaurecht und dessen Beleihung beschafft. Dieses Vorgehen erfolgt fast ausschließlich durch öffentliche Körperschaften, wie Reich, Staat, Gemeinde und einzelne Landesversicherungsanstalten. Das Reich hat in neuerer Zeit Grund und Boden im Erbbaurecht an einen durch die hiefür geltenden Bestimmungen beschränkten Kreis von Baugenossenschaften abgegeben und dieses Erbbaurecht bis zu einer Höhe von rund 8 Millionen Mark beliehen. Erbbauzins 2%.

Die Hauptbedeutung für Abgabe von Grundstücken im Erbbaurecht haben die Gemeinden (29), die nach der Münchener Statistik 282 Grundstücke im Erbbaurecht vergeben haben. Die Zahl der hypothekarisch beliehenen Erbbaugrundstücke betrug hievon 221, auf die rund $8\frac{1}{2}$ Millionen hypothekarische Darlehen von den Gemeinden an gemeinnützige Baugesellschaften gegeben wurden. Beleihungsgrenze bis zu 75 und ausnahmsweise 90% des Bauwertes; der Zinsfuß bewegt sich zwischen 3 und 4% bei entsprechender Tilgungsverpflichtung. In den Verträgen der Stadtgemeinden mit den Erbbauberechtigten wird durchweg ein besonderer Wert auf die Sicherung der städtischen Interessen bei Abschluß des Erbbauvertrages nach Maßgabe des BGB. gelegt. Die Verpflichtung zur Entrichtung des Erbbauzinses wird als Reallast bestellt, im Falle des Verkaufs des Erbbaurechts steht der Stadt ein grundbuchamtlich gesichertes dingliches Vorkaufsrecht zu. Für entsprechende Sicherung der hypothekarischen Beleihung des Erbbaurechtes ist vertraglich vorgesorgt. Die Hingabe des städtischen Bodens im Erbbaurecht an Baugesellschaften wird mit der Bestimmung verknüpft, daß der gemeinnützige Zweck der von diesen zu errichtenden Bauten für alle Zukunft verbürgt ist.

[14]) Fuchs, Siedlungsverk. S. 317.

Frankfurt a. M. hat allein von den obengenannten 282 Grundstücken 144 im Erbbaurecht abgegeben. Die hypothekarische Beleihung der in Betracht kommenden Grundstücke erfolgt in Frankfurt fast ausschließlich durch die Stadt, die hiezu eine besondere Erbbaudarlehenskasse gegründet hat. Beleihungsgrenze in der Regel 75, bei bei städtischen Beamten 90%, Zinsfuß 4%, Erbbauzins 2½% des Bodenwertes und 4% der Straßenherstellungskosten. Die Darlehen sind innerhalb der Erbbauzeit durch jährliche Zahlungen zu tilgen.

Die Stadt Ulm hat einer aus Lehrern, mittleren Beamten und Kaufleuten zusammengesetzten Baugenossenschaft Grund und Boden unter Ansatz eines Erbbauzinses von 20—30 Pfennig pro Quadratmeter überlassen und die auf diesem Gelände errichteten Erbbauhäuser bis zu 90% des Herstellungswertes beliehen.[15])

Wie bereits im Abschnitt A, II. Kapitel, d 4, näher ausgeführt wurde, hat das Erbbaurecht durch die Reichsverordnung über das Erbbaurecht vom 15. Januar 1919 (RGBl. 1919 Nr. 14 S. 72) eine Neuregelung erhalten, die im Interesse des Grundstückseigentümers und des Erbbauberechtigten Klarheit geschaffen hat. Die Folge wird nach aller Voraussicht bei Wiederaufleben des Baumarktes eine beliebtere Anwendung der Grundstücksabgabe im Erbbaurecht und eine vermehrtere Beleihung desselben sein.

C. Kreditverbesserungsvorschläge.

I. Kapitel.

Kreditlage vor, während und nach dem Kriege.

Schon vielfach wurde in Vorträgen bei Behörden und Vereinen, wissenschaftlichen Abhandlungen und dgl. die Frage der Baukreditnot behandelt, die eine Folge unseres wirtschaftlichen Niederganges sowie der einschneidenden Baustoffknappheit darstellt und einen der Gründe unseres städtischen Wohnungsmangels bildet. Man hat sich der bestimmten Erwartung hingegeben, daß nach glücklichem Ausgange des Krieges der Staat mit voller Kraft sich der sozialen Fürsorge, in erster Linie dem Wohnungsbau widmen und hiezu außer nötigen Gesetzeserleichterungen für den Wohnungsbau Kapital in Form von Millionenkrediten für diese Aufgabe zur Verfügung stellen werde. Durch das verhängnisvolle Ende des Krieges und die erdrosselnden Friedensbedingungen, die unserem Reiche den größten Teil seiner wirtschaftlichen und politischen Selbständigkeit nehmen, und seine Mittel auf unabsehbare Zeit beschlagnahmen, ferner durch die Inflation unseres Geldes, das Fehlen der Rohprodukte und die allgemeine Arbeitsunlust, hat sich auch der vom Reiche zur Verfügung gestellte Bauüber-

[15]) Holch, Private Mitteilungen.

teuerungszuschuß von 500 Millionen Mark als unzulänglich erwiesen, da Bauen heutzutage 10 bis 20 mal teuerer als in Friedenszeiten ist. Man frägt sich daher mit Recht, welche Maßnahmen von Seite des Staates und Privater getroffen werden können, um den für den Wohnungsbau so nötigen Kredit aufzubringen. Kreditnot hat jedoch bereits vor dem Kriege in Deutschland bestanden und wird sich eine kurze Betrachtung der diesbezüglichen Verhältnisse lohnen.

Die Kreditnot am städtischen Grundstücksmarkt ist keine Folge des Krieges, wir finden sie bereits vor und während des Krieges bei uns vertreten. Das Angebot von Kapital hat nicht in dem Maße zugenommen, wie die Nachfrage, so daß ein steigendes Mißverhältnis zwischen beiden schon im Frieden bestand. Der Hypothekenmarkt ist ein wichtiger Teilmarkt des allgemeinen Kapitalmarktes,[1]) die Befriedigung der Nachfrage nach Hypothekengeld muß also in weitgehendem Maße von der Lage des Kapitalmarktes abhängen. Insoweit das zutrifft, handelt es sich beim Problem des städtischen Immobiliarkredits um die Frage der allgemeinen Zinsfußhausse, deren Bedeutung durch die Kursstürze der festverzinslichen heimischen und ausländischen Wertpapiere zur Genüge beleuchtet wird. Bei den Rentenpapieren waren bekanntlich die Kurseinbußen besonders groß, der durchschnittliche Börsenkurs sank trotz der hiezu kommenden höher verzinslichen Obligationen seit dem Jahre 1909 stetig. Er betrug bei den deutschen Werten:

1909	1910	1911	1912	1913
94,85	94,76	94,34	91,82	89,30 %

Die deutschen Staatspapiere sanken noch mehr:

1909	1910	1911	1912	1913
92,16	92,26	90,30	87,46	84,84 %

Die Folge dieser Kursstürze und des damit zusammenhängenden hohen (steigenden) Zinsfußes war eine immer größere Abneigung von seiten Privater, Geld von Hypothekenbanken und Versicherungsgesellschaften aufzunehmen; lediglich bei Sparkassen hat sich die Aufnahme von Hypotheken in den Jahren 1909—1913 wesentlich infolge des niederen Zinsfußes bei dieser Gesellschaftsform vermehrt. Der Zuwachs an inländischen städtischen Hypotheken betrug in den Jahren 1909—1913 in Millionen Mark:[2])

Art der Bankinstitute	1909	1910	1911	1912	1913
Hypothekenbanken	523,3	462,7	512,3	205,0	1,0
Priv. Vers. Gesellschaft . .	326,4	374,3	392,6	367,4	309,8
(Preuß.) Sparkassen . . .	309,9	363,1	386,3	471,6	462,5

[1]) Terhalle, Die Kreditnot am städtischen Grundstücksmarkt S. 9 ff.
[2]) Terhalle, Die Kreditnot am städtischen Grundstücksmarkt S. 13.

Die Folge der zunehmenden Teuerung der Hypothekengelder bedeutet, wie die Tabelle zeigt, eine geringere Nachfrage nach solchen Geldern, ein Umstand, der wirtschaftlich als Schädigung des Baumarktes in Erscheinung tritt, welch letzterer mehr als irgendein anderer Markt auf den Zufluß von Hypothekengeldern angewiesen ist; Hypotheken- oder Realkreditnot ist gleichbedeutend mit Baukreditnot. Die Notlage des städtischen Kredites hat durch den Krieg keine Besserung erfahren und bei Abschluß desselben hat dieser Zustand geradezu katastrophale Dimensionen angenommen. Während auf der einen Seite die Kapitalnachfrage ins Endlose gegangen ist, wird auf der anderen Seite das Angebot des öffentlichen Kapitals infolge des verschleierten Staatsbankerotts nicht zu erwarten sein und der Zufluß des Privatkapitals durch die erdrückenden Steuern, Vermögensabgabe und teueren Lebensbedingungen von Unternehmungen abgehalten werden.

II. Kapitel.

Welche Maßnahmen können getroffen werden, um der für die Wohnungsnot so verhängnisvollen Kreditnot zu steuern?

a) Öffentlich-rechtliche Maßnahmen.

1. Richterliche Moratorien.

Infolge des Umstandes, daß im Kriege durch Darniederliegen gewisser Handels- und Industriegebiete Hypothekenschuldner ihren Verpflichtungen nicht nachkommen konnten, ist man daran gegangen, ein richterliches (kein gesetzliches) Moratorium einzuführen. In einer Verordnung vom 8. Mai 1916 wurde bestimmt, daß für die Heimzahlung eines Hypothekenkapitals eine Zahlungsfrist von einem Jahr, für die Hypothekenzinsen eine solche von 6 Monaten gewährt werden kann. Für Kapitalschulden kann die Rückzahlung mehrmals gestundet werden, für Hypothekenzinsen kann die Frist nur einmal gewährt werden, letzteres mit Rücksicht auf die Hypothekenbanken, die auf Zinseneingänge angewiesen sind.[1]) Ein Moratorium schlechthin ist für den Kapitalmarkt sehr schädlich und es empfiehlt sich daher, wie Professor Eberstadt bei einer Tagung der Immobiliar-Kredit-Kommission erklärte, daß bei Moratorien unter Beibehaltung des üblichen Zinsfußes eine jährliche Tilgung von 1% vorgeschrieben werde, wobei die feste Hypothek in eine Tilgungshypothek umgewandelt werden muß.[2]) Eine derartige Festsetzung von richterlichen Moratorien auf eine gewisse Anzahl von Jahren wird sich auch jetzt nach Abschluß des Krieges empfehlen.

2. Gesetzesänderungen und neue Gesetze.

Ein Nachteil für die mißliebige II. Hypothek ist der § 1177 BGB., wonach bei Zahlung von Tilgungsraten eine Hypo-

[1]) Eber, Staat- und Realkredit in Deutschland, S. 116 ff.

[2]) Eberstadt, Die Kreditnot des städt. Grundbesitzes und Reform des Realkredites.

thek sich in eine Eigentümergrundschuld verwandelt.[3]) Es wäre nichts natürlicheres, als daß bei Tilgung der I. Hypothek die II. Hypothek entsprechend nachrückt. Der § 1179 BGB. bestimmt, daß dem Inhaber einer II. Hypothek der Anspruch einer Löschungsvormerkung im Grundbuch zusteht. Hievon wird aber in Wirklichkeit nur selten Gebrauch gemacht werden. Es muß daher im Interesse des Schutzes der II. Hypotheken ein Paragraph im BGB. geschaffen werden, in dem klipp und klar zum Ausdruck gebracht wird, daß bei Tilgung der I. Hypothek die II. automatisch nachrückt.[4])

Ein „Mietsteuergesetz" wurde von verschiedenen Seiten angeregt, so von Prof. Muthesius und Dr. M. Wagner. Die hohen Baupreise von heutzutage bewirken ein umfangreiches in die Höhegehen der Mieten, die in den Neubauten erhoben werden müssen, um das Gebäude rentierlich zu gestalten. Die Erhöhung der Mieten in den Neubauten wird auch in den vor dem Krieg gebauten Häusern eine Mietsteigerung erzeugen, was einen in die Milliarden gehenden Gewinn der Hausbesitzer bedeuten würde.[5]) Soferne die Mietssteigerung nicht notwendig und gerechtfertigt ist, um den Hausbesitzern die Verteuerung des Beleihungskapitals und der Verwaltungskosten auszugleichen, so sollte sie durch eine Mietssteuer erfaßt werden, die das städtische Wohnungswesen wiederum auf eine gesunde Grundlage stellen würde.[6]) Der Staat ist sich der dringenden Notwendigkeit der Wohnungsfürsorge bei klarer Erkenntnis der Baukreditnot wohl bewußt gewesen und hat bisher eine Reihe von Gesetzen im Kriege und nach Abschluß desselben erlassen, teilweise sind sie noch in Vorbereitung. Ich erinnere:

an die Bestimmung des Bundesrats vom 31. Oktober 1918 (Zentralblatt für das Deutsche Reich, S. 1160);

an das Bürgschaftsgesetz vom 10. April 1918 (Preuß. Gesetz-Sammlung 1918 S. 43);

an das Wohnungsgesetz vom 28. März 1918 (Preuß. Gesetz-Sammlung 1918 S. 23);

an das Reichssiedlungsgesetz vom 29. Januar 1919 (RGBl. Jahrgang 1919 S. 115).

3. Steuerliche Erleichterungen.

Wichtig und zugleich anspornend für die private Geldbeschaffung von II. Hypotheken wäre eine Änderung der Stempel und Steuergesetze dahingehend, daß einem Nachhypothekar, der im Zwange der Not ein Grundstück oder Gebäude erwerben muß, die Entrichtung der sämtlichen auf demselben ruhenden Lasten, auch

[3]) Luther, Wohnungs- u. Siedlungspolitik nach dem Kriege, S. 13.
[4]) Fuchs, Wohnungs- u. Siedlungsfrage nach dem Kriege S. 175.
[5]) Muthesius, Kleinhaus- und Kleinsiedlung S. 356.
[6]) Wagner, Neue Bauwirtschaft S. 3ff.

gestundete Zinsen und dgl. und der einschlägigen Stempelgebühren zu erlassen ist. Es ist einleuchtend, daß die Aussicht auf umfangreiche Steuerverpflichtungen als Begleiterscheinung der Übernahme eines verschuldeten Objektes mancher Geldgeber für II. Hypotheken abhalten wird, das Kapital für diese herzugeben.

4. Erhöhung der Beleihungsgrenze.

Die Festsetzung der Beleihungsgrenze auf max. 60% für Hypothekenbanken und Versicherungsgesellschaften (§ 11 Abs. II HypBankG., § 60 VAG.) ist zu gering und vorsichtig bemessen und nach Ansicht bedeutender Bankfachleute steht einer Erhöhung der Beleihungsgrenze auf 75% des amtlichen Schätzungswertes nichts entgegen. Nachdem jedoch hiedurch eine Gefährdung für die Pfandbriefe der Hypothekenbanken und eine gleichzeitige Entwertung derselben eintreten würde, so kann dies dadurch ausgeglichen werden, daß bei Beleihungen durch Hypothekenbanken und private Versicherungsunternehmen, die über $^2/_3$ des amtlichen Schätzungswertes hinausgehen, Staat und Gemeinde die Haftung übernehmen;[7]) es können Hypothekenbanken und Versicherungs-Unternehmungen den Gemeinden aber auch Kommunaldarlehen aus bereiten Beständen ausschließlich für II. Hypotheken geben, für die dann der Staat Rückdeckung übernehmen würde. Ein weiterer Weg wäre der, den Bayern schon eingeschlagen hat, die Mündelsicherheit der Pfandbriefe dadurch zu erhöhen, daß bei einer Beleihung bis zu 60% eine 10%ige Tilgung vorgesehen werden muß.

5. Bereitstellen öffentlicher Mittel.

In der kommenden Zeit wird es ein Ding der Unmöglichkeit sein, an den Staat mit allzugroßen Wünschen für Zurverfügungstellung umfangreicher Kredite heranzutreten, nachdem die erschnürenden Forderungen unserer Feinde und die gewaltigen Forderungen, die dem Staat derzeit in Form von Renten, Unterstützungen, Löhne, Streikgelder usw. erwachsen, das Budget desselben mehr denn je erschöpft haben. Ich habe die bestimmte Vermutung, daß die Kredite für den notwendigen Wohnungsbau früh oder später nur durch Anleihen von seiten des Auslandes gedeckt werden können.

6. Vereinfachung der Bauordnung.

Es ist dies ein Problem, das schon in den Zeiten hätte gelöst werden müssen, in denen noch genügend Mittel für den Wohnhausbau zur Verfügung gestanden haben; viele umfangreiche Projekte sind nur an unserer veralteten, allzu vorsichtig bemessenen Bauordnung gescheitert, die die Rentabilität besonders eines Kleinhauses von vornherein in Frage stellen muß. Die gegenwärtige Zeit des Mangels an Kredit und Baumaterial hat uns dazu gezwungen, ohne Rücksichtnahme auf irgendwelche Bauordnung

[7]) Eber, Staat- und Realkredit in Deutschland S. 131.

über Nacht zu den billigsten und schlechtesten Baustoffen und nicht immer gerade einwandfreien Konstruktionen zu greifen; trotzdem hat man bisher von keinerlei Unglücksfällen bei Neubauten gehört, die auf einfachere Bauweisen zurückzuführen sind. All die Momente der Bauverteuerung weisen unsere Behörden schon jetzt auf die Notwendigkeit hin, im Hinblick auf spätere günstigere Zeiten des Baumarktes nach Abbau der Preise, Löhne usw., eine zweckmäßige, weitsehende und praktische Bauordnung zu schaffen.

b) Privatrechtliche Maßnahmen.

1. Amortisationshypothek.

Die Amortisationshypothek hatte bereits in Jahren vor dem Kriege in Bayern festen Fuß gefaßt,[8]) während im übrigen Reich keine Neigung dafür bestand; schließlich verlor diese Art der Hypothek auch in Bayern ihre Beliebtheit wieder. Eine gesunde II. Hypothek kann sich nur auf einer soliden I. Hypothek begründen und dies ist nur möglich, wenn diese „Tilgungshypothek" ist.[9]) Der deutsche Reichskanzler hat in einer von ihm einberufenen Immobiliar-Kredit-Kommission eine Erklärung abgegeben, die vom deutschen Städtetag in seinen „Richtlinien zur Realkreditfrage" am 15. Januar 1916 veröffentlicht wurde: „Eine Gesundung der Verhältnisse des Grundbesitzes ist nur möglich, wenn vorbehaltlich der Berücksichtigung besonderer Verhältnisse, die I. Hypothek grundsätzlich als unkündbare Hypothek gegeben wird, die selbstverständlich Tilgungshypothek sein muß. Die Erreichung dieses Zustandes ist dadurch vorzubereiten, daß alsbald alle öffentlichen und unter öffentlicher Aufsicht stehenden Geber von I. Hypotheken in angemessenem Umfang hiezu veranlaßt werden, wobei auf die Erfordernisse der Geldflüssigkeit bei den einzelnen Geldgebern und auf die schwierigen Verhältnisse des Wohnungsmarktes nach Kriegsende Rücksicht zu nehmen ist."

Die Abneigung gegen die Tilgungshypothek beruht in deren Langfristigkeit, die keinen fühlbaren Vorteil für einen Darlehensgeber bietet. Ein Darlehen, das zu 4% verzinslich und mit ½%igen Zuschlägen tilgbar aufgenommen wird, bedarf 56 Jahre, um zur vollen Abzahlung zu gelangen. Es wäre daher empfehlenswert, bei einer derartigen Hypothek (z. B. 150 000 ℳ) durchzuführen, daß der I. Teil (z. B. 75 000 ℳ) begründet auf die Sicherheit des unveränderlichen Grund und Bodens als Zinsdarlehen bestünde, während der II. Teil des gesamten Darlehens einer verstärkten Tilgung (rund 1½%) unterstünde; in diesem Falle wäre es möglich, daß die Heimzahlung des letzten Teiles der Schuld (wiederum 75 000 ℳ) in wesentlich kürzerer Zeit — 34 Jahre — erfolgen würde. —

---

[8]) Schulte, Die Hypothekenbanken S. 397.

[9]) Fuchs, Wohnungs- und Siedlungsfrage nach dem Kriege.

Eine derartige Anordnung würde ohne Zweifel anspornend auf hypothekarisch gesicherte Baukredite wirken.[10])

2. Hypotheken- und Lastenschutz.

Hypothekenschutz ist eine Einrichtung, die erst im Laufe des Krieges ausgebaut wurde und welche von Münchener Finanzleuten ins Leben gerufen ist. Dieselbe zerfällt in zwei wesentliche Teile und zwar in Lasten- und Kapitalschutz. Hypothekenschutz ist eine Anordnung zweckmäßigster Art der Selbsthilfe, die zum Wohle des notleidenden Grund- und Hausbesitzers von Letzterem selbst und dem Baugewerbe geschaffen wurde, da der Staat nicht die entsprechende gesetzliche und sonstige Hilfe geben wollte; die Segnungen dieser Anordnung treffen in gleicher Weise den Hypothekengläubiger wie -Schuldner.

Der Hypothekenschutz, eine Organisation, die erst im Ausbau begriffen ist, wird von einer sog. Hauptbank in Berlin und einzelnen Schutzbanken in den größeren Städten des Reiches ausgeübt. Die Hauptbank-A.-G. hat ein Anlagekapital von 3 Millionen (25% Einzahlung) und dient zur Rückversicherung der Unterbanken; diese Schutzbanken-A.-G., deren es bisher erst 5 gibt (München für Bayern, Berlin für Brandenburg, Königsberg für Ostpreußen, Frankfurt für Hessen und Rheinprovinz, Pforzheim für Baden) sind mit einem Kapital von je 1 Million (25% Anzahlung) gegründet;[11]) die Schutzbank in München, die am 25. Dezember 1916 als Landesbank der bayer. Haus- und Grundbesitzer-Vereine begründet wurde, war die erste Anlage dieser Art, die bereits während des Krieges eine umfangreiche, segensreiche Tätigkeit entfaltet hat.

Der Hypothekenschutz besteht darin, daß durch die Bank eine volle Sicherung des zweitstelligen Kapitals gewährt wird, d. h. kann der Hausbesitzer bei Fälligwerden eines Kapitals dieses nicht aufbringen, so beschafft ihm die Schutzbank die Hypothek oder stellt den Betrag aus eigenen Mitteln zur Verfügung.[12]) Der Kapitalschutz ergreift auch in gewissem Umfange die vorhergehenden Hypotheken, d. h. nicht ohne weiteres die erste, denn der Hypothekenschutz ist vor allem auf das Kapital gerichtet, das über die übliche Grenze (50%) der I. Hypothek hinausgeht. Deshalb bedarf es zum Schutze der I. Hypothek eines besonderen Antrages. Unter „Lastenschutz" ist zu verstehen, daß die Hypotheken-Schutzbank jedem beteiligten Hausbesitzer, der durch irgendwelche Verhältnisse nicht in der Lage ist, seine Hypothekzinsen, Steuern und Umlagen oder andere öffentliche Abgaben zu bezahlen, diese Geldbeträge 4 Wochen nach Fälligkeit vorschußweise zur Verfügung stellt. Für die Übernahme des Hypotheken- und Lastenschutzes hat der Hausbesitzer an

[10]) Stierstorfer, Neue Gedanken und Vorschläge zur Reorganisation des Realkredites S. 10 ff.

[11]) van der Borght, Wirtsch. Bund und Hypothekensch. S. 33.

[12]) Humar, Selbsthilfe des Hausbes. S. 13.

die Schutzbank einen jährlichen Schutzzins von 3/4—1 1/2 % der Bruttomiete seines Hauses zu zahlen, wobei für den Prozentsatz die Anlage des eigenen Kapitals im Hause und die Höhe der hypothekarischen Belastung bestimmend ist.

Vertragsform zwischen Schutzbank und Schutznehmer ist ein von Ersterer ausgestellter Schutzbrief. Die Schutzbank befaßt sich neben den genannten Aufgaben mit der Vermittlung I. Hypotheken,[13]) Beschaffung von Kapitalien für II. Hypotheken von den Hypothekenbanken unter Haftung der Städte oder aus anderen Geldquellen und vermittelt zwischen Hypotheken-Schuldner und Gläubiger bei Eintreten von Meinungsverschiedenheiten und Zahlungsschwierigkeiten auf Anruf jeder Partei. Von großer Bedeutung für die Schutzbank ist der Umstand, daß für sie I. und II. Hypotheken als Tilgungshypotheken gegeben werden müssen, wobei die Tilgung der Nachhypothek rascher vor sich gehen muß, als die der Vorhypothek, was dadurch erreicht wird, daß für II. Hypotheken ein höherer Tilgungssatz gewählt wird, als für I. Hypotheken.

Der Ausbau dieser erst ins Leben gerufenen Hypothekenschutzbanken sollte mit aller Energie betrieben werden, da durch ihre Einrichtung die Frage der II. Hypothek, die für den Hausbau von so unendlicher Wichtigkeit ist, eine gelungene Lösung erhält, deren Folgen zur Gesundung unseres Haus- und Grundbesitzes und somit auch zur Hebung des Realkredites und des damit verwachsenen notleidenden Baukredites in ansehnlicher Form mitwirken werden.

3. Gründung von Instituten für II. Hypotheken.

Dr. Matthias hat im Bankarchiv unter dem 1. Oktober 1915 einen Aufsatz: „Die Staatshilfe bei II. Hypotheken" veröffentlicht, in dem er den Plan ausführt, im Reiche nach dem Kriege eine Zentralstelle zu schaffen, die II. Hypotheken begeben soll, eine A.-G. oder G. m. b. H., also ein privatrechtliches Institut mit starkem Einschlag des öffentlichen Vertrauens.[14])

Diese Gesellschaft soll mit einem Kapital von 100—200 Millionen Mark gegründet werden, die vom Reiche, Einzelstaat, Kommunen, Hypothekenbanken, private Versicherungsgesellschaften und anderen organisierten Interessenten am erststelligen Kredit aufzubringen sind, welche sämtliche einen großen Wert darauf legen müssen, daß eine gute II. Hypothek hinter ihrer I. Hypothek steht. Diese Zentralstelle für II. Hypotheken würde bis zu einer gewissen Höhe der beliehenen II. Hypotheken verzinsliche Hypothekenscheine ausgeben; es bleibt nur dahingestellt, ob die bisherigen Besitzer II. Hypotheken geneigt sind, ihre Hypothekenbriefe gegen diese Zentralschuldscheine einzutauschen. Eine Lösung der Frage der II. Hypothek durch Gründung einer Zentralstelle im Reiche verspricht nach menschlicher Voraussicht allen Erfolg, nach-

[13]) Humar, Selbsthilfe des Hausbes. S. 9.
[14]) Luther, Wohnungs- u. Siedlungspolitik nach dem Kriege S. 12.

dem die Not in allen Bundesstaaten gleichmäßig groß und die Art der Abhilfe keine Verschiedenheit erfordert. Eine zentrale Regelung hat ebenfalls noch den Vorteil, den Realkreditmarkt unter einem einheitlichen Gesichtspunkt jederzeit betrachten zu können.

Eine andere Lösung der Frage der II. Hypothek ist die der Dezentralisation der Beleihungsinstitute. Gemeinden großer Städte gründen unter Beisteuerung von Privaten eigene Kassen für II. Hypothekenkapital; so hat z. B. Augsburg am 14. Mai 1914 eine städtische Beleihungsanstalt für II. Hypotheken gegründet und derselben für die Anlage in II. Hypotheken einen Betrag von 1/2 Million aus verfügbaren Beständen der städtischen Sparkasse zugeführt. Gemeinden, die solche Anstalten gründen, werden höchstwahrscheinlich verzinsliche Schuldscheine (Stadtscheine), die durch die ausgegebenen II. Hypotheken gedeckt sind, verausgaben; diese Maßnahme ist von verschiedener Seite des öfteren angeregt worden. Ich glaube jedoch, diesen Anregungen entgegenhalten zu müssen, daß diese Stadtscheine einen niederen Kurs zu befürchten haben und daß Gefahr besteht, daß andere von der Stadt ausgegebene Schuldscheine hiedurch gleichfalls entwertet werden.

4. Erhöhter Ausbau der Verbindung von Hypothek mit Lebensversicherung.

Der Frage der Heranziehung der Lebensversicherung zur Tilgung von Hypotheken sind verschiedene Bankinstitute (z. B. Münchener Hypotheken- und Wechselbank, Landesversicherungsanstalt Stuttgart usw.) nähergetreten, um ihren Darlehensnehmern die Möglichkeit zu geben, ihre Darlehen in Form der Lebensversicherung zu tilgen. Wenn z. B.: ein Kreditaufnehmer von einer Bank eine I. Hypothek für einen Neubau in Höhe von 100 000 ℳ erhält, so läßt er sich für diesen Betrag bei einer privaten Versicherungsgesellschaft in die Versicherung aufnehmen, zahlt sodann an Stelle der Tilgungsrate an die Bank die Versicherungsprämie, die den Betrag an die Versicherungsgesellschaft weitergibt; die Versicherungssumme von 100 000 ℳ verpfändet der Darlehensnehmer der Bank. (Die Landesversicherungsanstalt Württemberg hat mit 9 privaten Versicherungs-Unternehmungen im Reiche Vereinbarung über die Verbindung der Darlehenstilgung mit der Lebensversicherung getroffen.) Die Hypotheken in Form von Lebensversicherungen hat für den Darlehensnehmer den Vorteil, daß im Falle seines derzeitigen Ablebens seine Nachfolger nicht in Zahlungsschwierigkeit kommen, da ihnen die Versicherungssumme zur Heimzahlung der Hypothek ohne weiteres zur Verfügung steht. Obwohl von seiten der Versicherungsgesellschaften reichliche Propaganda für dieses Verfahren gemacht wird, hat es sich bisher noch nicht in großem Maßstab eingeführt, trotzdem das System für einen Darlehensnehmer von großem Vorteil ist und sich auch für Sicherung von durch Private gegebenen Hypotheken eignet.

5. Heranziehung des Privatkapitals.

Nachdem durch den Ausgang des Krieges der Staat gewaltige Schulden gegenüber dem Ausland und seinen eigenen Bürgern hat, deren er sich kaum erwehren kann, so wird auf staatliche tatkräftige Kapitalzuführung an den Wohnungsbau auf Jahre nicht zu rechnen sein; an dieser Stelle muß das Privatkapital mehr denn je helfend einspringen und durch Stiftungen, Schenkungen und dgl. des gemeinnützigen Kleinhausbaues gedenken.[15]) Nachdem diese Art des Wohnungsbaues hauptsächlich für die minderbemittelte Bevölkerung geschaffen wird, so müssen hiezu vorhandene Geldquellen, wie: Sparkassen, Versicherungsgesellschaften, Landesversicherungsanstalten, Berufsgenossenschaften und Krankenkassen, die vom Spar- und Versicherungsgroschen des kleinen Mannes und des kleinen Mittelstandes gespeist werden, in weit größerem Maße wie bisher diesem Zwecke dienlich gemacht werden, wodurch bedeutende Mittel flüssig gemacht werden können.

6. Verbilligung des Bauens und rationelles Arbeiten.

Die gewaltigen Preise für Baumaterialien und die hohen Arbeitslöhne, die die Erstellung eines Hauses endlos verteuern, bedingen Baukredite, die für die meisten Menschen unerschwinglich und unerhältlich sind und eine Rentabilität des Hauses von vorneherein gefährden. Es muß daher auf billiges Baumaterial zurückgegriffen werden, wie es früher bei uns kaum verwandt wurde, die Ausmaße der Konstruktion von Mauern, Decken, Dachstühlen usw. müssen auf ein geringstes, statisch zuläßiges Maß verringert werden, um teueres Baumaterial einzusparen. Einzelne Teile der Gebäude, wie Türen, Fenster und dgl., müssen typisiert werden, wodurch eine Verbilligung durch die Massenherstellung entsteht; auch von einer Normalisierung und Typisierung der Häuser (besonders Kleinhäuser) in ihrer äußeren Erscheinung kann, um den Bau zu verbilligen, nicht Abstand genommen werden.

Aber nicht nur mit dem Baumaterial, auch mit Menschen muß gespart werden; dies wird dadurch erreicht, daß man die menschliche Kraft nach Möglichkeit durch Maschinenkraft ersetzt;[16]) — Anrichten aller Art von Baumaschinen, wie sie der Amerikaner Gilbreth vorschlägt —, ferner muß eine Leitung auf einer Baustelle bestehen, die nach dem System von Taylor Ökonomie der menschlichen Arbeitskraft zu treiben versucht, indem sie die Arbeit nach wissenschaftlichen Grundsätzen zwecks möglichst größter Ausnützung der Arbeitskraft zu organisieren bestrebt ist. Leider kämpft unsere Arbeiterschaft in Verkennung der Vorteile dieses Systems nach Kräften gegen seine Einführung. In den Vereinigten Staaten von Nordamerika aber hat sich das Taylor-System voll bewährt.

---

[15]) Baelz, Wie bauen wir heute billige Kleinhäuser S. 41.
[16]) Wagner, Neue Bewirtschaftung S. 40.

Schluß.

Bekämpfung der Kreditnot und Vorbereitung von Krediterleichterungen aller Art für kommende, normale Bautätigkeit.

Der über 4 Jahre wütende Weltkrieg und vollends dessen Ausgang, die vielen mitgemachten Strapazen und Entbehrungen, die Teuerung und Not an Nahrungsmitteln, die durch unsere verfehlte Finanzpolitik erreichte Entwertung unseres Geldes — all diese Umstände haben in vielen unserer Mitmenschen ein Gefühl der Unzufriedenheit und Abscheu vor der Arbeit erzeugt und sie trachten danach, durch Kommunisierung ein Paradies zu schaffen. — Inwieweit Kommunisierung zweckmäßig und berechtigt ist, und wie weit sie zur Durchführung kommen wird, tut für diese Ausführungen nichts zur Sache, jedenfalls ist sicher, daß nur angestrengte Arbeit und Schaffensfreude trotz der derzeit scheinbar unüberbrückbaren Schwierigkeiten, uns wieder in die Höhe und zu Macht kommen lassen wird. Nur dadurch wird der stetig zunehmenden Entwertung unseres Geldes ein Einhalt geschaffen, die durch die dauernden Streiks und Unruhen noch vermehrt wird, daß bei den Volksgenossen die Erkenntnis aufdämmert, daß es allein die Arbeit ist, die uns wieder hoch bringt, die unsere Valuta hebt und unser Ansehen im Ausland wiederum kräftigen muß. Nachdem der Wohnungsbau eines der Hauptprobleme unserer Volkswirtschaft geworden ist, so müssen wir alle Kraft zusammennehmen, um in der nun folgenden schweren Zeit für billiges und zweckmäßiges Arbeiten, unter gegenseitigem Einverständnis zwischen Arbeitnehmer und Arbeitgeber, unter Aufbietung aller kreditfördernden Mittel, Kapital zum Bauen beizuschaffen, um wenigstens das Allernotwendigste im Wohnungsbau zu bewerkstelligen. Mit Hinaufgehen unserer Valuta, was wir mit mehr oder weniger Unterstützung von seiten unserer ehemaligen Feinde erreichen werden, wird auch ein Abbau der Lebensmittel-, Baumaterialpreise und dgl., sowie der Arbeitslöhne eintreten, der uns die Möglichkeit geben wird, dem gewaltigen Wohnungsbau-Programm auf den Leib zu rücken.

Die Zwischenzeit sollen wir benützen, alle möglichen öffentlichen und privaten Maßnahmen für Krediterleichterung sogleich zur Einführung zu bringen, um die für den Baumarkt so schwierige Übergangszeit zu lindern und nach Eintritt normaler Verhältnisse mit voller Kraft das früher im Wohnungsbau Versäumte nachholen zu können.

R1a. **Anlage Nr. 1.**

Schätzung eines Wohn- und Geschäftshauses im Zentrum von München.

Baubeschrieb, Baukosten- und Rentabilitätsberechnung.

A. Grundfläche: (Bauplatz, unter Berücksichtiguug der künftigen Baulinie) bestehend in Plan-Nr. 607 und 608 aus ca. 755,— qm = 22,20 Dezimalen = 8880 Quadratfuß, pro Quadratfuß Mk. 2.60 = (Selbstkosten) . . . . 230 000.— Mk.

Summa A = 230 000.— Mk.

B. überbaute Flächen (Geschlossenes Bausystem):

a) Vordergebäude mit Flügelbau (Geschäfts- und Wohnhaus): 15,60 m bzw. 12,10 m hoch, vollständig unterkellert, mit Erdgeschoß, I., II., III. Stock und Dachgeschoß, enthält:

im Keller: Lagerräume mit einem Klosett mit Toilette, einen Packraum mit Warenaufzug zum Erdgeschoß und I. Stock; eine Zentralheizungsanlage, die Etagentreppe mit eingebautem Klosett mit Toilette;

im Erdgeschoß: einen Verkaufsraum mit Büro, Klosett mit Toilette und anschließendem Lagerraum mit Verbindungstreppe I. Stock, und den Hauseingang (Durchgang);

im I. Stock: einen Verkaufsraum mit Büro, Klosett und Toilette und anschließendem Lagerraum in Verbindung mit dem Erdgeschoß;

im II. und III. Stock: je eine Wohnung mit 5 Zimmer, Küche, Speise, Holzlege, Magdkammer, Bad, 2 Garderoben, Vorplatz und Klosett; je eine Wohnung mit 3 Zimmer, Küche, Gang und Klosett;

im Dachgeschoß: eine Wohnung mit 5 Zimmer, Küche, Magdkammer, Garderobe, Vorplatz und Klosett; eine Waschküche mit anschließendem Klosett und den Zugang zur Waschaufhänge auf dem Flügelbau;

über dem Kehlgebälke: einen Trockenspeicher und Abteilungen aus Lattenverschlägen zu den Wohnungen.

Die Ausführung, im Sinne moderner Geschäfts- und Wohnhäuser, ist wie folgt gedacht:

Böden im Souterrain — Betonböden, in den Stockwerken — Linoleumböden auf durchwegs Hohlsteindecken; Zentralheizung im Souterrain, Erdgeschoß und I. Stock, sonst Ofenheizung; elektr. Licht in allen Räumen, elektr. Läutvorrichtungen an den Wohnungseingangstüren und in den Zimmern der Wohnungen; Entstaubungsanschlüsse in allen Etagen; Türen — Füllungstüren mit Futter und Verkleidung, teils in Fichten, teils in Eichenholz, auch feuersichere Türen; Fenster mit Winterfenster, und zum Teil mit Frischluftverschlüssen; Wände der Geschäftsräume in Ton, Decken — weiß; in den Wohnungen zum Teil tapeziert und mit Hohlkehlen, zum Teil schabloniert, Decken dortselbst weiß mit leichter Stukkierung; Küchen haben Kochherde, Kochgas und Balkone;

Stiegenhaus hat direktes Licht, eichene Treppe mit ebensolchem Geländer, Podeste mit Eichenriemenböden, auf Hohlsteindecken, Wandsockel mit Plättchenverkleidung; Hauseingang in geschmackvoller Ausführung mit Plättchensockel und Plättchenboden;

Dach, ein Mansarddach, ist mit Biberschwänzen auf Schalung und Dachpappe gedeckt. Über dem Dache des Flügelbaues befindet sich eine Waschaufhänge in Eisen und Holzkonstruktion.

Fassade im Renaissancestil, bis zum II. Stock einschließlich Erker in Kunststein, Trottoir und Hoffläche asphaltiert, lfd. Wasser in allen Etagen; Bäder haben Gasbadeöfen, Plättchensockel und Plättchenböden, Aborte — Klosett und Toiletten, Böden und Sockel mit Plättchenbelag, Anwesen ist vorschriftsmäßig kanalisiert und entspricht den feuerpolizeilichen Auflagen.

Der umbaute Raum beträgt:

ca. 7760 cbm à 29.— Mk. . . . . 225 040.— Mk.

Übertrag: 225 040.— Mk.

Übertrag: 225 040.— Mk.

b) Rückgebäude (Geschäfts- und Wohngebäude) 9,10 m hoch, vollständig unterkellert, mit Erdgeschoß, I. und II. Stock, enthält:
im Keller: einen Lagerraum, die Etagentreppe mit eingebautem Klosett mit Toilette;
im Erdgeschoß: einen Lagerraum und den Hauseingang;
im I. Stock: eine Werkstätte mit Klosett mit Toilette;
im II. Stock: eine Wohnung mit 3 Zimmer, Küche, Speise, Kammer, Vorplatz und Klosett.

Die Ausführung ist ähnlich der des Vordergebäudes, jedoch einfacher.

Der umbaute Raum beträgt:
ca. 1465 cbm à 24.— Mk. . . . . 35 160.— Mk.

c) Hofunterkellerung: enthält den Kohlenraum zur Zentralheizung im Vordergebäude, Abteilungen aus Lattenverschlägen zu den Wohnungen und einen Lagerraum in Verbindung mit dem im Flügelbau.

Die Ausführung ist den anschließenden Räumen angepaßt. Die Decke in Eisenbeton mit Isolierung hat Asphaltbelag als Hofpflaster.

Der umbaute Raum beträgt:
ca. 740 cbm à 18.— Mk. . . . . 13 320.— Mk.

Summa: 273 520.— Mk.
Hiezu: Zinsenverlust (auf ½ Jahr zu 5 %) = rund . 10 000.— Mk.
Summa B = 283 520.— Mk.
Summa A + B = (230 000.— Mk. + 283 520.— Mk.) = 513 520.— Mk.

C. Rente (ohne Heizung):

a) Vordergebäude mit Flügelbau:		
Keller: Lagerräume ca. 270 qm à 8.— Mk. . . .	2 160.—	Mk.
Erdgeschoß: Laden ca. 190 qm à 60.— Mk. . . .	11 400.—	"
Lager ca. 80 qm à 20.— Mk.	1 600.—	"
I. Stock: Geschäftsräume ca. 230 qm à 20.— Mk. .	4 600.—	"
Lager ca. 80 qm à 15.— Mk.	1 200.—	"
II. Stock: Wohnung mit 5 Zimmer und Zubehör .	1 900.—	"
" " 3 " " " . .	800.—	"
III. Stock: Wohnung mit 5 Zimmer und Zubehör	1 800.—	"
" " 3 " " "	700.—	"
IV. Stock: Wohnung mit 5 Zimmer und Zubehör	1 700.—	"
b) Rückgebäude:		
Keller: Lagerraum ca. 110 qm à 6.— Mk. . . .	660.—	"
Erdgeschoß: Lagerraum ca. 110 qm à 15.— Mk. . .	1 650.—	"
I. Stock: Werkstätte ca. 80 qm à 12.—	960.—	"
II. Stock: Wohnung mit 3 Zimmer und Zubehör .	600.—	"
c) Hofunterkellerung:		
Lagerraum mit ca. 110 qm à 5.—	550.—	"
Die Bruttorente beträgt	32 280.—	Mk.
Hievon ab: 18 % für Unterhalt usw. rund	5 800.—	Mk.
Verbleibt **Nettorente**	26 480.—	Mk.
Diese entspricht einem Kapitale zu 4½ % von rund	588 000.—	Mk.
Hiezu Summe A + B	513 520.—	Mk.
	1 101 520.—	Mk.
Mittlerer Schätzungswert 1 101 520 : 2 = ...	550 760.—	Mk.

Die Bank gibt auf Grund des obigen mittleren Schätzungswertes bis zu 50 % desselben Beleihung = 275 380.— Mk.

Unterschrift.

Lu/Ra. Nr. 607. **Anlage Nr. 2.**

Schätzung eines Anwesens in einem Villenviertel in München.

Es ergeben sich nachstehende Werte:

A. Grundfläche (Eckplatz), bestehend in Plan-Nr. 228 1/16 zu 2005 qm = 60 Dezimalen = 24000 Quadratfuß à 3.30 Mk. . . . . . 79200.– Mk.

A. Grundfläche Summa: 79200.– Mk.

B. Überbaute Fläche. Offenes Bausystem.

Familienhaus, freistehend, bis Hauptgesims 9 m hoch, zum größten Teil unterkellert, mit Erdgeschoß, Obergeschoß und ausgebautem Dachgeschoß, enthält im Kellergeschoß: Zentralheizung mit Kohlenraum, Vorratsraum, Speisekammer, 2 Schrankräume und Klosett.

Im Erdgeschoß: Eingang mit Garderobe und Klosett, Wohndiele mit Haupttreppe, Treppe zum Keller, Dienerschaftstreppe, Küche mit Anrichteraum und Speise, sodann Herrenzimmer, großes Musikzimmer, Wohnzimmer, Speisezimmer und große Glasveranda.

Im Obergeschoß: 3 Schlafzimmer mit durchgehendem Balkon, Kinderzimmer, 2 schön ausgestattete Bäder, 1 Fremdenzimmer, Treppe zum Dachgeschoß, große Teraſſe und 2 Klosetts.

Im Dachgeschoß: 3 Zimmer, Waschküche und Bügelraum, Mädchenzimmer, Klosett und Speicherraum. Die Ausstattung entspricht einem herrschaftlichen Einfamilienhause. Die Fußböden im Erdgeschoß sind durchgehendes Parkett, nur Eingang und Garderobe haben Plattenbelag, die Glasveranda Terazzoboden. Die Fußböden im Obergeschoß sind alle mit Linoleum belegt. Die Decken sind alle mit teils einfachen, teils reicher gegliederten Stuckhohlkehlen versehen. Die Türen sind aus Fichtenholz nach verschiedenen Zeichnungen ausgeführt und meist weiß gestrichen.

Die Fenster haben Winterfenster (System Wagner) und sind mit Klappläden, teilweise mit Rolläden versehen.

Die Wände sind tapeziert.

Zentralheizung ist im ganzen Hause vorhanden. Die Heizkörper stehen zum Teil frei, zum Teil sind sie mit Marmor oder Holz verkleidet, oder mit Messingbehängen versehen.

Alle Räume sind elektrisch beleuchtet.

Eine Warmwasserbereitung versorgt Küche, Bäder und Waschtische. Die Küche hat entsprechenden Kochherd, Plattenboden und teilweise Wandverplättelung, Feuertonspültisch und eingebaute Wandschränke.

Gasleitung für Küche und Bügelraum sind vorhanden, ebenfalls elektrisches Läutwerk für die Zimmer.

Die Treppen, direkt beleuchtet, sind aus Eichenholz mit ebensolchem Geländer und Podesten.

Das Dach ist ein Mansarddach und mit Biberschwänzen auf Schalung gedeckt.

Die Außenfronten sind im modernen Putzstil geschmackvoll ausgeführt und mit Erkerausbauten, durchgehendem Balkon mit Ziergitter im Obergeschoß und Fensterläden versehen.

Das Trottoir ist mit Klinkerplatten gepflastert. Laufendes Wasser ist vorhanden. Das Anwesen ist vorschriftsmäßig kanalisiert.

C. Baukosten.

Das Gebäude umfaßt 300 qm überbaute Fläche und 3720 cbm umbauten Raum (Preis den letzten Friedensjahren entsprechend), pro cbm 35.— Mk., rund . .	130 200.—	Mk.
Einfriedung mit Betonsockel, Pfeilern und Toren usw. Dazwischen Holzgitter 92,5 lfd. m, pro m 40.— Mk., rd.	3 700.—	"
Grenzmauer 92,5 lfd. m, pro m 26.— Mk., rund . .	2 400.—	"
Ausgestaltung des Gartens	3 000.—	"
Pflasterung des Trottoirs mit Klinkerplatten auf Betonunterlage ca. 280 qm, pro qm 9,50 Mk., rund . .	2 660.—	"
B. Baukosten Summa rund:	142 000.—	Mk.

D. Rente inkl. Heizung:

Das Gebäude enthält im ganzen 12 Wohnräume nebst allen Nebenräumen, große Glasveranda, Terrasse, Balkone usw. und ist von einem großen, schön angelegten Ziergarten umgeben.

Bruttorente	8 500.—	Mk.
Hievon ab für Heizung, Abgaben usw. 25 %	2 125.—	"
Bleibt Nettorente	6 375.—	Mk.
Diese entspricht zu 4 1/2 % einem Kapital von rund . .	141 800.—	Mk.
Hierzu Summe A und B .	221 200.—	"
Gesamtsumme. . . .	363 000.—	Mk.
Der mittlere Schätzungswert beträgt rund	180 000.—	Mk.

Ich begutachte 50 % Beleihung, das sind rund 90 000 Mk., und erkläre, daß bei dieser Beleihung nach meiner gewissenhaft erwogenen Überzeugung die Gefahr eines Verlustes ausgeschlossen ist.

Bemerkung: Das Anwesen liegt in einem der feinsten Villenquartiere und wird in Zukunft an Wert noch gewinnen. Der bauliche Zustand ist ein sehr guter.

München, den 15 Januar 1919.

Unterschrift.

Anlage Nr. 3.

Residenzstadt Stuttgart.

Gebäude-Schätzungs-Urkunde
mit Bauratenberechnung für Privatzwecke.

Der Unterzeichnete hat auf das Verlangen der *Eigentümerin* den voraussichtlichen Wert, den das von *der Immobilienverwertungsgesellschaft O. B., G. m. b. H.*, an der *R.*-Straße Nr. *203* auf Parz. Nr. *6736 und 6737* in *Stuttgart* neu zu erbauende Anwesen nach gänzlicher Fertigstellung haben wird, auf Grund vorgelegter Baueingabepläne und genommenen Augenscheins an Ort und Stelle, annähernd ermittelt.

Dasselbe besteht in:

a) Einem 1 a 92 qm grossen, 3 stöckigen Wohnhaus von Stein (Teil eines dreifachen Gebäudes) mit einem Sattel bzw. Walmendach mit Ziegeln eingedeckt; an der Vorderseite mit 2 Querhausaufbauten und mit einem 0,5 qm grossen, zweistöckigen Zimmerveranda-Anbau mit Balkon darüber; an der Rückseite mit einem Quergiebel und mit einer dreistöckigen 0,7 qm grossen, offenen, eisernen Küchenveranda mit Balkon darüber.

Dasselbe hat mit Nr. 201 gemeinschaftliche Brandscheidemauer und enthält:

in dem Souterrain:

1 geträmten Keller mit 4 Abteilungen, 1 Waschküche, 1 Kesselraum für die Zentralheizung, 1 Kohlenraum, 4 Holzlegen, 1 Abtritt,

im Erdgeschoss, I. und II. Stock:

je 5 heizbare Zimmer, 1 Badezimmer, 1 Zimmerveranda, 1 Küche, 1 Küchenveranda, 1 Speiskammer, 1 Abtritt,

im Dachstock:

2 heizbare Mansardenzimmer, 1 Zimmerveranda, 1 Küche, 1 Speiskammer, 1 Bügelzimmer, 4 begipste Kammern, 2 Abtritte,

darüber:

4 gewöhnliche Kammern und 1 Trockenboden.

b) 1 a 55 qm Hofraum.

Der Wert des Anwesens nach gänzlicher Fertigstellung desselben wird voraussichtlich betragen:

vom Verbrennbaren	inkl. Gas- und Wasserleitungs-Einrichtung „ elektr. Beleuchtungs-Einrichtung „ *3* Bade-Einrichtungen „ Bauleitung und Architektenhonorar „ Zentralheizung „ Wasserklosetts	Mk. *56 000.—*

Übertrag Mk. *56 000.—*

vom Unverbrennbaren, Keller und Fundamentgemäuer *inkl. Kläranlage* . . . . Mk. *9 000.—*

vom Bauplatz samt Hofraum im Meßgehalt von ca. *3* a *59* qm „ *20 000.—*

vom Garten oder Bauplatz im Meßgehalt von ca. … a … qm „ ………

Mk. *85 000.—*

(Fünf und Achtzig Tausend Mark.)

Berechnet

Stuttgart, den *31ten Mai* 191*2*.

N. N.

Kgl. Hofwerkmeister,

Sachverständiger der gemeinderätl. Liegenschafts-Schätzungs-Kommission und Obmann der Gebäudebrandversicherungs-Schätzungs-Kommission für den Stadtdirektionsbezirk Stuttgart.

Bauratenberechnung:

An dem Gebäude ist ……………………………………

……………………………………………………………

……………………………………………………………

und es beträgt der gegenwärtige Wert desselben (ohne Bauplatz) Mk. ………

Der fortschreitende Wert des Gebäudes während der Ausführung desselben wird betragen (ohne Bauplatz):

1. wenn die Sockelebene hergestellt und das Gebälk über dem Souterrain eingelegt ist . . . . Mk. *7 000.—* ………
2. wenn die Umfassungswände des Erdgeschosses aufgeführt sind und das Gebälk darüber liegt . . . Mk. *11 500 —* ………
3. wenn die Umfassungswände des I. Stocks aufgeführt sind und das Gebälk darüber liegt . . . . Mk. *16 000.—* ………
4. wenn die Umfassungswände des II. Stocks aufgeführt sind und das Gebälk darüber liegt . . . . Mk. *20 500.—* ………
5. wenn die Umfassungswände des III. Stocks aufgeführt sind und das Gebälk darüber liegt . . . . Mk. ………
6. wenn die Umfassungswände des IV. Stocks aufgeführt sind und das Gebälk darüber liegt . . . . Mk. ………
7. wenn das Gebäude unter Dach, vollständig eingedeckt und im Rohbau zum Begipsen fertig ist . . Mk. *37 000.—* ………
8. wenn die Gipserarbeit (ohne das Zuputzen) fertig ist, die Treppe und Türfutter eingesetzt sind . . Mk. *44 000.—* ………
9. wenn die sämtlichen tannenen Böden und die Endfriese für die eichenen Böden liegen, wenn die Unterlagen für die Linoleumbeläge hergestellt und wenn Fenster und Türen eingesetzt bzw. angeschlagen, auch die Plafonds gemalt sind Mk. *55 000.—* ………
10. wenn die Parkettböden bzw. Linoleumböden und Plättchenböden gelegt sind und sämtliche Feuerungseinrichtungen samt Rauchröhren sitzen . . . . Mk. *63 000.—* ………
11. Wenn das Gebäude zum beziehen fertig ist „ *65 000.—* ………

z. B.:

N. N.

Kgl. Hofwerkmeister.

Anlage Nr. 4.

Darlehens-Vertrag.

Zwischen der **Württembergischen Vereinsbank** in Stuttgart und Herrn B. ist heute folgender Darlehens-Vertrag abgeschlossen worden:

1. Die Württembergische Vereinsbank gewährt dem Herrn B. behufs Erstellung eines 4 bzw. 5 stöckigen Wohn- und Geschäftshauses auf Pl.-Nr. 7708/3 an der Rosenbergstraße hier ein Darlehen von 50% des amtlichen Schätzungswertes der aufgestellten Zubehörden.

2. Herr B. verpflichtet sich, für obiges Darlehen die erste Hypothek eintragen zu lassen auf: 20 a 89 qm Platz an der Rosenbergstraße hier, Pl.-Nr. 7708/3.

Das Darlehen gelangt nach ordnungsmäßig erfolgtem Eintrag der Hypothek nach Fortschreiten des Neubaues zur Auszahlung. Für die Berechnung der Bauraten ist die provisorische Schätzung des Werkmeisters B. hier am 15. September 1909 maßgebend.

Während der Bauzeit sind an Zinsen zu entrichten der jeweilige Reichsbankdiskontsatz, mindest aber 5%, sowie ¼% Provision per drei Monate aus den jeweils erhobenen Beträgen.

Herr B. wird die Eintragung einer Sicherungshypothek im Betrag von Mk. 180 000.— an erster Stelle auf dem bezeichneten Grundstücke zugunsten der Württembergischen Vereinsbank bewilligen.

Nach Fertigstellung des Anwesens und erfolgter amtlicher Schätzung ist die Höhe des Darlehens nach Ziff. 1 gegenwärtigen Vertrags definitiv festzusetzen und wird alsdann Herr B. die Umwandlung der Sicherungs-Hypothek in eine Briefhypothek zugunsten der Württembergischen Vereinsbank bewilligen und beantragen. Als Darlehensbedingungen gelten nachstehende mit Herrn B. vereinbarte Bestimmungen:

3. Herr B. verpflichtet sich, das Darlehen vom Tag der Abrechnung an 4¼% pro Jahr zu verzinsen und innerhalb 30 Jahren mittelst einer gleichmäßigen Jahresrente, zurückzuzahlen. Die Rate ist halbjährlich zu entrichten.

Das Anwesen ist, wenn im Rohbau fertig, provisorisch zur Brandversicherung anzumelden und daß dies geschehen ist, der Württembergischen Vereinsbank nachzuweisen. — Bezüglich guter und solider Bauart unterwirft sich Herr B. dem Gutachten eines an der Württembergischen Vereinsbank zu bezeichnenden Sachverständigen, dessen etwaigen Anordnungen Herr B. Folge zu leisten hat. Hierdurch entstehende Kosten fallen dann Herrn B. zur Last.

Die Gläubigerin kann von den Fällen Ziff. 9 der Bedingungen für hypothekarische Darlehen (siehe unten S. 4 abgesehen) das Darlehen nicht kündigen, dagegen ist der Schuldner berechtigt, nach Ablauf von 10 Jahren, vom Tag der Abrechnung an gerechnet nach dreimonatlicher Aufkündigung neben der oben bestimmten Jahresrente auf deren Verfalltermin die ganze noch rückständige

Forderung zu bezahlen, oder Abschlagszahlungen im Betrage von mindestens einer Jahresrente zu leisten.

Unterbricht der Schuldner nach Ablauf von 10 Jahren die regelmäßigen Zahlungen durch Rückzahlung des ganzen noch rückständigen Kapitals oder durch Abschlagszahlungen, so wird mit ihm auf Grund der ausgerechneten Rententabelle abgerechnet.

Wurde bloß eine Abschlagszahlung geleistet, so bleibt der Schuldner gleichwohl zu der bisherigen jährlichen Leistung verbunden, wenn nicht eine neue Annuität durch Vereinbarung bestimmt wird.

4. Bezüglich der übrigen Bedingungen sind die auf S. 4 abgedruckten Bestimmungen für hypothekarische Anlehen maßgebend, mit welchem Herr B. sich einverstanden erklärt.

5. Die Ehefrau des Herrn hat sich für die ganze Schuld nebst Zinsen und Kosten solidarisch haftbar zu machen.

6. Herr B. hat an die Württembergische Vereinsbank eine einmalige Abschlußprovision von 1% der Darlehenssumme zu entrichten, welche bei Auszahlung des Darlehens in Abzug gebracht wird.

7. Im Falle Herr B. von vorstehendem Vertrag rücktreten sollte, verpflichte sich derselbe der Württembergischen Vereinsbank eine Rücktrittsprovision von 2% der Summe von 180 000 Mk. zu zahlen.

Vorstehenden Darlehensvertrag anerkennen

Stuttgart, den 6. Dezember 1909.

Württembergische Vereinsbank.	**Der Darlehensempfänger.**
t.	t.

Anlage Nr. 4a.

.............................., den .... 10........

An die

Bank für Handel und Industrie

Berlin W.

.... Unterzeichnete...

....

beantrag..... bei Ihnen hiermit, ... ein hypothekarisches Darlehen in Höhe von Mk...................... per .... zu gewähren.

Zur Sicherung dieses Darlehens wird .... auf .... gehörenden Grundstücke

....

eingetragen im Grundbuche des Amtsgerichts.. Band.......... Blatt.......... folgende Hypotheken — zur ersten Stelle — mit dem Range nach Mk...................... für Sie bestellen,

I. eine Darlehenshypothek

a) zur Ablösung der in Abteilung III Nr.................. eingetragenen Post .... in Höhe von . . . Mk......................

b) zur Deckung der Ansprüche der Gläubigerin auf Zinsen, Provisionen, Taxgebühren, Gerichts-, Notariatskosten im Pauschalbetrage, sowie zur Deckung sonstiger Schuldverbindlichkeiten . . . . . . Mk......................

Summa Mk......................

II. eine Baugeldhypothek in Höhe von . . . . . . Mk......................

....

Die Belastung des Grundstücks ist folgende:

Abt. II No...

....

....

Abt. III No..

....

....

Von vorstehenden Eintragungen werden

gelöscht No...

....

Ihrer Hypothek den Vorrang einräumen No...

.... verpflichte.... ...., das Kapital von Mk................ am....................

ohne Kündigungsfrist zurückzuzahlen und dasselbe bis zum.............. mit.........

über dem jeweiligen Reichsbankdiskont,...

....

mindestens aber mit ....% auf das Jahr zu verzinsen und die Zinsen quartaliter vorauszuzahlen. Da im Grundbuche nur ein fester Zinssatz eingetragen werden darf, gelangen ohne Rücksicht auf etwa eintretende Erhöhung oder Ermäßigung ....% zur Eintragung. Die vertragsmäßige Verpflichtung zur Zahlung eines höheren Zinssatzes bei entsprechender Steigerung des Reichsbank-Diskontsatzes bzw. Ultimogeldsatzes, bleibt dessenungeachtet bestehen. Für die Gewährung des Darlehens zahl.... ...., auch wenn dasselbe aus irgendeinem Grunde gar nicht oder teilweise in Anspruch genommen werden sollte, eine Abschlußprovision von Mk............... ; diese Provision ist bei Genehmigung des vorliegenden Antrages, falls dieselbe innerhalb 3 Wochen von heute ab erfolgt, fällig. Wird das Darlehen nicht pünktlich am .... zurückgezahlt, so ist für jedes angefangene oder volle Vierteljahr, um welches sich die Rückzahlung verzögert, eine neue Provision von ½% von der Darlehensvaluta zu zahlen. An Taxgebühren zahl..... Mk. .... und falls die Anzahl der Gutachten mehr als 12 beträgt, für jedes weitere eine Gebühr von Mk..............

Zur Deckung der Notariats-, Gerichts- und Stempelkosten hab.......... einen Pauschalbetrag von Mk.............. zu zahlen; reicht der Pauschalbetrag zur Deckung der Kosten nicht aus, so ist der Fehlbetrag nachzuzahlen; andererseits ist die Bank verpflichtet, den nicht verbrauchten Teil des Pauschalbetrages nach Rückzahlung des Kapitals zurück zu erstatten.

....

....

Die Bank ist erst verpflichtet, das Darlehen zur Auszahlung zu bringen, nachdem die Hypotheken mit dem vereinbarten Range im Grundbuche eingetragen und die zu erteilenden Hypothekenbriefe der Bank ausgehändigt sind. Sollten in Abt. II des Grundbuches Lasten eingetragen stehen, so .... verpflichtet, auf Ihr Verlangen und in der von Ihnen gewünschten Höhe Sicherheit für Sie zu bestellen. Der Grundstückseigentümer .... wird sich in notarieller Urkunde der sofortigen Zwangsvollstreckung in das Grundstück und in .... sonstiges Vermögen mit der Maßgabe unterwerfen, daß die sofortige Zwangsvollstreckung gegen den jeweiligen Grundstückseigentümer zulässig sein soll, und die Eintragung dieser Klausel in das Grundbuch zu bewilligen.

Die Auszahlung der zur Ablösung bestimmten Beträge erfolgt nach Maßgabe der von Ihren Sachverständigen aufzunehmenden Taxen und nur dann, wenn die abzulösenden Hypotheken einschließlich etwa vorhaftender Beträge 60% des durch Ihre Taxen festgestellten Wertes nicht übersteigen.

Baugeld.

Das Grundstück hat einen Flächeninhalt von .... qm, was .... durch Einreichung eines amtlichen Situationsplanes bis zum .... nachweisen werde....

Das Grundstück soll nach den beiliegenden Bauzeichnungen mit ....

....

bebaut werden. Die Übereinstimmung dieser Pläne mit den polizeilich genehmigten Zeichnungen werde.... .... der Bank bis zum .... dadurch nachweisen, daß .... die letzteren nebst Bauerlaubnisschein der Bank übersenden werde....

Mit dem Neubau wird .... spätestens am .... beginnen und .... garantiere.... die vollständige Fertigstellung der Bauten bis zum .... Der Rohbau und der innere Ausbau werden in guten Materialien und solider Konstruktion und unter Verwendung völlig trockener Bauhölzer und entsprechender, von .... noch einzureichender und der Genehmigung der Bank unterliegender Baubeschreibung ausgeführt. Abweichungen von den Bauzeichnungen und von der Baubeschreibung sind ohne schriftliche Genehmigung der Bank nicht statthaft. ....

.... verpflichte... ...., die projektierten Bauten sofort in Höhe von mindestens Mk. .... bei einer von Ihnen zu bezeichnenden Versicherungsgesellschaft gegen Feuersgefahr zu versichern. Den Nachweis der Versicherung werde.... .... durch Einreichung der Versicherungspolice und eines Hypotheken-Garantiescheines bis zum .... führen. Nach Vollendung der Bauten erfolgt die Versicherung der Gebäude nach Maßgabe der in der Schuldurkunde übernommenen Verpflichtung.

.... erkläre... .... damit einverstanden, daß Sie die Höhe der jeweiligen Zahlungen auf Grund der von Ihren Sachverständigen aufzunehmenden Taxen berechnen, und daß ihre Gesamtbeleihung einschließlich etwa vorhaftender Beträge 60 % des durch diese Taxen festgestellten Baustellen- und jeweiligen Bauwertes nicht übersteigt. Vorbehaltlich dieser Bedingungen ist das Baugeld in nachstehend aufgeführten Raten, die mit Rücksicht auf das nicht vorauszubestimmende jeweilige Anwachsen des zur Deckung von Provisionen, Zinsen usw. gewährten Darlehens nur schätzungsweise angenommen und entsprechend zu modifizieren sind, zur Auszahlung zu bringen:

Rateneinteilung.

1. Rate: Sobald die ordnungsgemäße Fundamentierung nachgewiesen, das amtliche Absteckungsattest der Bank eingereicht ist und die Träger bzw. Balken über dem Keller- und Erdgeschoß des Neubaues verlegt, verankert und vermauert sind . . Mk. ....

2. Rate: Wenn die Balken über dem .... gelegt und vermauert sind Mk. ....

3. Rate: Wenn die Balken über dem .... gelegt und vermauert sind Mk. ....

4. Rate: Wenn die Balken über dem .... gelegt und vermauert und alle Dächer gerichtet sind . . . . Mk. ....

5. Rate: Wenn die Dachflächen eingedeckt, die leichten Scheidewände sowie die massiven Decken und Treppen und damit die Gebäude im Rohbau fertiggestellt sind und der erinnerungsfreie Rohbauabnahmeschein vorgelegt ist . . . . . . Mk. ....

6. Rate: Wenn die Rohrleitungen und sämtliche Putz- und Stuckarbeiten fertiggestellt und sämtliche Fenster eingesetzt und angeschlagen sind . . . . Mk. ....

7. Rate: Wenn sämtliche Töpferarbeiten bzw. Heizanlagen und Deckenmalereien fertiggestellt sind . . . . Mk. ....

8. Rate: Wenn alle Fußböden fertig und sämtliche Türen eingesetzt und angeschlagen sind . . . . Mk. ....

9. Rate: Wenn die vollständige Fertigstellung der Bauten durch Einreichung des Gebrauchsabnahmescheines und eines Attestes des Bausachverständigen der Bank nachgewiesen worden ist, ferner sobald ein Schlußschein vorliegt, daß eine feste Hypothek in Mindesthöhe des gesamten Darlehens, einschließlich etwaiger Voreintragungen, zahlbar am vereinbarten Rückzahlungstermin, mit einem zahlungsfähigen Geldgeber abgeschlossen ist . . . . Mk. ....

Bedingung für die Fälligkeit jeder Rate ist, daß der für die voraufgegangene Ratenzahlung erforderliche Bestand des Gebäudes sich inzwischen nicht vermindert hat, sondern unversehrt erhalten geblieben ist, daß insbesondere in das Gebäude eingebrachte und zur Fälligkeit früherer Raten erforderliche Materialien usw. nicht wieder von dem Grundstück entfernt sind.

Die Bank ist nur verpflichtet, an .... selbst und gegen .... Quittung Zahlung zu leisten; die Beläge über die erfolgte Weitergabe der erhaltenen Beträge an den Grundstückseigentümer habe .... unmittelbar nach Empfang des Geldes der Bank beizubringen. Jede ohne Genehmigung der Bank bewirkte Zession des Anspruches auf Baugeldzahlung oder über Teile desselben ist der Bank gegenüber unwirksam; in gleicher Weise ist die Erteilung von Anweisungen auf das Baugeld ausgeschlossen. Sollten trotzdem solche Anweisungen erteilt werden, ist die Bank weder zur Annahme der Anweisung noch zur Leistung an den Anweisungsempfänger verpflichtet.

.... verpflichte.... ...., folgende Papiere, soweit sie nicht schon in vorstehendem Antrage näher bezeichnet sind, vor Zahlung der ersten Baugeldrate und jedenfalls bis zum .... nachzuliefern:

a) Genehmigte Bau- und Fassadenzeichnungen,
b) Baubeschreibung,
c) Feuerversicherungspolice über mindestens Mk. ....,
d) Hypothekensicherungsschein,
e) Auszug aus der Grundsteuermutterrolle mit Handskizze,
f) amtlichen Lageplan,
g) Mietsaufstellung,
h) Kaufverträge oder sonstige urkundlichen Nachweise über den Erwerbspreis des Grundstücks,
i) Nachweis, daß die Kanalisationsgebühren und die Kosten der Straßenregulierung bezahlt, bzw. sichergestellt sind,
k) Attest eines vereideten Landmessers, daß das auf dem Grundstück im Bau befindliche Gebäude innerhalb der rechtlichen Eigentumsgrenzen errichtet wird, wobei Grundbuch und Katasterbezeichnungen anzugeben sind.

Reiche.... .... die vorbezeichneten Papiere nicht bis zum .... ein oder wird gegen die in diesem Antrage bzw. gegen die in der Schuldurkunde enthaltenen Bestimmungen verstoßen, so ist die Bank berechtigt, vom Darlehensgeschäft zurückzutreten. Die etwa schon gezahlten Raten sind im Falle des Rücktritts sofort wieder zurückzuzahlen. In allen Fällen .... jedoch verpflichtet, die festgesetzten Provisionen und Taxgebühren mit zusammen Mk. .... an die Bank zu zahlen.

Mündliche Nebenabkommen haben für beide Teile keinerlei bindende Kraft.

.... erkenne.... ausdrücklich an, daß .... die umstehenden allgemeinen Bedingungen durchgelesen habe.... und ersuche.... die Bank, ... die Annahme dieses Antrages, an den .... bis zum .... gebunden halte.., zu bestätigen.

Allgemeine Bedingungen für das Baugeld.

1. Sobald die Ausschachtungs- und die Fundamentierungsarbeiten fertiggestellt sind, ist der Bank Anzeige zu machen; die Fundamente sind so lange frei liegen zu lassen, bis sich die Sachverständigen der Bank von der ordnungsmäßigen Verlegung der Fundamente überführt haben. Wird diese Anzeige (die schriftlich zu machen ist) unterlassen, so ist der Grundstückseigentümer verpflichtet, auf Verlangen der Bank oder deren Bevollmächtigten die Fundamente auf seine Kosten behufs Prüfung derselben wieder freizulegen.
2. Nach Vermauerung der Fundamente und Verlegung der ersten Balkenlage ist der Bank das amtliche Absteckungsattest einzureichen, in dem die Größe der bebauten Fläche angegeben sein muß und bescheinigt wird, daß die Umfassungsmauern innerhalb der Baufluchtlinie und der Grundstücksgrenze liegen.
3. Der Darlehensnehmer unterwirft sich unbedingt dem Urteil, den Gutachten und Taxen der Bausachverständigen der Bank. Die Wahl dieser ist der Bank überlassen. Die Bausachverständigen und die beauftragten Beamten der Bank sind berechtigt, den Bau und das Grundstück jederzeit zu betreten und zu kontrollieren; alle gewünschten Aufklärungen sind denselben zu geben.
   Die behufs Vornahme der Abschätzung erforderliche Anmeldung muß spätestens 3 Tage vor Auszahlung der gewünschten Baugeldrate schriftlich bei der Bank geschehen.
4. Die sämtlichen der Bank eingereichten Schriftstücke, Urkunden, Zeichnungen usw. bleiben solange im Besitze der Bank, bis das gewährte Darlehen vollständig zurückgezahlt ist. Während der Geschäftsstunden der Bank ist jedoch der Darlehensnehmer berechtigt, Einsicht in die überreichten Papiere zu nehmen und sich auf seine Kosten Abschriften von der Bank fertigen zu lassen.
   Alle Schriftstücke, Atteste und Urkunden, welche die Bank für das Darlehensgeschäft für erforderlich erachtet, kann sie auf Kosten des Darlehensnehmers beschaffen. Auch ist derselbe verpflichtet, die Stellung der bezüglichen Anträge bei Behörden und Privatpersonen zu veranlassen, falls die Bank dies verlangt.
5. Die Bank ist berechtigt, von dem Darlehensgeschäfte zurückzutreten und das gesamte, von ihr gezahlte Darlehen oder Teilbeträge desselben sofort und ohne Kündigung zurückzufordern:
   a) wenn ohne Genehmigung der Gläubigerin das Grundstück vor vollständiger Fertigstellung der Bauten veräußert oder der Anspruch auf Zahlung von Darlehensraten vom Schuldner oder dessen Rechtsnachfolger ganz oder zum Teil abgetreten oder eine Anweisung auf die Darlehensvaluta erteilt wird, oder wenn der Anspruch auf Zahlung der Darlehensvaluta gepfändet wird, endlich, wenn auf dem verhafteten oder einem anderen, dem Schuldner oder dem Grundstückseigentümer gehörigen Grundstücke Baumaterialien gepfändet werden;
   b) wenn nach dem Urteile eines Sachverständigen der Gläubigerin bei den Bauten eine Abweichung von dem durch die eingereichten Bauzeichnungen festgestellten Bauprojekt stattfindet, oder der Aufforderung der Gläubigerin ungeachtet, die von deren Sachverständigen für erforderlich erachteten Abänderungen an den Bauten nicht innerhalb der von ihm festgesetzten Frist ausgeführt werden, oder schlechtes oder altes Material zum Bau verwandt, oder derselbe unsolide oder fehlerhaft ausgeführt wird, oder der Bau ungehörig unterbrochen oder verzögert und nicht innerhalb der von der Bank zu bestimmenden Frist fortgeführt wird;
   c) wenn der Gläubigerin nicht nachgewiesen wird, daß die errichteten Bauten mindestens bis zur Höhe der dem Baugeld zugrunde liegenden Taxe des Bauwerks gegen Feuersgefahr bei einem von der Gläubigerin zu genehmigenden Institute versichert sind, wenn ihr nicht zugleich der Hypotheken-Sicherungsschein dieses Instituts ausgeliefert wird und wenn ihr nicht 14 Tage vor dem etwaigen Ablaufe der Versicherung die gleichen Nachweise über die Weiterversicherung ausgehändigt werden;
   d) wenn eine Verschlechterung des Grundstücks, durch die die Sicherheit der für die Darlehen zu bestellenden Hypotheken gefährdet wird, eingetreten ist;
   e) wenn das belastete Grundstück oder ein ideeller Teil desselben unter Zwangsverwaltung oder Zwangsversteigerung gestellt oder wenn dem Eigentümer die Verfügung über das Grundstück und seine Erträge zwangsweise entzogen wird, oder er selbst über dasselbe und seine Erträge ganz oder teilweise zum Nachteile der Gläubigerin verfügt, oder wenn der Darlehensnehmer oder Eigentümer in Konkurs gerät oder auch nur zeitweilig die Zahlungen einstellt;
   f) wenn die Rechtsgültigkeit der Hypotheken bestritten wird, oder wenn diesen Hypotheken nicht der vereinbarte Rang im Grundbuch verschafft wird, oder wenn eine teilweise Veräußerung des belasteten Grundstücks oder eine Teilung desselben unter mehrere Eigentümer stattgefunden hat, ohne daß wegen Regulierung der Hypotheken ein Abkommen mit der Gläubigerin getroffen ist;
   g) wenn die Zinsen nicht innerhalb einer Woche nach Fälligkeit gezahlt werden oder wenn der Schuldner nicht innerhalb einer Woche nach schriftlicher Aufforderung der Gläubigerin die Quittung über die Bezahlung der zuletzt fälligen Zinsen der im Range vorgehenden Hypotheken vorlegt;
   h) wenn der Gläubigerin oder deren Bevollmächtigten die Besichtigung des belasteten Grundstücks oder die Vorlegung der Mietsverträge oder der sonstigen die wirtschaftlichen Verhältnisse des Grundstücks betreffenden Schriftstücke verweigert wird;
   i) wenn der Darlehensnehmer den gesetzlichen Vorschriften über Verwendung des zur Bestreitung der Bauraten bestimmten Darlehensbetrages zuwiderhandeln sollte;
   k) wenn bei Besitzwechseln der neue Eigentümer nicht binnen 14 Tagen nach ergangener Aufforderung in der von der Gläubigerin bestimmten Form und Fassung unter Weiterhaftung des bisherigen Schuldners die Forderung der Gläubigerin als Selbstschuldner übernimmt und sich persönlich der sofortigen Zwangsvollstreckung unterwirft;
   l) wenn der Verzicht des Schuldners auf das Eigentum in das Grundbuch eingetragen wird.

Anlage Nr. 4 b.

Betrifft: ....

Vom ....

gehen ein: .... Hypothekenbriefe Abt. III Nr. .... über Mk. ....

" " " .... " Mk. ....

Die Prüfung der Hypothekenbriefe ist nach folgenden Gesichtspunkten erfolgt:

1. Betrag der Hypothek
2. Zinsfuß der Hypothek
3. Fälligkeit
4. Verzugszinsen
5. Provision
6. Grundbuchbezeichnung nach Ort, Straße und Nr.
7. " " dem Grundbuch
8. " " dem Kataster
9. Größe des Grundstücks nach Grundbuch
   " " " " Kataster
   " " " " Taxe
10. Grundstückseigentümer
11. Ist unsere Bank richtig benannt?
12. Sofortige Zwangsvollstreckung
13. Bezugnahme auf die Schuldurkunde
14. Anheftung der Schuldurkunde
15. Ordnungsmäßige Unterschrift und Siegel des Gerichts
16. Vorgehende oder gleichstehende Eintragung in Abt. II
17. " " " " " " III
18. Löschungsverpflichtung bei der Darlehnshypothek
19. " " " Baugeldhypothek
20. Bei Cession oder Verpfändung: Ist Eintragung im Grundbuch erfolgt?

Bei II. Hypotheken besonders zu beachten:

21. Höhe der Vorbelastung
22. Verpflichtung zur Vorlegung der Zinsquittungen der I. Hypothek

Contr. durch:

am:

Dokument Abt. III Nr. .... befindet sich ....

Berlin, den ....

Dokument Abt. III Nr. .... befindet sich ....

Berlin, den ....

Anlage Nr. 4c.

Bank für Handel und Industrie

Depositen-Kasse ....

.............................., den .... 19..........

An unsere

Centrale

Hypotheken-Abteilung

Hier.

Herr / Die Firma .... beantragt

bei uns die Gewährung eines Baugelddarlehens in Höhe von

Mk. ....

für das Grundstück: ....

....

Grundbuchbezeichnung: ....

Eigentümer: ....

Bürge: ....

gegen hypothekarische Eintragung — an 1. Stelle — hinter — Mk. ....

zahlbar am: ....

rückzahlbar am: ....

Ein Schlußschein über eine abgeschlossene I. Hypothek, und zwar bei ....

....

.... liegt .... vor.

Anbei erfolgen:

Lageplan eines Landmessers und Katastermaterial (Auszug aus der Grundsteuermutterrolle mit Handskizze),

.... Bauzeichnungen (baupolizeilich genehmigt),

Baubeschreibung,

Mietsaufstellung,

Auskünfte,

a) über den Eigentümer

b) über den Darlehensnehmer

c) über den Bürgen

Dossier mit Auskünften nebst Aufstellung der gesamten Engagements,

Schlußschein,

Antrag betreffend Erteilung einer Grundbuchabschrift.

Für Einholung einer Taxe sind

Mk. ....

bezahlt.

Bemerkungen:

....

....

....

....

....

....

Hochachtungsvoll

Anlage Nr. 4d.

Berlin, den .... 19....

An die

Bank für Handel und Industrie

Hypotheken-Abteilung

Berlin W. 56

Schinkelplatz 1-4.

Hierdurch erteile ich Ihnen den bis zum .... unwiderruflichen Auftrag, mir eine ......stellige Hypothek in Höhe von Mk. .... zu .... pro Jahr verzinslich, bei einer Abschlußprovision von .... %, zahlbar am ...., auf 10 Jahre fest, für mein, im Grundbuch des Königlichen Amtsgerichts von .... Band .... Blatt Nr. .... verzeichnetes, in .... belegenes Grundstück zu beschaffen oder nachzuweisen.

Ich verpflichte mich, Ihnen für Ihre Bemühungen eine freiwillige Provision von .... % der Darlehnssumme zu zahlen. Dieselbe ist fällig und zahlbar:

1. sobald mir eine schriftliche Zusicherung des Geldgebers, oder der Schlußschein übermittelt worden ist,
2. auch wenn ich später nach Erteilung des Schlußscheins oder einer schriftlichen Zusicherung des Geldgebers von dem Beleihungsgeschäfte zurücktrete,
3. auch wenn ich die Beleihung vom Geldgeber, welchem Sie obige Hypothek offerieren, zu den vorgenannten oder veränderten Bedingungen, oder zu einem geringeren oder höheren Betrage direkt oder indirekt akzeptiere,
4. sobald ich mich weigere, das auftragsgemäß nachgewiesene Geschäft abzuschließen und den erforderlichen Beleihungsantrag bei dem Geldgeber zu stellen.

Etwaige Auslagen für Taxgebühren, zu beschaffende Wertnachweise usw., werden von mir besonders vergütet.

Erfüllungsort für beide Teile ist Berlin-Mitte.

Hochachtungsvoll

Anlage Nr. 4 e.

Bank für Handel und Industrie.

Hypotheken-Abteilung.

Berlin W. 56, den .... 19....
Schinkelplatz 1—4.

Herr ....

....

Unter Bezugnahme auf Ihre Taxe vom .... teilen wir Ihnen mit, daß wir zum Bau des Grundstücks:

....

....

ein Darlehen von

Mk. ....

bewilligt haben, welchem Mk. .... Hypotheken im Range vorangehen

Wir bitten das Darlehen in Raten gemäß beifolgendem Tableau so zu verteilen, daß unsere Auszahlungen unter Berücksichtigung der Vorbelastung 60 % des jeweiligen Wirklichkeitswertes nicht übersteigen. Der letzten Rate sollen Mk. .... für die Differenz zwischen Wirklichkeitswert und Schätzungswert zugeschlagen werden.

Bei jeder Rate wollen Sie hinzusetzen, wie hoch sich nach Vollendung der dieser Rate entsprechenden Arbeiten jeweils der Wert von Grund und Boden nebst Baulichkeiten stellt.

Hochachtungsvoll

Bank für Handel und Industrie.

Anlage Nr. 5.

Allgemeiner Deutscher Versicherungs-Verein a. G. in Stuttgart

Gegründet im Jahre 1875.

Stuttgart, ... 191

Herrn

....

....

Nachdem unsere Ausleihkommission Ihnen gegen Einräumung der ersten Hypothek auf den in der anliegenden Schätzungsurkunde bezeichneten Grundstücken im Anschlage von Mk. *85000.—* und den Zubehörden angeschlagen zu .... ein zu 4½ Prozent verzinsliches Darlehen von

M 42500.—

unter den in dem zweifach beiliegenden Eintragungsbewilligungsformular enthaltenen Bedingungen verwilligt hat, wollen Sie unter Übergabe dieser Formulare an das Grundbuchamt die baldige Fertigung des Hypothekenbriefes und dessen Einsendung an uns nebst der Schätzungsurkunde veranlassen.

Wenn sich bei Prüfung des Hypothekenbriefs keine Anstände ergeben, kann das Darlehen zur bestimmten Zeit an unserer Kasse erhoben werden.

Wenn auf den Grundstücken persönliche Dienstbarkeiten oder Reallasten (Wohnrecht, Leibgeding usw.) ruhen, so haben die Berechtigten mit diesen Ansprüchen im Range hinter unsere Hypothek zurückzutreten.

Bestehen Grundbucheinträge über weitere Schulden, welche unserer Hypothek vorgehen würden, so ist entweder deren Löschung oder der Rücktritt im Rang hinter unsere Hypothek zu bewerkstelligen.

Soweit solche Schuldposten aus dem neuen Darlehen zu bereinigen sind, werden wir selbst für die Befriedigung der betreffenden Gläubiger Sorge tragen, zu welchem Zwecke Sie einen etwa noch zu leistenden Zuschuß rechtzeitig an unsere Kasse einzubezahlen haben.

Ihre Gesellschafter haben sich für das Darlehen persönlich als Gesamtschuldner zu verpflichten.

Hinsichtlich der abzutragenden Posten ersuchen wir Sie, folgendes genau zu beachten:

a) Möglichst bald haben Sie uns zu bezeichnen:
die Person des Forderungs- und Empfangsberechtigten,
die Höhe des Hauptanspruchs,
den Kündigungstermin, den Zinsfuß und die Zeit, für welche noch der Zins zu bezahlen ist.

b) Gleichzeitig wollen Sie die etwa in Ihren Händen befindliche Bestätigung dieser Angaben seitens der Gläubiger an uns einsenden. Soweit eine genügende Bestätigung nicht vorliegt, werden wir den Gläubigern Ihre Aufstellung zur Erklärung über das Anerkenntnis zugehen lassen.

c) Wir werden an die Gläubiger das Verlangen stellen, ihre Hypothekenbriefe vor der Zahlungsleistung an uns einzusenden. Um die Erfüllung dieses unseres Verlangens sollten auch Sie selbst die die Gläubiger ersuchen.

Wir ersuchen Sie nun, im Falle der Annahme unserer Darlehnszusage die angeschlossene hierauf bezügliche Erklärung zu unterzeichnen und an uns einzusenden, im entgegengesetzten Falle aber unsere sämtlichen anliegenden Formulare zurückzugeben.

Hochachtungsvoll

**Allgemeiner Deutscher Versicherungs-Verein a. G.
in Stuttgart.**

Mit Beilagen.

Anlage Nr. 5a.

Allgemeiner Deutscher Versicherungs-Verein a. G. in Stuttgart.

Gegründet 1875.

Unter Garantie der Stuttgarter Mit- und Rückversicherungs-Aktiengesellschaft.

(§ 23 der Vereins-Satzung.)

Stuttgart, den *19. Juni 1912.*

Die Fa. Immobilienverwertungs-Gesellschaft O. B., G. m. b. H., Stuttgart, Gesellschafter: Otto und Erwin B. und Math. W. geb. B. erbaut gegenwärtig ein *Wohnhaus, R.-Str. 213 zu Stuttgart.*

Es wird der Wert nach gänzlicher Fertigstellung voraussichtlich betragen:

3 ar *59* qm Bauplatz	Mk. *20000.—*	
Baukosten	„ *65000.—*	Mk. *85000.—*

Hierauf wünscht *die genannte Fa. unter persönlicher Gesamthaftung ihrer Gesellschafter* **zur ersten Stelle** ein Darlehen in Höhe von *50* % des amtlichen Schätzungswerts des baulich vollendeten Anwesens.

Der Hypothekenbrief soll über Mk. *42500* fest bis *1. Januar 1918* ausgestellt werden.

Nach Übergabe des Hypothekenbriefs über Mk. *42500.—* sollen *40* % des Grund- und Boden- und Bauwerts dann bezahlt werden, wenn *die Sockelebene hergestellt und das Gebälk über dem Souterain eingelegt ist.*

Diese erste Zahlung darf nicht vor 1. Dezember 1912 erfolgen.

In diesem Zustande beträgt der Gesamtwert M. *27000.—*, *40* % dieser Summe geben Mk. *10800.—*.

Diese Zahlung und weitere à conto Zahlungen bis zur Höhe von *40* % des jeweiligen Gesamtwerts sollen auf Grund von Bestätigungen des *Herrn Hofwerkmeisters J. Biehl, hier* in Beträgen nicht unter Mk. 10000.— erfolgen.

Nach Übergabe der amtlichen Schätzungsurkunde über das baulich vollendete Anwesen und einer Abschrift der geometrischen Meßurkunde wird die Differenz zwischen *50* % der Schätzung und den à conto Zahlungen, aber nicht über Mk. *42500.—* hinaus ausbezahlt. Sollte die Schätzung mehr als Mk. *85000.—* betragen und die Darlehensnehmer auch von dem Mehrbetrag die *50* % Darlehen wünschen, müßte hierüber ein weiterer Hypothekenbrief gefertigt werden.

Die à conto Zahlungen sind bis zum Tage der Zahlung des Darlehensrestes mit *5* % zu verzinsen, von diesem Termine ab sollen nur noch *4 ½* % Zinsen berechnet werden.

Beschluss der Generalkommission vom 19. Juni 1912

Der Fa. Immobilienverwertungs-Gesellschaft O. B., G. m. b. H, Stuttgart unter persönlicher Gesamthaftung ihrer Gesellschafter ein Darlehen unter vorbemerkten Bedingungen zu gewähren.

Die Getreuen.

gez. Widenmann *gez. Kiefer*

gez. Benger

Angenommen 24. August 1912.

O. B.

Anlage Nr. 5 b.

Nr. ...... des Notariats-Registers für 19

Verhandelt
zu **Berlin**

am 19

Vor dem unterzeichneten, zu Berlin wohnhaften Notar im Bezirk des Königlichen Kammergerichts zu Berlin

Justizrat Dr. Felix Landau

erschien ...... heute in den Geschäftsräumen der Victoria zu Berlin, Lindenstraße 20/21, wohin sich der Notar auf Ersuchen begeben hatte:

....

....

....

....

....

....

....

....

....

....

....

....

.... bekenne..., von der Victoria zu Berlin, Allgemeine Versicherungs-Actien-Gesellschaft hierselbst ein bares Darlehn von ....

....

....

unter folgenden vereinbarten Bedingungen erhalten zu haben.

....

....

1. Das Kapital ist vom ....
ab mit jährlich *4,38 – 4,51* vom Hundert in vierteljährlichen, am ersten Tage eines jeden Kalendervierteljahres fälligen Teilen zu verzinsen.

2. Das Kapital ist fällig nach einer sechsmonatlichen, nur zum letzten Tage eines Kalendervierteljahres statthaften und frühestens zum .... zulässigen Kündigung.

3. Werden die Zinsen nicht bis zum zehnten Tage jedes Kalendervierteljahres gezahlt, so erhöht sich der Zinssatz auf fünf vom Hundert jährlich, und zwar für die Zeit von der Fälligkeit bis zum Zahlungstage einschließlich.

Fällige Kapitalbeträge sind mit fünf vom Hundert jährlich zu verzinsen.

4. Gläubigerin ist zur sofortigen Rückforderung des Kapitals oder eines beliebigen Teiles desselben berechtigt:

a) wenn die Zinsen nicht bis zum zehnten Tage jedes Kalendervierteljahres oder andere auf Grund dieser Urkunde geschuldeten Beträge nicht binnen einer Woche nach Fälligkeit gezahlt werden;

b) wenn die Zwangsverwaltung oder Zwangsversteigerung des genannten Grundstückes oder eines Teiles desselben angeordnet wird;

c) wenn Konkurs über das Vermögen des Grundstückseigentümers eröffnet wird, oder letzterer seine Zahlungen einstellt;

d) wenn nicht auf Verlangen der Gläubigerin binnen einer Woche nachgewiesen wird, daß die auf dem Grundstücke errichteten Gebäude gegen Feuersgefahr versichert sind;

e) wenn eine Verschlechterung oder Wertminderung des Grundstückes oder seiner Zubehörteile eingetreten ist, insbesondere wenn die Fertigstellung von Neubauten aus irgend einem Grunde verzögert wird;

f) wenn der Grundstückseigentümer die Berichtigung des Grundbuches in den Fällen, in welchen das Eigentum ohne Auflassung auf einen anderen übergeht, nicht auf Verlangen der Gläubigerin unverzüglich auf seine Kosten herbeiführt.

g) wenn im Falle der Veräußerung des Grundstückes der Erwerber sich nicht unverzüglich auf Erfordern der Gläubigerin vor dem von ihr zu bezeichnenden Notar der sofortigen Zwangsvollstreckung in das Grundstück und in sein sonstiges Vermögen unterwirft, desgleichen wenn beim Eigentumsübergang auf eine Ehefrau der Ehemann der Grundstückseigentümerin nicht binnen vier Wochen nach dem Eigentumswechsel in notarieller Verhandlung die Duldung der Zwangsvollstreckung in das Vermögen seiner Ehefrau erklärt.

5. Sämtliche Zahlungen sind bei der Hauptkasse der Gläubigerin in Berlin zu entrichten, und zwar auf Wunsch in deutschen Reichsgoldmünzen.

6. Kündigung und Geltendmachung der Hypothek ist auch ohne Vorlegung des Hypothekenbriefes gültig.

Wegen vorbezeichneter Forderung an Kapital und Zinsen bewillig...... und beantrag............... die Eintragung einer Briefhypothek auf dem .... gehörigen zu ....

....

belegenen, im Grundbuch des Königl. Amtsgerichts..........................
von ....
Band.............. Blatt No................ verzeichneten Grundstück für die Gläubigerin.............................. unterw .... wegen aller Ansprüche an Kapital, Zinsen oder der sonstigen auf Grund dieser Urkunde oder von Gesetzeswegen zu zahlenden Beträge der sofortigen Zwangsvollstreckung in das belastete Grundstück und in .... sonstiges Vermögen und zwar dergestalt, daß die Zwangsvollstreckung in das Grundstück auch gegen dessen jeweiligen Eigentümer zulässig sein soll. Die Vollstreckungsklausel soll der Gläubigerin auf ihren Antrag ohne den urkundlichen Nachweis derjenigen Tatsachen, von deren Eintritt die Fälligkeit abhängt, erteilt werden.

Die Unterwerfung unter die sofortige Zwangsvollstreckung ist in das Grundbuch mit einzutragen.

Der zu bildende Hypothekenbrief ist der Gläubigerin vom Grundbuchamt unmittelbar auszuhändigen.

Auf Rücknahme dieses Antrages verzichte...... d....... Schuldner. Schuldner .... ferner persönlich verpflichtet:

1. der Gläubigerin auf ihr Verlangen binnen einer Woche nachzuweisen, daß sämtliche auf dem Grundstücke befindlichen Gebäude gegen Feuersgefahr in der bei der Beleihung des Grundstücks nachgewiesenen Höhe versichert sind. Gläubigerin ist, sofern dieser Nachweis nicht erbracht wird, berechtigt, die Versicherung auf Kosten des Schuldners zu bewirken.
2. in den Fällen, in welchen das Eigentum des Grundstücks ohne Auflassung auf einen anderen übergeht, auf Verlangen der Gläubigerin unverzüglich die Berichtigung des Grundbuches auf seine Kosten herbeizuführen.
3. d...... Hypothekenkapital....... der Gläubigerin die erste Stelle im Grundbuch zu verschaffen.

Sämtliche gerichtlichen und außergerichtlichen Kosten übern.......... Schuldner.

Es war ferner erschienen, von Person bekannt:

....

....

....

und erklärte:

.... stimme namens der Gläubigerin vorstehenden Erklärungen und Anträgen zu und beantrage gleichfalls die Eintragung der Hypothek in das Grundbuch.

Diese Verhandlung ist für die Gläubigerin auszufertigen und die Ausfertigung zu den Grundakten zur Eintragung einzureichen.

Das Protokoll wurde in Gegenwart des Notars vorgelesen, von d....... Beteiligten genehmigt und von ih...... eigenhändig, wie folgt unterschrieben.

Anlage Nr. 6.

Darlehenszusage

der Württembergischen Sparkasse (Landessparkasse).

(Für den Darlehensnehmer bestimmt.)

Stuttgart, den *25. Juli* 1919.
Kanzleistraße 25.)

Herrn Adolf Maier, Architekt, Stuttgart.

Wir haben Ihnen gegen Einräumung der **ersten Hypothek** an den in beigeschlossener Schätzungsurkunde *Bihl* vom *16. Juni 1919* bezeichneten Grundstücken,
vorläufig angeschlagen zu . . . . Mk. *160 000.—*
und den Zubehörden, angeschlagen zu . . . . . Mk. —
ein Darlehen von *50%* *des gemeinderätl. Schätzungswertes, der sich nach Vollendung des Bauwesens ergibt, also voraussichtlich etwa*
Mk. *80 000.—*
zum Bezuge in *Raten nach der Anlage* unter folgenden Bedingungen verwilligt:

1) Die Schuld ist vom genannten Bezugstermin an mit $4\frac{1}{2}$% zu verzinsen. Der Zins verfällt *halb*jährlich. Bleiben die Zinsen über dreißig Tage im Rückstand, so erhöht sich der Zinsfuß um ein halb vom Hundert.

   Als Zinszahlungstermin ist der 1. oder 15. Tag eines Monats zu bestimmen. Eine spätere Änderung dieses Termins wäre mit Umständen und Kosten verknüpft. Sie werden daher darauf zu achten haben, sofort einen nach Ihren Verhältnissen möglichst passenden Termin zu wählen.

2) Die Rückzahlung der Hauptsumme hat drei Monate nach der Kündigung, welche Ihnen und uns freisteht, zu geschehen. Teilzahlungen sind in Beträgen, welche durch hundert teilbar sind, zulässig. **Ohne vorangegangene Kündigung können im Laufe eines Vierteljahrs Rückzahlungen bis zu 1000 Mark geleistet werden.**

   Dagegen steht uns das Recht zu, die Rückzahlung der Hauptsumme ohne vorangegangene Kündigung zu verlangen:

   a) wenn eine so bedeutende Verminderung des Werts der belasteten Grundstücke eingetreten ist, daß selbst nach Abzug etwa gemachter Rückzahlungen eine den ursprünglichen Darlehensbedingungen entsprechende Sicherheit nicht mehr besteht;

Beilagen:

a) Formular betreffend Annahme der Darlehenszusage.
b) Schätzungs-Urkunde.
c) 2 Formulare der Eintragungsbewilligung.
d) Formular betreffend Löschung bisheriger Hypotheken.

Die Formulare Lit. b, c und d, sowie gegenwärtige Darlehenszusage sind dem Grundbuchbeamten oder dem Notar, welcher die Eintragungsbewilligung aufnimmt, vorzulegen.

Ein Darlehensnehmer, der uns nicht bekannt ist, hat sich, wenn er das Darlehen an unserer Kasse selbst in Empfang nehmen will, über seine Person auszuweisen, sei es durch uns bekannte Zeugen, sei es durch glaubwürdige schriftliche Beweismittel. Der Besitz des Hypothekenbriefs allein genügt hiebei nicht.

b) wenn ein Grundstück veräußert und eine Verständigung mit der Gläubigerin über fernere Anborgung des Kapitals nicht erzielt wird;
c) wenn die Versicherung der belasteten Gebäude gegen Feuersgefahr aufgehoben oder vermindert wird;
d) wenn gegen Sie oder Ihre Ehefrau oder einen anderen beteiligten Grundstückseigentümer das Konkursverfahren oder die Zwangsvollstreckung in unbewegliches Vermögen eingeleitet werden sollte.

3) Alle Zahlungen an Hauptsumme und Zinsen sind in unserem Geschäftslokal in Stuttgart kostenfrei in deutscher Reichswährung zu leisten.

4) **Sie und Ihre Ehefrau haben sich als Gesamtschuldner verbindlich zu machen.**

5) Behufs Begründung der Hypothek ist zum Grundbuch eine Eintragungsbewilligung abzugeben. **Diese muß vor dem Grundbuchbeamten oder vor einem Notar erklärt werden.** Hiebei ist das angeschlossene Formular zu benützen.

6) Der Hypothekenbrief ist unter Anschluß der Schätzungs-Urkunde und der Löschungsbewilligung (unten Ziff. 9e) **möglichst bald** an uns einzusenden.

7) Wenn sich bei Prüfung des Hypothekenbriefs keine Anstände ergeben, so kann das Darlehen zur bestimmten Zeit in unserem Geschäftslokal (vgl. die Randbemerkung auf der ersten Seite) durch die Post erhoben werden.

8) Wenn auf den Grundstücken persönliche Dienstbarkeiten oder Reallasten (Nutznießung, Wohnrecht, Leibgeding usw) ruhen, so haben die Berechtigten mit diesen Ansprüchen im Range **hinter** unsere Hypothek zurückzutreten. **Dies muß auch dann geschehen, wenn ein den Eltern am Vermögen der Kinder zustehendes Nutznießungsrecht im Grundbuche nicht eingetragen ist.**

9) Bestehen Grundbucheinträge über weitere **Schulden**, welche unserer Hypothek **vorgingen**, so ist entweder deren Löschung oder der Rücktritt im Rang hinter unsere Hypothek zu bewerkstelligen.

Soweit solche Schuldposten aus dem neuen Darlehen zu bereinigen sind, werden wir selbst für die Befriedigung der betreffenden Gläubiger Sorge tragen, zu welchem Zwecke Sie einen etwa noch zu leistenden Zuschuß rechtzeitig an unsere Kasse einzubezahlen haben.

Hinsichtlich der abzutragenden Posten ersuchen wir Sie, folgendes genau zu beachten:

a) **Möglichst bald haben Sie uns zu bezeichnen:**
die Person des Forderungs- und Empfangsberechtigten,
die Höhe des Hauptanspruchs,
den Kündigungstermin,
den Zinsfuß und die Zeit, für welche noch der Zins zu bezahlen ist,
die Kosten, die dem Gläubiger zu ersetzen sind.

b) **Gleichzeitig wollen Sie die etwa in Ihren Händen befindliche Bestätigung dieser Angaben seitens der Gläubiger an uns einsenden. Soweit eine genügende Bestätigung nicht vorliegt, werden wir den Gläubigern Ihre Aufstellung zur Erklärung über das Anerkenntnis zugehen lassen.**

c) **Wir werden an die Gläubiger das Verlangen stellen, ihre Hypothekenbriefe mit Löschbewilligung versehen vor der Zahlungsleistung an uns einzusenden. Um die Erfüllung dieses unseres Verlangens sollten auch Sie selbst die Gläubiger ersuchen.**

d) **Die Bestimmungen Lit. a—c finden keine Anwendung, wenn sowohl Sie als die zu befriedigenden Gläubiger (in der Regel in beglaubigter Form) einen Notar oder den Ortsvorsteher mit der Empfangnahme der Darlehenssumme und der Ablösung der bisherigen Hypotheken ermächtigen.**

e) **Sie haben der Löschung der betreffenden Hypotheken jetzt schon zuzustimmen, zu welcher Erklärung ein Entwurf beiliegt.**

10) Die Kosten, welche uns durch Auszahlung des Darlehens und alle damit zusammenhängenden, von uns für angezeigt gefundenen Maßregeln erwachsen, sind von Ihnen zu tragen oder zu ersetzen.

11) **Sollte einer der vorstehenden Bedingungen Ziff. 5 bis 10 nicht rechtzeitig entsprochen werden, oder sollten zutage tretende Anstände binnen einer von uns zu stellenden Frist nicht zu beseitigen sein, so lehnen wir eine Verantwortung für Einhaltung des bestimmten Auszahlungstermins ab und behalten uns vor, vom Darlehensvertrag zurückzutreten. Ferner wahren wir uns das Recht des Widerrufs nach § 610 des Bürgerl. Gesetzbuchs.**

Im Falle der Annahme unserer Darlehenszusage ersuchen wir Sie und Ihre Ehefrau, die beigeschlossene Annahmeerklärung zu unterzeichnen, Ihre Unterschriften beglaubigen zu lassen und dann die Urkunde uns einzusenden, im entgegengesetzten Falle aber unsere sämtlichen anliegenden Formulare zurückzugeben.

Hochachtungsvoll

Württembergische Sparkasse
(Landessparkasse).

Anlage Nr. 7.

100 100

GRUND- UND HAUSBESITZER-VEREIN
MÜNCHEN E. V.

Reihe IV Buchst. D **4½%** *Nr.*

Schuldverschreibung

über

Mark 100 Mark

verzinslich zu 4½ Prozent jährlich

und mit 102 Prozent rückzahlbar.

Der Grund- und Hausbesitzer-Verein München, e. V., schuldet dem umstehend bezeichneten Gläubiger dieser Teilschuldverschreibung ein mit 4½%, in halbjährigen Zinsteilzahlungen am 1. Januar und 1. Juli, verzinsliches Darlehen von Einhundert Mark, für welches die umstehend aufgeführten Bedingungen Geltung haben.

Die Tilgung dieser Teilschuldverschreibung erfolgt nach Maßgabe des umstehenden Tilgungsplanes vom 1. Juli 1926 ab und zwar im Betrage von 102% des vorbezeichneten Nennbetrages.

Für die Sicherheit dieser Schuldverschreibungen haftet der Grund- und Hausbesitzer-Verein München, e. V., mit seinem gesamten Vermögen, außerdem übernimmt die Bank für Haus- und Grundbesitz für pünktliche Rückzahlung des vorstehenden Betrages und der Zinsen, sowie für alle dem Grund- und Hausbesitzer-Verein aus der Aufnahme dieser Anleihe erwachsenden Verpflichtungen selbstschuldnerische Bürgschaft.

München, den 1. Januar 1919.

Grund- und Hausbesitzer-Verein München e. V.

gez. *gez.*

Bank für Haus- und Grundbesitz, e. G. m. b. H.

Für den Aufsichtsrat: *Für den Vorstand:*

gez. *gez.* *gez.*

Zinszeit: 1. Januar, 1. Juli

Zinszeit: 1. Januar, 1. Juli

100 100

Anleihe-Bedingungen.

§ 1.

Der Grund- und Hausbesitzer-Verein München, e. V., gibt eine 4. Anleihe in Höhe von 1 000 000.— Mark, eine Million Mark, aus und zwar in:

420 Teilschuldverschreibungen, Reihe 4, Buchst. A, Nr. 1—420 zum Betrage von M. 1000.—

1000 Teilschuldverschreibungen, Reihe 4, Buchst. B, Nr. 1—1000 zum Betrage von M. 500.—

300 Teilschuldverschreibungen, Reihe 4, Buchst. C, Nr. 1—300 zum Betrage von M. 200.—

und 200 Teilschuldverschreibungen, Reihe 4, Buchst. D, Nr. 1—200 zum Betrage von M. 100.—

§ 2.

Diese Teilschuldverschreibungen sind mit 4½% jährlich vom 1. Januar 1919 ab in halbjährigen Teilzahlungen je am 1. Juli und 1. Januar jeden Jahres verzinslich; die Auszahlung der Zinsen erfolgt gegen Ausfolgung der betreffenden Zinsscheine. Jeder Teilschuldverschreibung sind 20 halbjährliche Zinsscheine beigefügt, welche nach vollständiger Einlösung in gleicher Anzahl erneuert werden.

§ 3.

Die Anleihe ist seitens der Darleiher unkündbar; ihre Rückzahlung ist bis 1. Juli 1926 ausgeschlossen und erfolgt von diesem Zeitpunkt ab mit 102% nach Maßgabe des nachstehenden Tilgungsplanes:

1926	Mk.	10 000	1939	Mk.	20 000	1952	Mk.	36 000
1927	„	10 000	1940	„	20 000	1953	„	40 000
1928	„	10 000	1941	„	20 000	1954	„	40 000
1929	„	10 000	1942	„	25 000	1955	„	40 000
1930	„	10 000	1943	„	25 000	1956	„	45 000
1931	„	10 000	1944	„	25 000	1957	„	45 000
1932	„	15 000	1945	„	25 000	1958	„	50 000
1933	„	15 000	1946	„	30 000	1959	„	50 000
1934	„	15 000	1947	„	30 000	1960	„	55 000
1935	„	15 000	1948	„	30 000	1961	„	60 000
1936	„	15 000	1949	„	30 000	1962	„	20 000
1937	„	15 000	1950	„	35 000			
1938	„	20 000	1951	„	35 000			

Vom 1. Januar 1928 an steht dem Schuldner das Recht zu, die Tilgung zu verstärken oder den ganzen, noch umlaufenden Anleihebetrag ganz oder teilweise mit sechsmonatlicher Frist auf einen Vierteljahrsersten zur Rückzahlung zu kündigen.

§ 4.

Die Nummern der zur Rückzahlung gelangenden Teilschuldverschreibungen werden durch das Los bestimmt, die Auslosung hat spätestens bis zum 15. April jeden Jahres, erstmals im Jahre Neunzehnhundertsechsundzwanzig, durch den Grund- und Hausbesitzerverein München e. V. unter Beiziehung eines Notars stattzufinden.

Die Nummern der ausgelosten Teilschuldverschreibungen werden längstens 3 Wochen nach dem Tage der Auslosung durch den Schuldner (den Grund- und Hausbesitzerverein, e. V.), im „Reichsanzeiger", in den „Münchner Neuesten Nachrichten" und in der „Münchener Bürger- und Hausbesitzerzeitung", sowie durch öffentliche Anschläge im Bureau des Grund- und Hausbesitzervereins München, e. V., und in den Geschäftsräumen der Bank für Haus- und Grundbesitz in München, e. G. m. b. H., veröffentlicht.

Die ausgelosten Teilschuldverschreibungen werden am 1. Juli nach der erfolgten Auslosung ausgezahlt gegen Rückgabe der Teilschuldverschreibungen nebst den Zinsscheinen.

Fehlende, noch nicht fällige Zinsscheine kommen von dem auszuzahlenden Kapitalbetrage nach Höhe ihres Nennbetrages in Abzug.

Die Verzinsung ausgeloster Teilschuldverschreibungen, deren Nummern vorschriftsmäßig bekannt gemacht worden sind, hört mit dem Tage auf, an welchem sie zahlbar wurden.

§ 5.

Die Auszahlung der Zinsen und der ausgelegten oder gekündigten Teilschuldverschreibungen erfolgt durch die Bank für Haus- und Grundbesitz in München, e. G. m. b. H., und gegebenenfalls bei den von dem Schuldner sonst noch zu bestimmenden, öffentlich bekannt zu machenden Zahlstellen.

§ 6.

Alle binnen Jahresfrist von der Verfallzeit an gerechnet noch nicht erhobenen, ausgelosten Teilschuldverschreibungen werden unter Angabe der betreffenden Nummern mit jeder neuen Bekanntmachung ausgeloster Schuldscheine so lange veröffentlicht, bis sie verjährt sind.

Die Kapitalbeträge ausgeloster Teilschuldverschreibungen verjähren und verfallen dem Schuldner, wenn sie nicht innerhalb 10 Jahren vom Zahlungstermin an erhoben worden sind.

Zinsscheine, welche binnen 4 (vier) Jahren nach Ablauf desjenigen Kalenderjahres, in welchem sie fällig geworden sind, nicht abgehoben werden, verfallen zugunsten des Schuldners. Verlorene Zinsscheine werden nicht aufgeboten. Ist ein Zinsschein verloren gegangen und der Verlust dem Schuldner innerhalb obiger Frist angezeigt, so wird der Betrag des Scheins innerhalb einer ferneren Frist von 4 Jahren nachgezahlt, sofern der frühere Besitzer den Verlust in glaubhafter Weise dartut. Wird aber inzwischen der Zinsschein selbst dem Schuldner zum Zwecke der Abhebung der Zinsen vorgelegt, so ist der Schuldner berechtigt, dem Vorzeiger des Scheines den betreffenden Zinsbetrag auszuzahlen.

Ist eine Teilschuldverschreibung infolge einer Beschädigung oder Verunstaltung zum Umlauf nicht geeignet, so kann der Berechtigte, sofern der wesentliche Inhalt und die Unterscheidungsmerkmale der Urkunde noch mit Sicherheit erkennbar sind, von dem Schuldner gegen Ausfolgung der beschädigten oder verunstalteten Urkunde die Aushändigung einer neuen Urkunde verlangen, die Kosten hat er zu tragen und vorzuschießen.

§ 7.

Für die Forderung der Gläubiger aus den Teilschuldverschreibungen haftet der Grund- und Hausbesitzerverein München, e. V., mit seinem ganzen Vermögen, ferner übernimmt hierfür die Bank für Haus- und Grundbesitz in München, e. G. m. b. H., die selbstschuldnerische Bürgschaft als Selbstschuldnerin und Selbstzahlerin gleichfalls mit ihrem gesamten Vermögen.

§ 8.

Die Teilschuldverschreibungen und Zinsscheine können mit dem gedruckten Namenszug der gesetzlichen Vertreter des Grund- und Hausbesitzervereins München, e. V., als „Darlehensnehmer" und der gesetzlichen Vertreter der Bank für Haus- und Grundbesitz in München, e. G. m. b. H., als „Bürgschaftsstellerin" versehen werden.

Die Teilschuldverschreibungen werden auf den Namen desjenigen Darlehensgebers oder dessen Rechtsnachfolgers gestellt, der den auf der Schuldverschreibung bezeichneten Teilbetrag der Anleihe dem Grund- und Hausbesitzerverein München, e.V., nach Maßgabe der Anleihebedingungen darlehensweise zur Verfügung gestellt hat und sind durch schriftlichen Vermerk übertragbar.

§ 9.

Falls Schuldner seinen Verpflichtungen aus der Anleihe nicht pünktlich nachkommt, insbesondere mit der Zahlung fälliger Zinsen oder Teilschuldverschreibungen in Verzug gerät, so sind die Inhaber der Teilschuldverschreibungen insgesamt oder auch einzeln berechtigt, ihre Forderungen als fällig zu betrachten und dieselben zur sofortigen Rückzahlung zu kündigen.

§ 10.

Die Eigentümer der einzelnen Schuldverschreibungen können ihre Rechte aus denselben gegen den Schuldner selbständig geltend machen; außerdem sind für ihre Rechte die Bestimmungen des Reichsgesetzes vom 4. Dezember 1899 maßgebend.

Die Rechte aus vorstehender Schuldverschreibung zu Mk. 100.—
stehen zu Herrn/Frau .... welche...
im Grundbuchverzeichnis der Schuldverschreibungen unter Nr. ....
als Gläubiger eingetragen ist.

MÜNCHEN, den .... 19.....

Grund- und Hausbesitzer-Verein München, e. V.

gez. *gez.*

Die Rechte aus vorstehender Teilschuldverschreibung übertrage ich hiermit im vollen mir zustehenden Umfang, jedoch ohne jegliche Haftung meinerseits an ....

MÜNCHEN, den .... 19.....

Die Rechte aus vorstehender Teilschuldverschreibung übertrage ich hiermit im vollen mir zustehenden Umfang, jedoch ohne jegliche Haftung meinerseits an ....

MÜNCHEN, den .... 19.....

Die Rechte aus vorstehender Teilschuldverschreibung übertrage ich hiermit im vollen mir zustehenden Umfang, jedoch ohne jegliche Haftung meinerseits an ....

MÜNCHEN, den .... 19.....

Die Rechte aus vorstehender Teilschuldverschreibung übertrage ich hiermit im vollen mir zustehenden Umfang, jedoch ohne jegliche Haftung meinerseits an ....

MÜNCHEN, den .... 19.....

Reihe IV Buchst. D *Nr.*

GRUND- UND HAUSBESITZER-VEREIN MÜNCHEN E. V.

4½ Prozent

Schuldverschreibung

über

MARK 100 MARK

Zinszeit 1. Januar *Zinszeit 1. Juli*

I. Hypothek. **Anlage Nr. 8.**

Neues Formular A.

Nr. ....

München, am ....

Verwaltungs-Ausschuß
der
K. Ludwig-Maximilians-Universität
und des
Herzgl. Georgianischen Priesterhauses.

Betreff:

Darlehens-Gesuch

de ....

von ....

Amtsgerichts ....

Auf ....

.... vom .... bewilligen wir

de ....

aus dem unter unserer Verwaltung stehenden ....

....

Fonds ein jährlich mit **4 1/2** vom Hundert in den Terminen **1. April** und **1. Oktober** vom Tag der notariellen Beurkundung, spätestens aber vom

.... an zu verzinsendes und ein Vierteljahr nach erfolgter, beiden Teilen jederzeit freistehender Kündigung kostenfrei heimzuzahlendes, bei Besitzwechsel zufolge Zwangsversteigerung

aber ohne Kündigung fällig werdendes Darlehen von .... Mk.,

mit Worten: .... Mark, wenn

I. dafür auf dem Anwesen de ....

....

Hs.-Nr. ....

....

bestehend aus den mit Mk. .... gegen Brand versicherten Gebäuden und .... aus .... Hektaren

.... Aren .... Quadratmetern

An
das K. Universitäts-Rentamt.

in de ..... Steuergemeinde ....

gelegenen Grundstücken mit einer Verhältniszahl von ....

.... nebst ....

....

....

.... an ausschließend erster Rangstelle Hypothek bzw. Sicherungshypothek errichtet wird und der Schuldner beim Grundbuchamt beantragt, daß in der Eintragungsbestätigung die der bestellten Hypothek im Range vorgehenden oder gleichstehenden Rechte bezeichnet werden;

II. außer einer den vorstehenden Bedingungen entsprechenden notariellen und mit der Vollstreckungsklausel gemäß § 794 Ziffer 5 mit § 739 der Z.-Pr.-O. versehenen Schuldurkunde ein die Eintragung des Fondskapitals ausweisender und nicht vom Tage dieser Eintragung datierter, beglaubigter Grundbuchsauszug in Vorlage gebracht wird, wogegen die Erteilung eines Hypothekenbriefs ausgeschlossen ist.

Von gegenwärtiger Entschließung hat das K. U.R.A. unter Rückschluß

der anruhenden .... Gesuchsbelege, nämlich: ....

....

.... dem

.... mit dem Beifügen Kenntnis zu geben, daß bezüglich des Verzinsungsbeginnes besondere Entschließung für den Fall vorbehalten bleibe, wenn binnen acht Tagen, von Zustellung der Signatur der K. Hauptkasse an gerechnet, die Erklärung abgegeben wird, daß die Auszahlung des Darlehens für einen genau zu bezeichnenden Zeitpunkt

nach dem .... gewünscht werde.

Der derzeitige Rektor:

Der Referent
des K. Verwaltungs-Ausschusses:

II. und III. Hypothek. **Anlage Nr. 8a.**

Neues Formular D.

Nr. ....

München, am ....

Verwaltungs-Ausschuß
der
K. Ludwig-Maximilians-Universität
und des
Herzgl. Georgianischen Priesterhauses.

Betreff:

Darlehens-Gesuch

de..

von ....

Amtsgerichts ....

Auf ....

.... vom .... bewilligen wir

de..

aus dem unter unserer Verwaltung stehenden ....

....

Fonds ein jährlich mit $4^1/_2$ vom Hundert in den Terminen **1. April** und **1. Oktober** vom Tag der notariellen Beurkundung, spätestens aber vom .... an zu verzinsendes und ein Vierteljahr nach erfolgter, beiden Teilen jederzeit freistehender Kündigung kostenfrei heimzuzahlendes, bei Besitzwechsel zufolge Zwangsversteigerung aber ohne Kündigung fällig werdendes Darlehen von .... ℳ, mit Worten: ....

.... Mark, wenn

1. die .... Eheleute für das Kapital, für die $4^1/_2$ prozentigen Zinsen hieraus und für sämtliche aus Anlaß des Schuldverhältnisses dem darleihenden Fonde irgendwie erwachsenden Kosten die Haftung als Gesamtschuldner notariell übernehmen;

II. für das Kapital mit obigen Verzinsungs- und Heimzahlungsmodalitäten auf dem Anwesen der .... Eheleute,

An
die K. Universitäts-Hauptkasse.

Hs.-Nr. ....

bestehend aus den mit *M* .... gegen Brand versicherten Gebäuden und .... aus .... Hektaren .... Aren .... Quadratmetern in de Steuergemeinde ....

gelegenen Grundstücken mit einer Verhältniszahl von *7 Ganze* $^4/_{10}$ nebst .... im Nachgange von *6000 und 1000 M desselben Fonds* an ausschließend .... Rangstelle Hypothek bzw. Sicherungshypothek errichtet wird und die Schuldner beim Grundbuchamt beantragen, daß in der Eintragungsbestätigung die der bestellten Hypothek im Range vorgehenden oder gleichstehenden Rechte bezeichnet werden.

III. im Grundbuche die Vormerkung gemäß § 1179 bzw. 883 BGB. erfolgt, daß im Fall der Vereinigung der dem Universitäts-Guthaben vorangehenden Hypothek.......... mit dem Eigentum entweder die Löschung dieser Hypothek.......... bewirkt oder doch auf eine Rangeinräumung verzichtet wird.

IV. außer einer den vorstehenden Bedingungen entsprechenden notariellen und mit der Vollstreckungsklausel gemäß § 794 Ziffer 5 mit § 739 der Z.-Pr.-O. versehenen Schuldurkunde ein die Eintragung des jetzt bewilligten Fondskapitals ausweisender und nicht vom Tage dieses Eintrags datierter, beglaubigter Grundbuchauszug in Vorlage gebracht wird, wogegen die Erteilung eines Hypothekenbriefes ausgeschlossen ist.

Von gegenwärtiger Entschließung hat das K. U.R.A. unter Rückschluß der anruhenden *4* Gesuchsbelege, nämlich: *1 Grundkataster-Auszug, 2 Brandversicherungs-Urkunden, 1 Grundbuchs-Auszug* dem *Gesuchsteller* mit dem Beifügen Kenntnis zu geben, daß bezüglich des Verzinsungsbeginnes besondere Entschließung für den Fall vorbehalten bleibe, wenn binnen acht Tagen, von Zustellung der Signatur der K. Hauptkasse an gerechnet, die Erklärung abgegeben wird, daß die Auszahlung des Darlehens für einen genau zu bezeichnenden Zeitpunkt **nach** dem .... gewünscht werde.

Der derzeitige Rektor:

Der Referent des K. Verwaltungs-Ausschusses:

Anlage Nr. 9.

Schuldurkunde und Eintragungsbewilligung
für die
Landes-Versicherungsanstalt Württemberg in Stuttgart.

K. Grundbuchamt *Kornwestheim*

Verhandelt den 30. September 1912

Anwesend
Grundbuchbeamter: *stellv. Bezirksnotar Schwarz.*

Vor mir erscheinen heute von Person und als geschäftsfähig bekannt
1. Bapt. Träuble, Karusselbesitzer hier
2. dessen Ehefrau Kreszentia, geb. Kiesle

und erklären mit dem Ersuchen um Beurkundung:

Wir bekennen, daß wir der

Landes-Versicherungsanstalt Württemberg in Stuttgart

ein bares Darlehen von

Mk. *7000*

mit Worten *Siebentausend Mark* schuldig geworden sind.

Die Bedingungen, unter welchen wir dieses Darlehen erhalten und zu deren pünktlicher Erfüllung wir als Gesamtschuldner uns verpflichten, sind folgende:

1. Das Darlehen ist mit *3,5* Prozent für das Jahr zu verzinsen und der Zins jährlich je am *1 Oktober* erstmals am *1. Oktober 1913* kostenfrei in Stuttgart zu entrichten.
2. Das Darlehen ist in *35* gleichbleibenden, Zins und Tilgungsbetrag in sich schließenden Jahresrenten von *350* Mk. wieder zurückzuzahlen. Die erste Jahresrente verfällt am *1. Oktober 1913.*

   Die Landes-Versicherungsanstalt entbindet aber die Darlehensnehmer von der Entrichtung der Tilgung, solange und insoweit etwa die Rückerstattung des dargeliehenen Kapitals oder eines Teils desselben durch eine mit Zustimmung der Landes-Versicherungsanstalt abgeschlossene, in ausreichender Form sichergestellte Lebensversicherung gewährleistet ist. Kommt bei Eintritt des Versicherungsfalles die Versicherungssumme planmäßig zur Auszahlung an die Landes-Versicherungsanstalt, so erlischt ihre Forderung gegenüber den Darlehensnehmern in Höhe des zur Auszahlung kommenden Betrages. Die Schuldner verpflichten sich, denjenigen Rest des Darlehens, der bei Auszahlung der Versicherungssumme etwa noch verbleibt oder der bei vorzeitiger Auflösung des Versicherungsverhältnisses nicht durch Rückkauf oder durch Umwandlung der bestehenden Versicherung in eine prämienfreie gedeckt ist, in der in Absatz 1 bezeichneten Weise durch Entrichtung einer aus der ursprünglichen Darlehenssumme berechneten Jahresrente zu tilgen. Es sind dann also von dem nächstfolgenden Fälligkeitstermine bis zur völligen Abtragung des Darlehensrestes jährlich an Zinsen und an Tilgungsbetrag zusammen *350* Mk. zu entrichten.

Beiden Teilen steht außerdem das Recht der 1/4jährlichen Kündigung zu. Von demselben wird die Gläubigerin in der Regel keinen Gebrauch machen, solange das Versicherungsverhältnis zur Anstalt fortbesteht, den in § 2 ihrer Darlehensgrundsätze*) bezeichneten Anforderungen genügt wird und außerdem die Zahlungen von Zins und Tilgungsbetrag pünktlich erfolgen.

Den Schuldnern ist überdies gestattet, ohne vorherige Kündigung auf den 15. jeden Monats außerordentliche Kapitalrückzahlungen in runden Summen von mindestens 100 Mk. an zu machen. Erfolgen solche Rückzahlungen nach diesem Zeitpunkt, so treten sie erst mit dem 15. des nächsten Monats außer Verzinsung.

3. Falls die Schuldner mit der Rentenzahlung oder der Rückzahlung des gekündigten Kapitals um mehr als einen Monat über den Verfalltermin in Verzug kommen, ist aus dem jeweils noch bestehenden Darlehen für das betreffende Jahr 1/2 Prozent weiter an Zins zu bezahlen, also *4* Prozent statt *3,5* Prozent.
4. Unterbrechen die Schuldner die regelmäßigen Zahlungen durch außerordentliche Abzahlungen, so sind vorbehältlich anderweitiger Vereinbarung auch für die Folge die gleichen Rentenbeträge unter entsprechender Verminderung der Rentenjahre insolange fortzuentrichten, bis das Restkapital vollständig getilgt ist.
5. Alle Zahlungen sind an die Landes-Versicherungsanstalt kostenlos in Reichswährung zu leisten, entweder durch bare Einzahlung an ihre eigene Kasse in Stuttgart oder durch Einzahlung auf ihr Girokonto bei der Allgemeinen Rentenanstalt in Stuttgart oder auf ihr Girokonto Nr. 148 bei der Städtischen Sparkasse Stuttgart oder auf ihr Postscheckkonto Nr. 1161.
6. Die Landes-Versicherungsanstalt hat das Recht, zu jeder Zeit von dem Zustand der belasteten Grundstücke Einsicht zu nehmen oder durch einen Bevollmächtigten nehmen zu lassen; die Schuldner sind verpflichtet, ihr auf Verlangen die nötigen Belege hierüber an die Hand zu geben.
7. Die Landesversicherungsanstalt hat das Recht, außer den gesetzlich zulässigen Fällen, die sofortige Heimzahlung des ganzen Kapitals ohne Einhaltung einer Kündigungsfrist zu verlangen, wenn:
   a) die Schuldner mit der Rentenzahlung länger als einen Monat nach Verfall im Rückstand bleiben;
   b) die Zwangsverwaltung oder Zwangsversteigerung der belasteten Grundstücke oder eines Teils derselben eingeleitet wird;
   c) die Schuldner oder die Grundstückseigentümer oder auch nur einer von ihnen in Konkurs geraten;
   d) die belasteten Grundstücke ganz oder teilweise veräußert werden und wegen Regelung der Hypothek mit der Landes-Versicherungsanstalt ein Abkommen nicht getroffen wird;
   e) die Rechtsgültigkeit oder der Rang der Hypothek bestritten wird;
   f) eine so bedeutende Verminderung des Wertes der belasteten Grundstücke eingetreten ist, daß selbst nach Abzug etwa gemachter Kapitalrückzahlungen eine den ursprünglichen Darlehensbedingungen entsprechende Sicherheit nicht mehr besteht und endlich
   g) wenn die Versicherung der belasteten Gebäude nebst Zubehörden gegen Feuersgefahr aufgehoben oder vermindert wird.
8. Wir unterwerfen uns bezüglich der vorbezeichneten Darlehensschuld und der daraus zu entrichtenden Zinsen bei eintretender Fälligkeit des

*) Dieser § 2 hat folgenden Wortlaut:
„Die zu bewohnenden Wohngebäude müssen nach Lage und baulicher Beschaffenheit, nach der Zahl und Größe der Räume usw. den Anforderungen genügen, welche im Interesse der Gesundheit und Sittlichkeit der Bewohner in Gemäßheit des § 5 der Verfügung des Ministeriums des Innern über die Wohnungsaufsicht vom 21. Mai 1901 (Reg.-Bl. S. 131) und der nach § 6 dieser Verfügung zu Recht bestehenden weitergehenden bezirks- oder ortspolizeilichen Vorschriften zu stellen sind."

Kapitals oder der Zinsen der sofortigen Zwangsvollstreckung in unser gesamtes Vermögen und insbesondere bezüglich der belasteten Grundstücke in der Weise, daß die Zwangsvollstreckung aus dieser Urkunde in Ansehung der Hypothek auch gegen den jeweiligen Eigentümer der Grundstücke zulässig sein soll.

Ich, der Ehemann, erkläre im voraus, daß ich die Zwangsvollstreckung in das meiner Verwaltung und Nutznießung unterliegende Vermögen meiner Ehefrau dulde.

9. Als Grundstückseigentümer ermächtigen wir die Landes-Versicherungsanstalt Württemberg, in unserem Namen die Löschung der mittels des neuen Darlehens zur Abzahlung kommenden Vorhypotheken zu beantragen und zu bewilligen, insbesondere aber auch zur Sicherung des Anspruchs auf Löschung eine Vormerkung in das Grundbuch eintragen zu lassen (§ 1179 des Bürgerl. Gesetzbuchs).

10. Für ihre vorbezeichneten Ansprüche bestellen wir der Landes-Versicherungsanstalt **unter Ausschluß der Erteilung eines Hypothekenbriefs** eine Hypothek an nachstehendem Grundstück mit der Verpflichtung, der Landes-Versicherungsanstalt die unbedingt erste Stelle zu verschaffen

Grundbuchhauptnummer 1652 Abt. 1 Nr. 1 Holzgrundstrasse

Gebäude 19	*Wohnhaus und Hofraum*	*95 qm*
Plan Nr. 4229/1	*Gemüsegarten*	*65 qm*
		1 a 60 qm

Wir beantragen:

a) die **Buchhypothek** an nächst offener Stelle, sowie die Unterwerfung unter die sofortige Zwangsvollstreckung in das Grundbuch einzutragen;

b) auf Grund der übergebenen Urkunde den vom Gemeinderat festgestellten Schätzungswert der Grundstücke im Grundbuch und im Zeugnis zu vermerken, die Schätzungsurkunde aber der Landes-Versicherungsanstalt wieder zurückzugeben;

c) der Landes-Versicherungsanstalt ein Zeugnis*) über die erfolgte Eintragung der Hypothek, sowie eine vollständige Ausfertigung gegenwärtiger Urkunde, welche zugleich die Schuldurkunde im Sinne des § 58 der Grundbuchordnung bildet, zu erteilen und hinsichtlich der jeweils fälligen Zinsen und Tilgungsbeträge für vollstreckbar zu erklären.

Auf Benachrichtigung im Sinne des § 55 der Grundbuchordnung verzichten wir.

d) Von dem Grundst. Pl.-Nr. 1652 Nr. 1 die Pl.-Nr. 4229 Straßenplatz — 24 qm abzuschreiben und als selbständiges Grundstück einzutragen. Gemäß der Bestimmung in Z. 9 weisen wir die Gläubigerin an, mit dem neuen Darlehen die Buchhypothek des *Adolf Glöckler*, Kaufmann in Eßlingen im Betrage von 7000 Mk. abzulösen und die Löschung desselben zu bewirken. Wir stimmen dieser Löschung im voraus zu, und verzichten auch hier auf Bekanntmachung.

Vorgelesen, genehmigt und eigenhändig unterschrieben

gez. Bapt. Träuble *gez. Kresz. Träuble*

gez. Schwarz.

Ausgefertigt von der Landes-Versicherungsanstalt Württemberg in Beziehung auf die jeweils fälligen Zinsen und Kapitalrenten zum Zwecke der Zwangsvollstreckung erteilt.

Kornwestheim, 1. Oktober 1912 K. Grundbuchamt.

gez. Schwarz.

(Siegel)

---

*) Auf Seite 1 des amtlichen Formulars des Grundbuch-Zeugnisses kann der Vordruck: „Aus den Grundakten" bis „ist bezahlbar" gestrichen werden.

Für die Hypothek haften folgende Grundstücke:

Gebäude und Platz Nr.	Kartennummer	ha	a	qm	Wo gelegen?	Wertangaben
Gebäude Nr. 19	12			95	Holzgrundstraße Wohnhaus	Gemeinderätliche Schätzung vom 11. Sept. 1912
Plan Nr. 4229/1				65	Gemüsegarten	
			1	60		Mk. 14000.—

Entwurf.

Den *10. August* 1912.

1. **Schreiben der Kasse** an

Beilagen: ....

Herrn Bapt. Träuble, Karusselbesitzer

in

Kornwestheim

Auf das Schreiben vom *6. Aug.*

Sie ....

beabsichtigen, ein *Wohnhaus mit kleinem Stallgebäude* zu erbauen und zur Bezahlung der Baukosten nach Erstellung des Gebäudes von der Versicherungsanstalt ein Darlehen aufzunehmen.

Die uns von *Ihnen* eingesandten Baupläne haben wir der bei der K. Zentralstelle für Gewerbe und Handel bestehenden Beratungsstelle für das Baugewerbe zur Prüfung übergeben. Die Beratungsstelle will durch diese Prüfung auf eine zweckmäßige Bauweise und Grundrißanordnung, sowie auf die Erzielung heimischer Formen unter möglichster Anlehnung an den vorhandenen Plan hinwirken; dabei nimmt sie nötigenfalls eine Überarbeitung der Pläne vor.

Die von der Beratungsstelle zu den Bauplänen gemachten Abänderungsvorschläge sind in der Beilage aufgeführt und in Zeichnungen, welche den wieder zurückfolgenden überarbeiteten Plänen beiliegen, dargestellt. Die Ausführung der vorgeschlagenen Verbesserungen möchten wir dringend empfehlen. Nach der Ansicht der Beratungsstelle dürften damit keine erheblichen Mehrkosten verbunden sein.

Wir bitten, uns in **Bälde** mitzuteilen, ob Sie *nunmehr* bereit sind, den Abänderungsvorschlägen der Beratungsstelle Rechnung zu tragen oder aus welchen Gründen Sie die Ausführung unterlassen wollen.

Auch bitten wir um Mitteilung darüber, ob Sie ein Wohnhaus bisher schon besessen haben.

Unsere Entscheidung über die Darlehensfrage bleibt vorläufig ausgesetzt.

2. **Termin notieren.**

Anlage Nr. 9 a.

Nr. ....
(Dieselbe wolle bei Mitteilungen zur Sache angegeben werden).

München, den .... 19....
(Holbeinstr. Nr. 11)

Landesversicherungsanstalt Oberbayern.

An

....

....

....

....

....

Betreff:

Darlehensgesuch.

Beilagen:

1 Kaufvertragsausfertigung,
1 Grundsteuerkatasterauszug,
1 Messungsverzeichnisauszug,
1 Brandversicherungsurkunde,

....

....

....

....

....

....

Der Vorstand hat beschlossen ....

....

....

....

....

....

....

....

ein Hypothekdarlehen von .... Mk.

(m. W. .... Mark)

unter folgenden Bedingungen und Vorbehalten zu gewähren:

1) Das Darlehen ist vom Tage der Hingabe an jährlich mit *4* vom Hundert zu verzinsen und mit *1* vom Hundert unter Hinzurechnung der jeweiligen Zinsersparnisse zu tilgen. Die erste Tilgungsrate ist

am .... 19..... zu entrichten.

....

....

2) Das Darlehen ist nach vorgängiger halbjähriger, beiden Teilen jederzeit freistehender Kündigung bar und kostenfrei zurückzuzahlen.

Die Landesversicherungsanstalt behält sich, abgesehen von den gesetzlichen Fälligkeitsgründen, das Recht vor, das Darlehen jederzeit ganz oder teilweise ohne Kündigung sofort zur Rückzahlung zu verlangen, wenn

a) eine Änderung in der Zweckbestimmung des belehnten Besitztums eintritt, oder
b) der Wert desselben sich dermaßen verringert, daß die bei der Belehnung angenommene Sicherheit zweifelhaft erscheint, oder
c) ein Besitzwechsel oder auch nur eine teilweise Veräußerung des Pfandbesitztums erfolgt, oder
d) über das letztere oder einen Teil desselben auf Betreiben der Landesversicherungsanstalt oder eines Dritten das Zwangsverwaltungs- oder Zwangsversteigerungsverfahren eingeleitet oder über das Vermögen der Schuldner oder Pfandanwesensbesitzer das Konkursverfahren eröffnet wird, oder
e) Zinsen und Tilgungsraten nicht rechtzeitig abgeführt werden.

Solange von der beiderseitigen halbjährigen Kündigungsbefugnis oder von dem Rechte der Landesversicherungsanstalt, die sofortige Darlehensheimzahlung ohne Kündigung zu verlangen, kein Gebrauch gemacht wird, ist für die Verzinsung und Tilgung des Darlehens der .... einer Nachtragsurkunde zu der zu errichtenden notariellen Schuld- und Hypothekbestellungsurkunde als wesentlicher Bestandteil einzuverleibende **Schuldentilgungsplan**, welchem die in Ziffer 1 bezeichnete Verzinsung und Tilgung sowie halbjährige Zahlungstermine — 1. Juni und 1. Dezember — zugrunde zu legen sind, maßgebend.

Durch die Verpflichtung zur Darlehenstilgung nach Maßgabe des ebenerwähnten Tilgungsplanes wird das Recht der Landesversicherungsanstalt, unter Umständen die sofortige Darlehensheimzahlung ohne Kündigung zu verlangen und das Recht der beiderseitigen halbjährigen Kapitalskündigung in keiner Weise beeinträchtigt. Der Tilgungsplan hat vielmehr für die Verzinsung und Tilgung des Darlehens nur solange Geltung, als von dem der Landesversicherungsanstalt eingeräumten Rechte, die sofortige Darlehensheimzahlung ohne Kündigung zu verlangen oder von dem beiden Teilen zustehenden halbjährigen Kündigungsrechte kein Gebrauch gemacht wird.

Da der Tilgungsplan zur Vermeidung einer Verzögerung der Darlehensauszahlung einer **Nachtrags**urkunde zur Schuld- und Hypothekbestellungsurkunde einverleibt werden soll, hat der Schuldner in der letzteren seine Verpflichtung zur nachträglichen Tilgungsplaneinverleibung ausdrücklich anzuerkennen.

3) Die Zinsen und Tilgungsraten sind jeweils **pünktlich** am **1. Juni** und **1. Dezember** an die **K. Filialbank dahier**, Promenadestraße Nr. 1, mit der Angabe, daß das Geld für die Landesversicherungsanstalt Oberbayern gehört, **kostenfrei** einzusenden. Bei Einzahlung mittelst Postschecks oder Zahlkarte sind auch die dem Geldempfänger hiedurch erwachsenden Gebühren gleichzeitig miteinzusenden. Bei nicht rechtzeitiger Einzahlung ist — unbeschadet des oben in Ziffer 2 erwähnten Rechtes der Landesversicherungsanstalt, die sofortige Kapitalsheimzahlung ohne Kündigung zu verlangen — als Vergütung für den der Landesversicherungsanstalt durch die verspätete Einzahlung zugehenden Schaden ein Bauschbetrag von 2 ½ vom Hundert aus dem fälligen Betrage für die Zeit vom Fälligkeits- bis zum Einzahlungstage mitzuentrichten.

....

....

4) Für das Darlehen in Haupt- und Nebensache hat Schuldner durch Errichtung einer **Buchhypothek** an **ausschließend erster** .... **Rangstelle** das Besitztum ....

....

....

....

....

nebst den Kraft gesetzlicher Vorschrift mithaftenden Werten zu verpfänden.

Die Bildung eines Hypothekenbriefes soll ausgeschlossen sein ....

....

....

Das zu verpfändende, hinsichtlich der Gebäulichkeiten z. Zt. mit .... Mk. gegen Brandschaden versicherte Besitztum ist in der Schuld- und Hypothekbestellungsurkunde, in welcher auch die Brandversicherungssumme vorzumerken ist, genau zu beschreiben. Die Brandversicherungssumme darf ohne Zustimmung der Landesversicherungsanstalt Oberbayern nicht verringert werden.

....

....

5) Zur Sicherung von nicht bevorzugten Zinsen, Kosten und Schäden ist aus dem bewilligten Darlehen eine **Sicherungshypothek** bis zum Höchstbetrage **von zehn** vom Hundert im Gleichrange mit der Haupthypothek zu errichten.

6) Im Falle des gänzlichen oder teilweisen Erlöschens der Forderungen der Landesversicherungsanstalt sowohl hinsichtlich der Haupthypothek als auch hinsichtlich der Sicherungshypothek sind die durch die Vereinigung der Hypotheken mit dem Eigentume in einer Person entstehenden **Eigentümerhypotheken** im Grundbuche löschen zu lassen und ist diese Bestimmung in demselben vorzumerken.

7) Schuldner hat sich wegen seiner Verbindlichkeiten gegenüber der Landesversicherungsanstalt und zwar sowohl hinsichtlich des Kapitals als auch hinsichtlich der jeweils fälligen Zinsen und Tilgungsraten der **sofortigen Zwangsvollstreckung** und zwar nicht nur persönlich, sondern auch in Ansehung der Hypotheken in der Weise zu unterwerfen, daß die Zwangsvollstreckung aus der zu errichtenden Schuld- und Hypothekbestellungsurkunde gegen die jeweiligen Eigentümer des zu verpfändenden Besitztums zulässig sein soll.

Da nach den vorliegenden Urkunden der K. Versicherungskammer, Abt. für Brandversicherung, die zu verpfändenden Gebäulichkeiten .... in **vorläufiger** Weise nur bis **30. September 19**... gegen Brandschaden versichert sind, hat Schuldner sich zu verpflichten, **so bald wie möglich, spätestens aber bis** .... **19**.... der Landesversicherungsanstalt den Nachweis über die **endgültige** Versicherung der betreffenden Gebäulichkeiten durch Vorlage der neuausgestellten Brandversicherungs-Urkunden zu erbringen.

....

....

8) Schuldner hat sich zu verpflichten, der Landesversicherungsanstalt jeweils die Geschäfts- und Rechenschaftsberichte sowie in beglaubigter Abschrift die Berichte über die sämtlichen mindestens alle 2 Jahre stattfindenden Prüfungen der Einrichtungen der Genossenschaft und deren Geschäftsführung vorzulegen.

Die auf die Beurkundung des Schuldbekenntnisses und der Hypothekbestellung usw. erwachsenden Kosten hat **Schuldner** zu tragen.

10) Sämtliche vorstehende Bedingungen und Vorbehalte sind in die zu errichtende Schuld- und Hypothekbestellungsurkunde aufzunehmen.

In der letzteren ist auch zu beantragen, daß die **wesentlichen** Punkte der Eintragung ins Grundbuch in der grundbuchamtlichen Eintragungsbestätigung **einzeln** bezeichnet werden und daß in letzterer ausdrücklich festgestellt wird, daß

....

....

....

keinerlei Hypotheken oder Dienstbarkeiten oder sonstige Rechte Dritter den Hypotheken der Landesversicherungsanstalt im Range vorgehen oder gleichstehen.

11) Wegen Aufstellung des Schuldentilgungsplanes und Einverleibung desselben in die zu errichtende Nachtragsurkunde wird noch besondere Mitteilung ergehen.

....

....

12) Die Auszahlung des Darlehensbetrages erfolgt nach Vorlage einer den gestellten Bedingungen entsprechenden vollstreckbaren Ausfertigung der gerichtlich vollzogenen Schuld- und Verpfändungsurkunde nach Maßgabe der jeweils verfügbaren Barmittel.

....

....

....

13) Gegenwärtiges Schreiben samt Beilagen ist dem beurkundenden K. Notar vor Errichtung der Schuld- und Hypothekbestellungsurkunde zur Einsichtnahme vorzulegen.

Anlage Nr. 10.

Geschehen am..

Darlehens-Vertrag.

Zwischen

1. der Firma Daimler-Motoren-Gesellschaft, AG. in Stuttgart-Untertürkheim, vertreten durch
2. Herrn Dr. Robert Bosch, Fabrikant in Stuttgart, und
3. der Gartenstadt „Eigenes Heim", Gemeinnützigen Einfamilienhäuser-Baugenossenschaft, Sitz Cannstatt, e. G. m. b. H., vertreten durch die Vorstandsmitglieder

wird heute nachstehender Darlehensvertrag abgeschlossen:

Die Gartenstadt „Eigenes Heim", Gemeinnützige Einfamilienhäuser-Baugenossenschaft, Sitz Cannstatt, e. G. m. b. H., errichtet auf ihrem auf Markung Untertürkheim gelegenen Baugelände die Einfamilienhäuser-Kolonie „Luginsland" für Minderbemittelte.

Die I Bauserie mit 55 Häusern und die II. Bauserie mit 33 Häusern ist 1913 erstellt und bezogen worden; die III. Serie mit 22 Häusern ist im Bau und soll bis 1. Oktober 1914 bezugsfertig sein. Der Meßgehalt der III. Serie beträgt 39 a und 42 qm. Der Rest des Gesamtareals mit 3 ha 71 a 83 qm bleibt zunächst noch unüberbaut.

Für den Ausbau der III. Bauserie stehen zur Deckung des Gesamtaufwands von etwa 240 000 Mk. zur Verfügung:

a) Anzahlungen der Hausanwärter mit 15 % des Grundwerts und Bauaufwands;
b) Hypothekendarlehen der Versicherungsanstalt Württemberg (gegen Bürgschaft der Stadtgemeinde Stuttgart) in Höhe von 75 % des amtlichen Schätzungswerts der III. Bauserie.

Sodann entfallen von den laut Darlehensvertrag vom **1./6. September 1913** verwilligten Hypothekendarlehen der Firma Daimler-Motoren-Gesellschaft in Untertürkheim von 110 000 Mk. und des Herrn Dr. Robert Bosch in Stuttgart von 55 000 Mk., welche auf dem seither unüberbauten Areal sichergestellt sind, auf die III Bauserie 7000 Mk. und 3500 Mk., zusammen 10 500 Mk

Außerdem gewährt die Firma Daimler-Motoren-Gesellschaft AG. in Untertürkheim der Baugenossenschaft für die III. Bauserie ein Darlehen von 5 % des amtlichen Schätzungswerts der 22 Häuser mit Einschluß des Grund und Bodens; wird der oben als voraussichtlicher Aufwand genannte Betrag von 240 000 Mk. bei der amtlichen Schätzung erreicht, so würde dieses Darlehen 12 000 Mk betragen.

Für sämtliche auf die Bauserie entfallende Darlehensbeträge gelten in Anwendung des Darlehensvertrags vom **1./6. September 1913** folgende

Bestimmungen:

1. Die Ausbezahlung des neuen Darlehens der Daimler-Motoren-Gesellschaft in Untertürkheim von voraussichtlich 12 000 Mk. erfolgt gegen Eintragung der in Ziff. 8 bewilligten Sicherungshypothek im Grundbuch auf Grund einer von der Stadtgemeinde Stuttgart bzw. dem städtischen Hochbauamt auszustellenden Anweisung.

2. Die Darlehen sind mit 3,5 % für das Jahr zu verzinsen und der Zins einhalbjährlich je am 30. Juni und 31. Dezember, erstmals am 31. Dezember 1914, kostenfrei zu entrichten.

3. Die Tilgung der Darlehen erfolgt innerhalb 30 Jahren in gleichbleibenden, Zins- und Kapitalrate in sich schließenden Jahresrenten. Ihre Höhe und der Zeitpunkt des erstmaligen Verfalls wird später noch festgestellt werden.

4. Der Genossenschaft wird gestattet, ohne vorherige Kündigung außerordentliche Kapitalrückzahlungen zu machen.

Unterbricht die Genossenschaft die nach Ziff. 3 bestehenden regelmäßigen Tilgungen durch außerordentliche Abzahlungen, so sind vorbehältlich anderweitiger Vereinbarung auch für die Folge die gleichen Rentenbeträge unter entsprechender Verminderung der Rentenjahre insolange fortzuentrichten, bis das Restkapital vollständig getilgt ist.

5. Alle Zahlungen sind an die Gläubiger kostenlos in Reichswährung zu leisten.

6. Die Darlehen können von den Gläubigern bis **1. Januar 1924** der Genossenschaft nicht gekündigt werden.

Vom 1. Januar 1924 an, also erstmals auf 1. Juli 1924, steht den Gläubigern ein 1/2 jährliches Kündigungsrecht zu. Von demselben werden sie jedoch gleich der Versicherungsanstalt Württemberg, voraussichtlich keinen Gebrauch machen, solange die Zahlungen von Zins- und Kapitalraten pünktlich erfolgen.

7. Für die seitherigen Darlehen der Gläubiger von 110 000 Mk. und 55 000 Mk. sind auf dem im Grundbuch von Untertürkheim Heft Nr. 2137 Abt. P Nr. 1, 4, 5, 7, 8, 10, 11, 13, 16, 23, 24 eingetragenen Grundstücken der Genossenschaft Parz. Nr. 1815/1, 1815/2, 1815/3, Gebäude Nr. 143, Parz. Nr. 1952/3, 1819, 1915/2, 1933, 1820, 1932/1, 1936 und 1854/13 im Meßgehalt von zusammen 8 ha 04 ar 06 qm am 29. September 1913 Hypotheken mit unter sich gleichen Rang bestellt worden und zwar nach Abt. III Nr. 18 für die Firma Daimler-Motoren-Gesellschaft AG. in Untertürkheim eine Hypothek im Betrage von 110 000 Mk. und nach Abt. III Nr. 19 für Herrn Dr. Robert Bosch, Fabrikant in Stuttgart eine Hypothek im Betrage von 55 000 Mk.

Von den belasteten Grundstücken ist der gesamte Straßenplatz einschließlich der öffentlichen Plätze an die Stadtgemeinde Stuttgart zu Eigentum abgetreten worden, auch sind bzw. werden die Grundstücke, wie eingangs erwähnt, mit den 22 Häusern der III. Bauserie teilweise überbaut. Die Grundstücke sind deshalb neu vermessen worden. Nach der Meßurkunde des Katastergeometers Wöhrwag in Untertürkheim vom 21. Juli 1914 sind nun

a) Grundstücke der III. Bauserie:

Fellbacherstraße

Parz. Nr. 1829/8 2 a 48 qm, Parz. Nr. 1829/9 1 a 32 qm
" " 1829/10 2 a 56 qm.

Barbarossastraße

Parz. Nr.	1817/4	2 a	26 qm,	Parz. Nr.	1817/5	2 a	39 qm
" "	1817/6	2 "	56 "	" "	1817/7	1 "	99 "
" "	1817/8	1 "	81 "				

Goldbergstraße

Parz. Nr. 1832/1 1 a 91 qm, Parz. Nr. 1832/2 1 a 97 qm

Konradstraße

Parz. Nr.	1833/11	2 a	23 qm,	Parz. Nr.	1833/12	1 a	14 qm
" "	1833/13	1 "	59 "	" "	1843/1	1 "	99 "
" "	1843/2	1 "	01 "	" "	1843/3	1 "	63 "
" "	1844/1	1 "	63 "	" "	1844/2	1 "	46 "
" "	1849/1	1 "	46 "	" "	1849/2	1 "	— "
" "	1849/3	1 "	— "	" "	1849/4	1 "	53 "

im Meßgehalt von zusammen 39 a 42 qm.

b) Grundstücke, welche vorerst unüberbaut bleiben:

im Flohberg

Parz. Nr.	1827	36 a	82 qm,	Parz. Nr.	1815	51 a	38 qm
" "	1833/14	12 "	73 "	" "	1833/10	10 "	72 "
" "	1839	77 "	39 "	" "	1844/3	64 "	41 "

Hiezu kommen die im Grundbuch von Untertürkheim Heft 2137 Abt. I Nr. 1, 5, 7, 8, 16, 119, 120, 132, 124, 127, 128, 129, 130, 10, 23 eingetragenen Grundstücke der Genossenschaft, nämlich:

im Flohberg

Parz.	Nr.	1952/3	2	a	01	qm,	Parz.	Nr.	1915/2	12	a	92	qm
„	„	1933	2	„	79	„	„	„	1936	4	„	80	„
„	„	1932/1	3	„	79	„	„	„	1812	14	„	73	„
„	„	1813	36	„	14	„	„	„	1820	50	„	93	„
„	„	1835	50	„	51	„	„	„	1850	20	„	—	„
„	„	1854	13	„	68	„	„	„	1860	46	„	19	„
„	„	1864	34	„	37	„	„	„	Gebäude Nr. 15 a				

Goldbergstraße 1 a 07 qm Gebäude Nr. 143 Fellbacherstraße 4 a 47 qm im Meßgehalt von zusammen 5 ha 71 a 83 qm.

Die Gläubiger verteilen ihre Forderungen von 110 000 Mk. und 55 000 Mk. in der Weise, daß künftig ausschließlich haften:

die Grundstücke lit. a

für die Daimler-Motoren-Gesellschaft, AG. in Untertürkheim für . 7000 Mk.
für Herrn Dr. Robert Bosch, Fabrikant in Stuttgart für je . . . 3500 Mk.

die Grundstücke lit. b

für die Daimler-Motoren-Gesellschaft, AG. in Untertürkheim für 103 000 Mk.
für Herrn Dr. Robert Bosch, Fabrikant in Stuttgart für . . . 51 500 Mk.

Die Gläubiger bewilligen und die Genossenschaft beantragt die Eintragung der Hypothekenteilung im Grundbuch.

8. Die Baugenossenschaft bewilligt und beantragt zur vorläufigen Sicherung des Darlehens der Daimler-Motoren-Gesellschaft, AG. in Untertürkheim von voraussichtlich 12 000 Mk. die Eintragung einer **Sicherungshypothek** gemäß § 1190 BGB. **im Höchstbetrag von 23 000 Mk.** auf den Grundstücken Ziffer 7 lit. a mit Rang nach der Sicherungshypothek der Versicherungsanstalt Württemberg in Stuttgart im Höchstbetrag von 200 000 Mk.

Die in Ziffer 7 genannten Gläubiger der auf den Grundstücken Ziffer 7 lit. a ruhenden Hypotheken von 7000 Mk. und 3500 Mk., welche gleichen Rang haben, und die Genossenschaft vereinbaren, daß die neue Hypothek von 13 000 Mk. gleichen Rang mit den Hypotheken von 7000 Mk. und 3500 Mk. haben soll; sie beantragen Eintragung der Ranggleichheit im Grundbuch.

Über die erfolgte Hypotheken-Eintragung ist der Gläubigerin ein Zeugnis zu erteilen.

9. Die Gläubiger haben laut Ziff. 6 Abs. 3 des Darlehensvertrags vom 1./6. September 1913 der Genossenschaft gestattet zum Zwecke der Beschaffung der erforderlichen Geldmittel, mit dem Rang vor ihren obengenannten sämtlichen Hypotheken die in Ziffer 7 genannten Grundstücke mit Hypotheken belasten zu dürfen und zwar die Grundstücke lit. a bis zu 80%, die Grundstücke lit. b, wenn und soweit sie überbaut werden und die Beschaffung der Geldmittel bis zu 80% des amtlichen Schätzungswerts der zu errichtenden Anwesen (Gebäude) gesichert ist, ebenfalls bis zu 80%, soweit sie **unüberbaut** bleiben, bis zu 50% ihres festzustellenden amtlichen Schätzungswerts.

Insolange als der amtliche Schätzungswert der Grundstücke lit. a noch nicht festgestellt ist bzw. festgestellt werden kann, räumen die Gläubiger der Genossenschaft das Recht ein, auf den Grundstücken lit. a zur vorläufigen Sicherung des von der Versicherungsanstalt Württemberg in Stuttgart der Genossenschaft gewährten Darlehens von voraussichtlich 180 000 Mk. eine Sicherungshypothek gemäß § 1190 BGB. im Höchstbetrag von 200 000 Mk. mit Rang vor ihren obengenannten sämtlichen Hypotheken von 7000 Mk., 3500 Mk. und 13 000 Mk. bestellen zu dürfen.

Außerdem hat die Genossenschaft laut Ziffer 6 Abs. 5 des Darlehensvertrags vom 1./6. September 1913 das Recht, mit dem Rang vor den sämtlichen Hypotheken der Gläubiger im Grundbuch eintragen zu lassen: das von den Eigenheimserwerbern der Genossenschaft einzuräumende dingliche Vorkaufsrecht und die Vormerkung des durch die Ausübung des Wiederkaufsrechts entstehenden Anspruchs der Genossenschaft auf Eigentumsübertragung, sowie das von den Eigenheimerwerbern der Stadtgemeinde Stuttgart zu bewilligende dingliche Vorkaufsrecht, zu dessen Einräumung durch die Eigenheimerwerber die Genossenschaft der Stadtgemeinde gegenüber verpflichtet ist. Die Eintragung im Grundbuch ist am 29. September 1913 erfolgt.

Die Genossenschaft bewilligt und beantragt weiter bei den sämtlichen Hypotheken, welche nach Ziffer 9 Abs. 1 und 2 von ihr vor den Hypotheken der Gläubiger bestellt werden dürfen, zur Sicherung des Anspruchs des jeweiligen Gläubigers der Hypothek von 13000 Mk auf Löschung gemäß § 1179 BGB. eine Vormerkung in das Grundbuch einzutragen.

10. Die Baugenossenschaft ist verpflichtet, alsbald nach Fertigstellung der Gebäude die gemeinderätliche Schätzung der einzelnen Häuser herbeizuführen und nach Empfang der Schätzungsurkunden die Eintragung von Buchhypotheken auf jedes einzelne Gebäude jeweils in Höhe das auf das betreffende Anwesen entfallenden Teil-Darlehensbetrages zu bewilligen und zu beantragen.

Die Einzelbuchhypotheken erhalten den Rang hinter der Hypothek der Versicherungsanstalt Württemberg in Höhe von 75 % des amtlichen Schätzungswertes, dem Vorkaufsrecht und der Vormerkung des Wiederkaufsrechts der Stadtgemeinde Stuttgart. Den Gläubigern ist für jedes Anwesen ein besonderes Hypothekenzeugnis zu übergeben.

11. Sämtliche durch die Vorbereitung, den Abschluß und den Vollzug des gegenwärtigen Vertrags entstehenden Kosten einschließlich aller für die grundbuchamtlichen Eintragungen zu entrichtenden Gerichtsgebühren und sonstigen Kosten hat die Genossenschaft zu tragen.

Vorstehenden Vertrag erkennen hiemit seinem Umfange nach an

Die Gläubiger:

Die Gartenstadt „Eigenes Heim", Gemeinnützige Einfamilienhäuser-Baugenossenschaft, Sitz in Cannstatt, e. G. m. b. H.

Der Vorstand:

Anlage Nr. 10a.

Stuttgart ....

Gesehen am ....

Darlehens- und Bürgschaftsvertrag.

Zwischen

1. Der Versicherungsanstalt Württemberg in Stuttgart, vertreten durch den Vorsitzenden des Vorstands Herrn Präsidenten von Hilbert in Stuttgart,
2. der Stadtgemeinde Stuttgart, vertreten durch .... und
3. der Gartenstadt „Eigenes Heim", Gemeinnützigen Einfamilienhäuser-Baugenossenschaft, Sitz Cannstatt, e.G.m.b.H., vertreten durch die Vorstandsmitglieder die Herren

....

wird heute nachstehender Darlehens- und Bürgschaftsvertrag abgeschlossen:

I. Abschnitt.

Die Gartenstadt „Eigenes Heim" Gemeinnützige Einfamilienhäuser-Baugenossenschaft, Sitz Cannstatt, e.G.m.b.H., errichtet auf ihrem auf Markung Untertürkheim gelegenen Baugelände die Einfamilienhäuser-Kolonie „Luginsland" für Minderbemittelte.

Die I. Bauserie mit 55 Häusern und die II. Bauserie mit 33 Häusern ist 1913 erstellt und bezogen worden. Die III. Bauserie mit 22 Häusern ist in Bau und soll bis 1. Oktober 1914 bezugsfertig sein. Der Meßgehalt der III. Serie ausschließlich Straßenplatz beträgt 39 a 42 qm. Der Rest des Gesamtareals mit 5 ha 71 a 83 qm bleibt zunächst noch unüberbaut.

Für den Ausbau der III. Bauserie stehen zur Deckung des Gesamtaufwands von etwa 240 000 Mk. zur Verfügung:

a) Anzahlungen der Hausanwärter mit 15 % des Grundwerts und Bauaufwands;
b) Hypothekndarlehen der Firma Daimler-Motoren-Gesellschaft AG., in Stuttgart-Untertürkheim in Höhe von 5 % des amtlichen Schätzungswerts der 22 Häuser, also im Betrag von voraussichtlich 12 000 Mk.;
c) von den Hypothekendarlehen des Herrn Dr. Robert Bosch in Stuttgart mit 55 000 Mk. und der Firma Daimler-Motoren-Gesellschaft in Untertürkheim-Stuttgart mit 110 000 Mk., welche auf dem seither unüberbauten Areal sichergestellt sind, hieher 3500 Mk. und 7000 Mk., zusammen 10 500 Mk.

Die Versicherungsanstalt Württemberg in Stuttgart gewährt nun der Baugenossenschaft wie zum Bau der I. und II. Serie so auch zur Errichtung der III. Bauserie ein Darlehen von 75 % ihres amtlichen Schätzungswertes mit Einschluß des Grund und Bodens; wird der oben als voraussichtlicher Aufwand genannte Betrag von 240 000 Mk. bei der amtlichen Schätzung erreicht, so würde dieses Darlehen 180 000 Mk. betragen.

Die Genossenschaft anerkennt, an diesem Darlehen den Betrag von 15 200 Mk. bereits dadurch erhalten zu haben, daß das von der Versicherungsanstalt der Genossenschaft auf das unüberbaute Gelände früher gewährte Darlehen von 237 000 Mk. im Teilbetrag von 15 200 Mk. auf das neue Darlehen verrechnet wird

Für dieses neue Darlehen gelten die gleichen

Bestimmungen

wie sie durch den Darlehens- und Bürgschaftsvertrag vom 6. September 1913 für das Darlehen für die I. und II. Bauserie festgelegt worden sind, nämlich folgende:

1. Die Ausbezahlung des Darlehens erfolgt gegen Eintragung der in Ziffer 8 bewilligten Sicherungshypothek im Grundbuch und gegen die in Abschnitt II dieses Vertrags enthaltene Bürgschaftsleistung der Stadtgemeinde Stuttgart und zwar ausnahmsweise schon während der Bauzeit in Raten nach Maßgabe der verfügbaren Mittel der Versicherungsanstalt. Die Versicherungsanstalt verpflichtet sich, die Ausbezahlung bis zur Fertigstellung der Häuser nur auf Grund der von der Stadtgemeinde Stuttgart bzw. dem städt. Hochbauamt nach Maßgabe des Fortschritts der Bauten auszustellenden Anweisungen vorzunehmen (s. auch Abschnitt II Ziffer 3).

2. Das Darlehen ist mit 3,5 % für das Jahr, die einzelnen Teilzahlungen je vom Tage der Ausbezahlung an zu verzinsen und der Zins halbjährlich je am 30. Juni und 31. Dezember, erstmals am 31. Dezember 1914 kostenfrei zu entrichten.

3. Das Darlehen ist innerhalb 46 Jahren in gleichbleibenden Zins- und Kapitalrente in sich schließenden Halbjahresrenten zurückzubezahlen, wobei die bezahlten Kapitalraten halbjährlich an Kapital abgeschrieben werden. Der Zeitpunkt des erstmaligen Verfalls der Halbjahresrenten und ihre Höhe wird später noch festgestellt werden.

Beiden Teilen steht außerdem das Recht der vierteljährlichen Kündigung zu. Von demselben wird die Versicherungsanstalt in der Regel keinen Gebrauch machen, solange die Zahlungen von Zins- und Kapitalraten pünktlich erfolgen, die Eigentümer oder Mieter der erbauten Häuser vorherrschend Versicherte der Versicherungsanstalt sind und den Anforderungen genügt wird, welche an die Wohngebäude nach Lage und baulicher Beschaffenheit, nach der Zahl und Größe der Räume usw. im Interesse der Gesundheit und Sittlichkeit der Bewohner in Gemäßheit des § 3 der Verfügung des Ministeriums des Innern über die Wohnungsaufsicht vom 21. Mai 1901 (Reg.-Bl. S. 131) und der nach § 6 dieser Verfügung zu Recht bestehenden weitergehenden bezirks- oder ortspolizeilichen Vorschriften sowie nach den beigehefteten Darstellungsgrundsätzen der Versicherungsanstalt zu stellen sind.

Der Genossenschaft wird überdies gestattet, ohne vorherige Kündigung auf den 15. jeden Monats außerordentliche Kapitalrückzahlungen in runden Summen von mindestens 100 Mk. bis höchstens 10000 Mk. zu machen. Erfolgen solche Rückzahlungen nach diesem Zeitpunkt, so treten sie erst mit dem 15. des nächsten Monats außer Verzinsung.

4. Falls die Genossenschaft mit der Rentenzahlung oder der Rückzahlung des gekündigten Kapitals um mehr als 1 Monat über den Verfalltermin in Verzug kommen sollte, ist aus den jeweils noch bestehenden Darlehen für das betreffende Halbjahr ½ % weiter an Zins zu bezahlen, also 4 % statt 3,5 %.

5. Unterbricht die Genossenschaft die regelmäßigen Zahlungen durch außerordentliche Abzahlungen, so sind vorbehältlich anderweitiger Vereinbarung auch für die Folge die gleichen Rentenbeträge unter entsprechender Verminderung der Rentenjahre insolange fortzuentrichten, bis das Restkapital vollständig getilgt ist.

6. Alle Zahlungen sind an die Versicherungsanstalt kostenlos in Reichswährung zu leisten, entweder durch bare Einzahlung an ihre eigene Kasse oder durch Einzahlung auf ihr Girokonto bei der allgemeinen Rentenanstalt in Stuttgart oder auf ihr Postscheckkonto Stuttgart Nr 1161.

7. Die Versicherungsanstalt hat das Recht, außer den gesetzlich zulässigen Fällen die sofortige Heimzahlung des ganzen Kapitals ohne Einhaltung einer Kündigungsfrist zu verlangen, wenn

a) die Genossenschaft mit der Rentenzahlung länger als 1 Monat nach Verfall in Rückstand bleibt;

b) die Zwangsverwaltung oder Zwangsversteigerung der belasteten Grundstücke oder eines Teiles derselben eingeleitet wird;

c) die Baugenossenschaft in Konkurs gerät;

d) die belasteten Grundstücke ganz oder teilweise veräußert werden und wegen Regelung der Hypothek mit der Gläubigerin ein Abkommen nicht getroffen wird;

e) die Rechtsgültigkeit oder der Rang der Hypothek bestritten wird;

f) eine so bedeutende Verminderung des Wertes der belasteten Grundstücke eingetreten ist, daß selbst nach Abzug etwa gemachter Kapitalrückzahlungen eine dem ursprünglichen Darlehensbedingungen entsprechende Sicherheit nicht mehr besteht;

g) die Versicherung der belasteten Gebäude nebst Zubehörden gegen Feuersgefahr aufgehoben oder vermindert wird;

h) die Genossenschaft in Liquidation tritt und endlich

i) wenn sie überhaupt gegen eine der in gegenwärtigem Vertrag enthaltenen Darlehensbestimmungen verstoßt.

8. Die Baugenossenschaft bewilligt und beantragt zur vorläufigen Sicherung des Darlehens die Eintragung einer Sicherungshypothek gemäß § 1190 BGB. im Höchstbetrag von 200000 Mk. mit erstem Rang auf dem Gesamtareal der III. Bauserie, nämlich auf folgenden in der Meßurkunde des Katastergeometers Wöhrwag in Untertürkheim vom 21. Juli 1914 aufgeführten Grundstücken:

Fellbachstraße:

Parz.-Nr.	1829/8	2 a	48 qm,	Parz. Nr.	1829/9	1 a	82 qm
„ „	1829/10	2 „	56 „				

Barbarossastraße:

Parz. Nr.	1817/4	2 a	26 qm,	Parz. Nr.	1817/5	2 a	39 qm
„ „	1817/6	2 „	56 „	„ „	1817/7	1 „	99 „
„ „	1817/8	1 „	81 „				

Goldbergstraße:

Parz. Nr	1832/1	1 a	91 qm,	Parz. Nr.	1832/2	1 a	97 qm

Konradstraße:

Parz. Nr.	1833/11	2 a	23 qm,	Parz. Nr.	1833/12	1 a	14 qm
„ „	1833/13	1 „	59 „	„ „	1843/1	1 „	99 „
„ „	1834/2	1 „	01 „	„ „	1843/3	1 „	63 „
„ „	1844/1	1 „	63 „	„ „	1844/2	1 „	46 „
„ „	1849/1	1 „	46 „	„ „	1849/2	1 „	— „
„ „	1849/3	1 „	— „	„ „	1839/4	1 „	53 „

im Meßgehalt von zusammen 39 a 42 qm.

Ueber die Eintragung der Hypothek ist der Versicherungsanstalt ein Zeugnis aus dem Grundbuch, der Stadtgemeinde eine Bekanntmachung zu übergeben.

Von der auf sämtlichen obengenannten Grundstücken derzeit noch ruhenden im Grundbuchheft Nr. 2137 Abt. III unter Nr. 14 eingetragenen Vorhypothek der Versicherungsanstalt mit 237000 Mk., an welcher bis jetzt 189000 Mk. ausbezahlt sind, ist der Betrag von 15200 Mk. auf das neue Darlehen zu verrechnen. Hierauf ist die Hypothek an den obengenannten Grundstücken zu löschen. Die Versicherungsanstalt wird von der Genossenschaft ermächtigt, in ihrem Namen die Löschung dieser Hypothek im Grundbuch zu bewilligen und zu beantragen. Die Hypotheken des Herrn Dr. Robert Bosch und der Firma Daimler-Motoren-Gesellschaft treten hinter die neue Hypothek der Versicherungsanstalt zurück und zwar je mit ihrem auf die oben genannten Grundstücke entfallenden Teilbeträgen von 3500 Mk. und 7000 Mk. Eine Bekanntmachung des Grundbuchamts über die Löschung und den Rangrücktritt ist sowohl der Versicherungsanstalt als der Stadtgemeinde zu übergeben.

Etwa auf den Grundstücken einzutragenden Reallasten, Grunddienstbarkeiten, beschränkte persönliche Dienstbarkeiten und sonstige Lasten, wie auch das Verkaufsrecht und die Vormerkung zur Sicherung des durch die Ausübung des Wiederkaufsrechts entstehenden Anspruchs auf Eigentumsübertragung, die beim Verkauf der überbauten Grundstücke zugunsten der Genossenschaft gegenüber den Genossen einzutragen sind (vgl. Ziffer 11), haben der Sicherungshypothek im Rang nachzustehen.

9. Die Baugenossenschaft ist verpflichtet, alsbald nach Fertigstellung der Gebäude auf den in Ziffer 8 genannten Grundstücken die gemeinderätliche Schätzung der einzelnen Gebäude herbeizuführen und nach Empfang der Schätzungsurkunden in Gemeinschaft mit der Versicherungsanstalt die Eintragung von Buchhypotheken auf jedes einzelne Gebäude jeweils in Höhe von 75 % des gemeinderätlichen Schätzungswerts der betreffenden Anwesen zu bewilligen und zu beantragen. Die Einzelbuchhypotheken müssen in dem der Sicherungshypothek zustehenden I. Rang verbleiben. Der Gläubigerin ist für jedes Anwesen ein besonderes Hypothekenzeugnis zuzufertigen, desgleichen der Stadtgemeinde Stuttgart je eine Bekanntmachung hierüber.

10. Die Genossenschaft verpflichtet sich, bezüglich der vorbezeichneten Darlehensschuld und der daran zu entrichtenden Zinsen der sofortigen Zwangsvollstreckung in ihr gesamtes Vermögen sich zu unterwerfen und zwar hinsichtlich der belastenden Grundstücke in der Weise, daß die Zwangsvollstreckung gegen deren jeweiligen Eigentümer zulässig sein soll.

Die Genossenschaft hat die Unterwerfung unter die sofortige Zwangsvollstreckung (Abs. 1) spätestens jeweils anläßlich der Eintragung der Einzelhypotheken zu erklären, vollstreckbare Ausfertigung der Urkunden ist zu fertigen und mit den Hypothekenzeugnissen zu verbinden.

Hinsichtlich des bereits enthaltenen Darlehensbetrags von 15 200 Mk. und der je daraus zu entrichtenden Zinsen unterwirft sich die Genossenschaft jetzt schon sowohl der sofortigen persönlichen Zwangsvollstreckung als auch der dinglichen gemäß § 800 ZPO. Die Genossenschaft bewilligt und beantragt die Eintragung dieser Unterwerfung ins Grundbuch und räumt der Versicherungsanstalt das Recht ein, sich jederzeit ohne weiteren Nachweis der Nichtleistung der begehrten Zahlung vollstreckbare Ausfertigung gegenwärtiger Urkunde erteilen zu lassen.

11. Die Genossenschaft verpflichtet sich, bei der Veräußerung der unter Ziffer 8 genannten Grundstücke im ganzen oder in Teilen sich auf die Dauer von 100 Jahren sowohl das dingliche, auf alle Verkaufsfälle sich erstreckende Verkaufsrecht als das Wiederkaufsrecht bestellen und zu ihren Gunsten das Vorkaufsrecht und eine Vormerkung zur Sicherung des durch die Ausübung des Wiederkaufsrechts entstehenden Anspruchs auf Eigentumsübertragung ins Grundbuch eintragen zu lassen und hierüber der Versicherungsanstalt, sowie auch der Stadtgemeinde innerhalb eines Monats nach erfolgter Auflassung Bekanntmachung zugehen zu lassen.

Für die von der Versicherungsanstalt gegebenen Darlehen nebst Zinsen bleibt die Genossenschaft in jedem Falle der Veräußerung selbst haftbar.

Die Veräußerung sämtlicher Grundstücke (Ziffer 8) an Personen, die nicht Mitglieder der Genossenschaft oder Versicherte der Versicherungsananstalt sind, darf nur mit Einwilligung der Versicherungsanstalt und der Stadtgemeinde erfolgen.

Beim Verkauf einzelner Grundstücke an Eigenheimerwerber ist die Genossenschaft verpflichtet, das von der Versicherungsanstalt im Benehmen mit der Stadtgemeinde entworfene Vertragsformular zugrunde zu legen.

12. **Für den 50% des amtlichen Schätzungswerts der unter Ziffer 8 genannten Grundstücke übersteigenden Teil des Darlehens, seine Tilgung und Verzinsung übernimmt die Stadtgemeinde Stuttgart die Bürgschaft; das Nähere ist unten in Abschnitt II enthalten.**

13. Die Versicherungsanstalt hat das Recht, zu jeder Zeit von dem Zustand der belasteten Grundstücke Einsicht zu nehmen oder durch einen Bevollmächtigten nehmen zu lassen; die Genossenschaft ist verpflichtet, ihr auf Verlangen die nötigen Belege zur Verfügung zu stellen.

14. Die Genossenschaft ist verpflichtet, ihre jährlichen Rechnungsnachweise (Jahresrechnung, Bilanz usw.) ihre Geschäftsberichte und übrigen Bekanntmachungen unaufgefordert der Versicherungsanstalt einzureichen und dieser auch jede noch sonst von ihr zur Beurteilung der Verhältnisse für erforderlich erachtete Auskunft zu erteilen. Sie ist verpflichtet, auf eine klare und pünktliche Geschäfts-, Kassen- und Buchführung und auf eine sorgfältige Kontrolle zu halten, auch jederzeit den Bevollmächtigten der Versicherungsanstalt auf ihr Verlangen Ein-

blick in die Verwaltung, sowie Teilnahme an den Versammlungen des Vorstands und des Ansfichtsrats und an den Generalversammlungen mit beratender Stimme zu gestatten. Zu diesem Zweck sind die Bevollmächtigten der Versicherungsanstalt zu Vorstands- und Aufsichtsratssitzungen und Generalversammlungen jeweils rechtzeitig vorher einzuladen; die Tagesordnung der Generalversammlungen ist der Versicherungsanstalt mindestens 8 Tage vorher mitzuteilen. Eine Abänderung der Satzung der Genossenschaft ist nur mit Einwilligung der Versicherungsanstalt und der Stadtgemeinde möglich.

Außerdem ist die Genossenschaft verpflichtet, in den Aufsichtsrat ein von der Versicherungsanstalt zu bezeichnendes Mitglied zu wählen.

15. Die Mietvertragsformulare der Genossenschaft unterliegen der Genehmigung der Versicherungsanstalt.

16. Die allgemeinen Grundsätze des Vorstands der Versicherungsanstalt, betr. die Ausleihung von Geldern der Anstalt zur Förderung der Beschaffung von Arbeiterwohnungen vom 6. Juli/5. November 1894 haben, soweit nicht der gegenwärtige Vertrag enthält, auf das Darlehen Anwendung zu finden. Ein Exemplar dieser Grundsätze, welche von dem Vorstand der Genossenschaft hiemit ausdrücklich anerkannt werden, ist beigeheftet.

II. Abschnitt.

Die Stadtgemeinde Stuttgart übernimmt auf Grund des Beschlusses der bürgerlichen Kollegien vom 25. Juni 1914 für das nach oben Abschnitt I von der Versicherungsanstalt Württemberg der Baugenossenschaft gewährte Darlehen, seine Tilgung und Verzinsung, neben der hypothekarischen Sicherheit (s. Abschnitt I Ziffer 8 und 9) die Bürgschaft unter folgenden Bestimmungen:

1. Bis zu dem Zeitpunkte, zu welchem die Buchhypotheken (Abschnitt I, Ziff. 9) zugunsten der Versicherungsanstalt im Grundbuch mit erstem Range eingetragen und ihr die Hypothekenerzeugnisse übergeben sind, haftet die Stadtgemeinde der Versicherungsanstalt als Bürge unter Verzicht auf die Einrede der Vorausklage für das Darlehen seine Tilgung und Verzinsung, soweit dasselbe zur Ausbezahlung gekommen ist und 75 % des amtlichen Schätzungswerts der belasteten Grundstücke nicht übersteigt.

2. Insoweit als die Häuser erstellt, die Buchhypotheken (Abschnitt I, Ziff. 9) zugunsten der Versicherungsanstalt im Grundbuche mit erstem Range und ihr die Hypothekenzeugnisse übergeben sind, erstreckt sich die Bürgschaft der Stadtgemeinde Stuttgart nur noch auf denjenigen Teil des Darlehens, einschließlich seiner Tilgung und Verzinsung, welcher 50 % des amtlichen Schätzungswerts der belasteten Grundstücke übersteigt, also anfänglich auf 25 % des amtlichen Schätzungswertes.

3. Die Stadtgemeinde Stuttgart ist berechtigt und verpflichtet, die ordnungsmäßige Ausführung der sämtlichen Bauten durch das städtische Hochbauamt überwachen zu lassen. Bis zur Fertigstellung der Bauten kann daher die Versicherungsanstalt die Ausbezahlung des Darlehens an die Genossenschaft nur in dem Betrage vornehmen, der vom städtischen Hochbauamt jeweils zur Zahlung angewiesen wird (siehe oben Abschnitt I Ziffer 1); die Zahlungsanweisungen sollen nach Maßgabe des Fortschritts der Bauten erteilt werden und 70 % des jeweiligen Bau- und Bodenwerts umfassen. Sie sind seitens des städtischen Hochbauamts von der vorherigen Vorlage der Nachweise über die Verwendung der bezahlten Darlehensraten abhängig zu machen.

4. Die Genossenschaft ist verpflichtet,

a) die Bestellung des ersten Versitzenden ihres Vorstands auf Verlangen der Stadtgemeinde jederzeit zu widerrufen;

b) in den Aufsichtsrat ein von der Stadtgemeinde zu zeichnendes Mitglied aus der Mitte der Gemeindekollegien oder der städtischen Beamtenschaft Stuttgarts zu wählen;

c) die gesamte Buchführung einer hierin sachverständigen Person zu übertragen;

d) die Baupläne und Voranschläge der künftig zu erstellenden Häuser, erstere vor ihrer Einreichung beim Baupolizeiamt, dem städtischen Hochbauamt zur Prüfung zu unterbreiten.

Die Stadtgemeinde ist weiter noch berechtigt, hinsichtlich der gesamten Verwaltung und Geschäftsführung der Genossenschaft, insbesondere hinsichtlich der Kassenführung, nach freiem Ermessen Anordnungen und Verfügungen zu treffen, die ihr als zweckmäßig oder notwendig erscheinen, insbesondere mit Zustimmung der Versicherungsanstalt die Bestellung eines ihr geeignet erscheinenden Kassenrevisors, Kassiers oder Geschäftsführers vorzuschreiben. Zu den Vorstands- und Aufsichtsratsitzungen sowie Generalversammlungen darf die Stadt bis zu 3 Delegierte mit beratender Stimme entsenden.

Abgesehen von den in dem gegenwärtigen Vertrag genannten Hypotheken dürfen von der Genossenschaft ohne Einwilligung der Stadtgemeinde weder weitere Hypotheken aufgenommen, noch überhaupt sonstige weitere Belastungen der Grundstücke vorgenommen werden.

Im übrigen werden der Stadtgemeinde Stuttgart von der Genossenschaft die gleichen Rechte eingeräumt wie der Versicherungsanstalt; insbesondere finden daher die in Abschnitt I Ziffer 13—16 enthaltenen Bestimmungen auch auf die Stadtgemeinde Stuttgart volle Anwendung.

5. Die Genossenschaft verpflichtet sich, bei der Veräußerung der unter Ziffer 8 genannten Grundstücke im ganzen oder in Teilen zugunsten der Stadtgemeinde Stuttgart ein auf alle Verkaufsfälle sich erstreckendes Verkaufsrecht bestellen und unmittelbar hinter dem zugunsten der Genossenschaft einzutragenden Vorkaufsrecht und der Vormerkung bezüglich des Wiederkaufsrechtes (Abschnitt I Ziffer 11) im Grundbuch eintragen zu lassen.

Treten die Voraussetzungen für das Vor- oder Wiederkaufsrecht der Genossenschaft (Abschnitt I Ziffer 11) ein, so ist sie verpflichtet, der Stadtgemeinde hievon unverzüglich Mitteilung zu machen. Die Stadtgemeinde kann verlangen, daß die Genossenschaft von ihrem Rechte Gebrauch macht oder dieses Recht mit sofortiger Wirkung an die Stadtgemeinde überträgt.

6. Für den Fall, daß die Stadtgemeinde Stuttgart ein Grundstück oder mehrere Grundstücke der Genossenschaft in ihr Eigentum erwirbt, ist die Versicherungsanstalt verpflichtet, die Darlehen unter denselben Verzinsungs-, Tilgungs- und Kündigungsbestimmungen zu belassen, jedoch ohne hypothekarische Sicherheit, sondern nur gegen einfachen Schuldschein. Die Stadtgemeinde ist dagegen verpflichtet dafür zu sorgen, daß die betreffenden Anwesen ihrem seitherigen Zwecke gemäß den Bestimmungen des gegenwärtigen Vertrags erhalten bleiben.

III. Abschnitt.

Sämtliche durch die Vorbereitung den Abschluß und den Vollzug des gegenwärtigen Vertrags entstehenden Kosten einschließlich aller für die grundbuchamtlichen Eintragungen zu entrichtenden Gerichtsgebühren und sonstigen Kosten hat die Genossenschaft zu tragen.

Vorstehenden Vertrag erkennen hiemit seinem ganzen Umfange nach an

Der Vorstand der Versicherungsanstalt Württemberg:

Namens der Stadtgemeinde Stuttgart:

Namens der Gartenstadt „Eigenes Heim“,
Gemeinnützige Einfamilienhäuser-Baugenossenschaft,
Sitz Cannstadt, e. G. m. b. H.

Der Vorstand:

Kolibri 360 GmbH
Ferdinand-Jühlke-Straße 7
99095 Erfurt, Deutschland
produktsicherheit@kolibri360.de